Eduard Paulus

Die Alterthümer in Württemberg

Eduard Paulus

Die Alterthümer in Württemberg

ISBN/EAN: 9783743490161

Hergestellt in Europa, USA, Kanada, Australien, Japan

Cover: Foto ©ninafisch / pixelio.de

Eduard Paulus

Die Alterthümer in Württemberg

MEDUSENHAUPT
aus einem römischen Mosaikboden bei Mengen

Die Alterthümer in Württemberg.

Von

Finanzrath Dr. E. v. Paulus,
Ehrenmitglied des K. statistisch-topographischen Bureau etc.

Mit einem Titelbild in Farbendruck.

STUTTGART.
H. LINDEMANN.
1877.

Inhalt.

Seite.

Allgemeines.
- Römisches 1
- Altgermanisches (Keltisches) 12
- Pfahlbauten 13
- Befestigungen und Verschanzungen 14
- Alemannische (Fränkische) Reihengräber 19
- Todtenbäume 23
- Schlussbemerkung 25

Uebersicht über die Alterthümer nach Kreisen und Oberämtern.
- Neckarkreis 26
- Schwarzwaldkreis 55
- Jagstkreis 89
- Donaukreis 109
- Nachträge 129
- Berichtigungen 130
- Tabellarische Zusammenstellung 131
- Schlusswort 132

Die Alterthümer in Württemberg

aus

der römischen, altgermanischen (keltischen) und alemannischen (fränkischen) Zeit

von

Finanzrath E. v. Paulus,

ordentliches Mitglied des K. statistisch-topographischen Bureau etc.

In neuerer Zeit wurde ich von mehreren Seiten aufgefordert, die Alterthümer Württembergs aus früher und frühester Zeit zusammenzustellen; ein Ansinnen, dem ich um so bereitwilliger nachkomme, weil hiedurch meine nun in dritter Auflage erscheinende archäologische Karte von Württemberg die ihr bis jezt noch mangelnden näheren Nachweisungen und Begründungen erhält und überdies auch solchen, die meine Karte nicht besizen, hiedurch eine vollständige Uebersicht über die bis jezt in Württemberg aufgefundenen römischen, altgermanischen (keltischen) und alemannischen (fränkischen) Alterthümer in die Hand gegeben wird.

Um diese Uebersicht zu erleichtern, wählte ich die allgemein angenommene amtliche Eintheilung unseres Landes, wie sie im Staatshandbuch und im Ortschaftenverzeichnisse vorliegt.

Während meine archäologische Karte die römischen Strassenzüge, wie die Stellen der römischen und altgermanischen (keltischen) und alemannischen (fränkischen) Ueberreste genau angiebt, liefert die Beschreibung derselben Näheres über die Spuren der alterthümlichen Ueberreste, über ihre Entfernung etc. von den jezt bestehenden Orten und gibt hauptsächlich auch die Benennungen der Flur- und Walddistrikte, auf denen sie sich vorfinden. Hiedurch sind dieselben für immer fest bezeichnet, auch wenn die Kultur und die Zeit die lezten Reste vollends vertilgen sollte. Was nun die Alterthümer selbst betrifft, so liefern diese die Ergebnisse meiner seit 53 Jahren fortgesezten Forschungen, wie auch die Entdeckungen von andern Forschern aus älterer und neuerer Zeit.

Die römischen Strassen aber sind mit wenig Ausnahmen sämmtlich von mir entdeckt und es ist hiedurch ein zusammenhängendes, über ganz Württemberg sich verbreitendes römisches Strassennez hergestellt worden.

Die Untersuchung derselben war eine äusserst schwierige und mühsame, indem die röm. Strassenreste oft nur spärlich erhalten, an vielen Stellen aber gänzlich vergangen sind; es mussten daher nicht selten alle und jede Merkmale zusammen genommen werden, um den Zug der Strassen richtig herauszufinden. Hiebei sind hauptsächlich folgende Momente als leitend in's Auge gefasst worden: In erster Linie die Terrainverhältnisse, welche die Römer bei Anlage ihrer Strassen so trefflich zu benützen wussten, indem sie, wo es nur immer möglich war, Terrainhindernisse, namentlich Thalübergänge, mit bewunderungswürdiger Umsicht vermieden haben. Die römischen Strassen waren indessen theils Heerstrassen, theils Commercialstrassen und Verbindungsstrassen auf dem nächsten Wege. Die Heerstrassen dienten hauptsächlich militärischen Zwecken, sie waren gleichsam militärische Operationslinien und wurden daher in bergigem Terrain wo immer möglich auf den die Gegend beherrschenden Höhen, Wasserscheiden, angelegt. Durch die Terrainverhältnisse bedingt, kann daher ihre Führung nur streckenweise eine gerade sein und der Zug derselben von einem wichtigen Römerort zu dem andern ist öfters mit grossen Umwegen verknüpft. Auf ebenem Terrain sind auch die Heerstrassen möglichst gerade geführt. Bei den Commercialstrassen, welche übrigens nebenbei auch noch für militärische Zwecke benützt wurden, nahm man keine so strenge Rücksicht auf die Terrainverhältnisse, indessen ist ihre Führung immer noch eine sehr zweckmässige, jedoch vorherrschend gerade. Dagegen sind die Umwege, welche die röm. Heerstrassen des Terrains wegen zu machen hatten, durch gerade angelegte Verbindungswege abgeschnitten. Die letzteren dienten hauptsächlich als Botenwege, auf denen die Befehle von einem namhaften Römerort zu dem andern möglichst schnell befördert wurden. Wir haben demnach mindestens dreierlei Römerstrassen: Militärstrassen, Commercialstrassen und Botenwege. Zur Erforschung der Römerstrassen gehört daher vorzugsweise eine tüchtige Terrainkenntnis und ein umsichtiger Gebrauch guter Terrainkarten.

Einen weiteren Fingerzeig zur Bestimmung einer Römerstrasse bietet der Umstand, dass derartige Wege häufig nicht auf jetzt bestehende Orte hinführen oder nur solche berühren, die zu den ältesten Orten gehören und zum Theil auf römische Niederlassungen gegründet sind. Dagegen führen sie entweder auf abgegangene röm. Niederlassungen oder doch ganz nahe an denselben vorüber.

Was die ursprüngliche Struktur der Römerstrassen in Württemberg betrifft, so waren die bedeutenderen gepflastert und mit einem fest gestampften, aus Sand, Geröllen, kleinen Steinen etc. bestehenden Beschläge überdeckt; sie hatten, mit Ausnahme der Hohlwege, eine wallartige, je nach den Terrainverhältnissen 1—6' hohe Anlage und eine 12—14' breite Fahrbahn. Die Verbindung des Pflasters oder die Ausfüllung der Fugen desselben geschah mit Sand und nur bei einigen mit Mörtel. Bei minder bedeutenden Strassen fehlt zuweilen die Pflasterung.

Die Spuren dieser Strassenanlagen sind, wie schon oben angedeutet wurde, häufig verschwunden oder nur noch spärlich vorhanden, es mussten daher zur Erforschung ihrer ursprünglichen Züge noch weitere Hilfsmittel gebraucht werden; hiezu gehören hauptsächlich die Namen derartiger Strassen, und da wo die Wege gänzlich abgegangen sind, tragen die Flur- und Walddistrikte, über die einst die Strassen liefen, noch häufig Benennungen, die ihren ehemaligen Zug verrathen.

An gar vielen Stellen stossen zwei Flurgewände an ehemaligen, nun gänzlich verschwundenen Römerstrassen zusammen, oder es laufen auf denselben öfters auf grosse Strecken Markungsgrenzen hin, die dem Forscher als Wegweiser dienen und wohl beachtet werden müssen. Nicht selten hat sich auch der letzte Rest einer Strasse als langer gerade hinziehender Ackerrain (kleine Terrasse) erhalten, der den ehemaligen Zug der Strasse etc. andeutet.

Die Benennung „Römerstrasse" haftet hauptsächlich nur an solchen Strassenzügen, welche erst in neuerer Zeit als römische Anlagen erkannt wurden, während die älteren in Lagerbüchern, Urkunden und besonders im Munde des Volks vorkommenden Namen der ehemaligen Römerstrassen durchgängig andere sind. Am häufigsten kommen ihnen folgende Benennungen zu: Hochstrasse, Hochsträss, Hochgesträss, Hauchsträss, hohe Strasse, Hohweg, Höhweg, gar häufig im Munde des Volkes Heuweg, weil im Munde des Schwaben Heu statt Höh gesprochen wird, alte Heerstrasse, Heerstrasse, Hürstrasse, Haierstrasse, Airenweg, Eierweg, Ebrstrasse, zuweilen auch Hertstrasse, Herdstrasse, sodann alter Heerweg, Heerweg, Hürweg, Hordweg, Herrenweg, Heergasse, Heergässle; ferner alte Strasse, alter Weg, alter Postweg. Die Benennungen Steinstrasse, Steinweg, steinerner Weg, Steinsträssle, beziehen sich in der Regel auf das vorhandene Pflaster. Strässle, trockenes Strässle oder Wegle werden häufig Römerwege genannt, die mehr commerciellen Zwecken dienten, oder grasiger Weg, weil auf derartigen alten, wenig mehr gebrauchten Strassen häufig Gras wächst. Römische Strassen, die an den Rhein führten, heissen Rheinstrasse, Rheinsträssle etc.

Die Benennungen Heidenstrasse, Heidenweg, zuweilen in Haidelweg, Hudelweg verändert, lassen ziemlich sicher auf römische Strassen schliessen. Rennstrasse, Rennweg, Rennsträssle, Rittweg und Reitweg werden häufig ehemalige römische Botenwege genannt. Ausser diesen Strassenbenennungen kommen auch, jedoch seltener, ehemaligen Römerstrassen folgende Namen zu: Bubenweg, Zigeunersträssle, Zigeunerweg, langer Weg, Teufelsbrücke, Steinschranne, Schelmenweg, Unholdenweg, Pflasterweg, Pfästerlesweg, Pflastersteig, besetzter Weg, Alterzerweg (d. i. alter Heerweg), Dietweg = Heerweg, zuweilen in Diebsweg verändert, Mauerweg, Mönchweg, Pilgerpfad, Frankenstrasse, Frankensträssle, Götzenweg etc. An Stellen, wo Römerstrassen über Flüsse oder Bäche führten, kommt mitunter die Benennung Heerfahrt vor; auch zieht nach der Volkssage auf röm. Heerstrassen zuweilen das Muotbes- (Wodans) Heer.

Strassen und Wege mit derartigen Benennungen dürfen aber nicht unbedingt für römische Anlagen genommen werden, indem sie auch an anderen Strassen aus späteren, zuweilen aus früheren Perioden haften: wenn daher den alten Strassen ausser diesen Benennungen nicht auch die übrigen Merkmale, wie die Führung, die Reste der ursprünglichen Struktur und namentlich der Umstand, dass röm. Niederlassungen an und in der Nähe der alten Strassen lagen, zukommen, so wurden sie nicht als römisch erkannt und nur in Fällen, wo alle diese und noch mehr Momente zutreffen, sind sie von mir als römische Anlagen aufgeführt worden.

In grossen zusammenhängenden Waldungen sind nicht selten die alten Strassen verwachsen und unkenntlich geworden, sogar die Namen haben sich nicht mehr erhalten; hier wird nun die Erforschung derselben ausserordentlich schwierig und diese Aufgabe kann nur ein ganz unterrichteter Terrainkenner lösen, indem je nach den Terrainverhältnissen der 1—2′ unter dem Boden liegende Strassenkörper aufzusuchen ist; nebenbei gibt häufig der auf den alten Strassen sich verbreitende Vegetationsteppich einem geübten Auge noch weitere Fingerzeige, weil der Baumwuchs auf den nicht tief unten liegenden Strassenpflaster ein anderer ist als im übrigen Walddistrikt, zugleich siedeln sich andere den steinigen Untergrund mehr liebende Sträucher und Pflanzen an, die dem nächst liegenden Walde fehlen.

An solchen Distrikten mussten alsdann von Zeit zu Zeit kleine Nachgrabungen angestellt werden, um zu erfahren, ob man den richtigen Weg eingeschlagen oder nicht. — Eine derartige Untersuchung stellte ich einmal in Begleitung eines sehr gelehrten Herrn an und als wir uns mitten im Walde befanden, erklärte ich demselben, „hier müssen wir auf der Römerstrasse stehen"; „das können Sie doch nicht behaupten auf einer Stelle, wo auch nicht die mindesten Spuren einer Strasse sich vorfinden."" Hierauf liess ich meinen mit Hacke und Schaufel versehenen Führer nachgraben und in kurzer Zeit lag das wohl gefügte, 14′ breite Strassenpflaster vor unseren Augen. Dieser Fall war nun meinem sehr verehrten Herrn ein Räthsel, so dass er ausrief: „Sie müssen die Römerstrassen riechen!"" worauf ich einfach erwiederte: „ich rieche die Strassen nicht, aber ich sehe sie." Das war ihm noch unerklärlicher, weil durchaus keine sichtbaren Spuren von einer Strasse vorhanden waren. Ich machte nun darauf aufmerksam, dass wir hier gerade auf dem Rücken eines Terrainausläufers uns befinden, über den die terrainkundigen Römer ihre Strasse, die ich nebenbei gesagt bis zu dem Walde verfolgt hatte, führten. Ueberdiess machte ich darauf aufmerksam, dass hier ein Streifen durch den Wald lief, der bei scharfer Beobachtung einen etwas anderen Holz- und Pflanzenwuchs zeigte, als der übrige zunächst sich ausdehnende Wald, namentlich hatte sich hier der mit steinigem Boden sich begnügende Schwarzdorn häufiger eingebürgert, als in dem übrigen Walddistrikt.

Endlich sind nicht selten gegenwärtig noch im Gebrauche stehende Strassen auf ursprüngliche Römerstrassen gegründet, wie z. B. die Landstrassen von Cannstatt nach Waiblingen und von Stuttgart, beziehungsweise ebenfalls von Cannstatt, nach Vaibingen a. d. E. In solchen Fällen entscheiden einerseits die Führung, zuweilen auch noch der Name und andererseits hauptsächlich einzelne Stellen, wo die gegenwärtige Strasse von der ursprünglichen abweicht und die alte Strasse sich neben ihr, häufig die gerade Richtung einhaltend, noch als römisch zu erkennen gibt u. s. w.

Nach den hier kurz zusammengestellten Andeutungen wird es jedem Unparteiischen einleuchten, dass die gewissenhafte Erforschung des römischen Strassennetzes in unserem Württemberg eine schwierige Arbeit war, die ein ganzes, ziemlich langes Menschenalter in Anspruch nahm und eine grosse Ausdauer erforderte.

Das römische Strassennez ist aber noch lange nicht vollständig, obgleich Einzelne der Ansicht sind, es seien bereits zu viele Strassen als römische von mir erklärt worden; hierauf habe ich nur kurz zu bemerken, dass in einem von den Römern beinahe 300 Jahre inne gehabten Landstrich, wie das röm. Zehentland, das, wie später nachgewiesen werden soll, so reich bevölkert und mit grossen und kleinen Niederlassungen so zahlreich besezt war, schon aus commerziellen, hauptsächlich aber aus strategischen Rücksichten viele Strassen für die Römer unumgänglich nöthig waren, um sich in dem von dem Feinde stets bedrohten Landstrich dauernd halten zu können.

Abgesehen von den Strassen, welche die Römerorte unter sich verbanden, waren hauptsächlich die Strassen, auf denen sich die Heere bewegten, in bewunderungswürdigem Zusammenhang mit militärischem Scharfsinn angelegt und vorzugsweise aus den Rhein- und Donaugegenden, wie auch von den grösseren Niederlassungen in Württemberg zu den an dem Grenzwall gelegenen Grenzgarnisonsstädten geführt, um im Falle eines feindlichen Angriffs auf ihnen die im Innern des römischen Gebiets liegenden Truppen möglichst schnell an die bedrohten Punkte befördern zu können. (S. hierüber meine Schrift über die Römerstrassen im allgemeinen mit besonderer Rücksicht auf das römische Zehentland, nebst einer Anleitung zur Erforschung der alten Römerwege, Stuttgart, Ebner und Seubert, oder Schriften des Württemb. Alterthumsvereins, B. I. H. 4.)

Bevor ich die Beschreibung der Römerstrassen verlasse, habe ich noch zu bemerken, dass manche, namentlich Stubengelehrte, zuweilen der Meinung sind, als müssten sie an allen Stellen der beschriebenen Römerstrassen diese wohl erhalten und leicht erkennbar finden und deshalb bisweilen Zweifel in meine Angaben sezten: wenn dies der Fall wäre, dann hätte es wohl keiner so mühevollen und langwierigen Arbeit bedurft, um das röm. Strassennez herzustellen; allein wenn sich derartige Zweifler in die Sache hineinlebten und sich mit den Regeln, nach welchen die Römer ihre Strassen anlegten, bekannt machten, so würden sie bald die Ueberzeugung gewinnen, dass ich bei der Bestimmung der Strassen alle und jede Momente zusammenfasste, bevor ich eine Strasse für eine römische Anlage erklärte.

Weniger schwierig als die Erforschung der Römerwege ist die der römischen Wohnplätze, von denen bis jezt über 600 an der Zahl aufgefunden wurden; sie wurden theils durch Zufall, grösstentheils aber durch meine vieljährigen Nachforschungen zu Tage gefördert; auch haben Einzelne, namentlich Herr Oberamtsrichter Ganzhorn in Neckarsulm, in ihren nächsten Umgegenden sich viele Verdienste um die Erforschung römischer Niederlassungen erworben. Die Entdeckungen Ganzhorn's in der Umgegend von Neckarsulm haben den Beweis geliefert, dass wer umsichtig und eifrig sucht, auch findet, und sind ganz besonders geeignet, die Zweifel, die von Einzelnen in meine vielen über ganz Württemberg sich erstreckenden Entdeckungen gesezt wurden, zu beben. Die von mir so zahlreich aufgefundenen ehemaligen Römerorte, zu denen ich nebenbei gesagt ein halbes Jahrhundert verwendete, haben überrascht, namentlich solche, die sich mit den wenigen früher bekannten römischen Wohnplätzen begnügten, nicht einsehend, dass die Römer mit nur wenigen Niederlassungen nicht ausgereicht hätten, das in Besiz genommene römische Zehentland (*agri decumates*) gegen den sie stets bedrohenden Feind zu halten.

Diesen Zweiflern trete ich keck mit der Behauptung entgegen, dass noch lange nicht alle ehemaligen römischen Wohnpläze aufgefunden sind, was, wenn fernerhin eifrig und mit den gehörigen Kenntnissen geforscht wird, sich bestätigen muss; insbesondere sind einzelne Länderdistrikte, wie z. B. Oberschwaben, in dieser Hinsicht noch lange nicht vollständig genug erforscht.

Ueberdies habe ich selbst eine Menge Stellen gefunden, auf denen nach meiner festen Ueberzeugung römische Wohnpläze standen, wofür ich aber keine greifbaren Beweise zu liefern im Stande bin, ich erklärte sie deshalb auch nicht für römisch und nahm sie in meine archäologische Karte nicht auf.

Für die auf derselben angegebenen röm. Wohnpläze kann ich daher einstehen, sie beruhen alle auf Nachforschungen an Ort und Stelle und wurden erst als solche anerkannt, wenn man noch die röm. Gebäudesubstructionen unter der Oberfläche oder wenigstens die ganz sicheren Zeugen, wie röm. Ziegel, Bruchstücke von röm. Gefässen, Estrichböden, Heizröhren (tubuli) etc. fand.

An Stellen, wo die Grundreste römischer Gebäude nur so weit ausgebrochen sind, dass sie von dem Pflug nicht mehr erreicht werden können, trifft man bei näheren Nachgrabungen die noch erhaltenen 2—2½' dicken, mit vielem auffallend weissen Mörtel verbundenen Grundmauern und Erdgeschosse. Das Gemäuer selbst besteht aus kleinen nicht behauenen, sondern nur künstlich zugeschlagenen Steinen, die an ihren Fugen häufig mit Mörtel verstrichen und mit eingedrückten Linien mauerartig quadrirt sind. Gar häufig haben sich die Heizeinrichtungen (Hypocausten) vollständig oder doch theilweise noch erhalten; von ihnen trifft man noch die gegen 3' hohen entweder aus Stein oder aus Backstein aufgeführten Postamente, auf denen die ziemlich dicken Estrichböden ruhen. Die Estrichböden bestehen aus einem Gemenge (Guss) von Mörtel, kleinen Ziegelstückchen, Steinchen, Sand etc.; zuweilen sind sie auf der oberen Seite geschliffen und bemalt. Die noch vorhandenen, dick aufgetragenen Wandreste zeigen zuweilen noch eine auf weissem Grunde meist mit farbigen Linien, auch Laubwerk ausgeführte Bemalung. Ueberdies findet man in dem Gebäudeschutt eine Menge von Bruchstücken römischer Ziegel, Heizröhren, Gefässe, zuweilen röm. Münzen, Reste von eisernen und bronzenen Gegenständen etc. Die röm. Ziegel unterscheiden sich auffallend von allen übrigen Ziegeln, sie sind etwas dicker und viel grösser, haben keine sogen. Nasen, sondern an den beiden Langseiten aufgeschlagene, stark erhöhte Leisten. Man findet sie seltener ganz erhalten, dagegen sind die Bruchstücke, an denen man sie noch gut erkennen kann, sehr häufig. Die Heizröhren (tubuli) bestehen aus hohlen, thönernen, etwa 1' hohen, im Grundriss ein längliches Viereck bildenden Röhren, die an der Aussenseite meist mit eingerizten Linien versehen sind. Die Gefässe und Gefässfragmente, unter denen hauptsächlich die grossen Amphoren sich auszeichnen, zeigen keine Spur von Glasur, sind meist von gelblicher, zuweilen von schwarzer Farbe, dünn ausgeführt, stark gebrannt, haben auffallend kleine Böden und eine bauchige Form. Die feineren Gefässe bestehen aus der hochrothen, sog. Sigelerde und haben häufig auf ihrer Aussenseite schöne erhaben ausgeführte Bild- und Laubwerke. Die Gefässböden enthalten nicht selten die Namen der Töpfer oder der Offizinen, in denen sie verfertigt wurden. Diese Sigelerdegefässe und Bruchstücke verrathen auch dem Laien am sichersten ihre römische Herkunft.

An vielen Stellen hat freilich die emsige Kultur die Gebäudereste gänzlich oder doch beinahe gänzlich ausgetilgt, allein immer noch kann man hier erkundigen, dass an solchen Stellen Grundmauern aufgefunden worden seien, oder es knüpft sich irgend eine Sage von abgegangenen Orten, Schlössern etc. an dieselben, die zu weiteren Untersuchungen veranlassen. Dergleichen Stellen wurden genau erforscht und erst wenn auf denselben noch Reste von Gebäudeschutt, Bruchstücke von röm. Ziegeln, Gefässen etc. gefunden wurden, als römische Wohnpläze anerkannt.

Allein diese lezten Reste sind häufig nicht so dicht gesät, dass man nur zugreifen darf, im Gegentheil gehört öfters ein angestrengtes Suchen dazu, um diese unwiderlegbaren Zeugen aufzufinden, und wer auch hier nicht mit geübtem Blick und mit den nöthigen Kenntnissen ausgerüstet sucht, wird gar häufig leer ausgehen.

Um abgegangene Römerorte oder einzelne Gehöfte aufzufinden, müssen in erster Linie die Flurnamen und Sagen erkundigt werden, die etwa auf einstige Wohnpläze hinweisen.

Dergleichen Benennungen erhält man aus Lagerbüchern, aus Karten, Flurplänen und besonders auch aus dem Munde des Volks, wo man nebenbei noch verschiedene Sagen, Gespenster-Geschichten, die an solchen Stellen haften, erfährt. Von den auf ehemalige Wohnorte hinweisenden Flurnamen sind die häufigsten etwa folgende: Mauren, auf Mauren, hohe Mauren, Maueräcker, Mauerwiesen, Maurenfeld, Mäurich, Mäurach, auch Eurich, Enrach; sämmtliche Benennungen deuten auf Grundreste von Gebäuden (Gemäuer) hin, auf die man früher gestossen ist, oder immer noch stösst.

Ebenso verhält es sich häufig mit den Flurbenennungen: Steinäcker, steinige Aecker, Steinfeld, Steinwiesen, Steinung, Steinbös etc., allein hier muss strenge geprüft werden, ob dergleichen Districte von Natur steinig sind oder nicht. Wenn z. B. in einer durchaus steinarmen, meist mit Diluviallehm überlagerten Gegend der Name „Steinäcker" vorkommt, darf man sicher schliessen, dass sich hier Grundreste von Gemäuer befinden oder doch früher befanden, von denen die Flur den Namen erhielt. In dem fruchtbaren, lehmreichen Zabergäu haben mich die daselbst häufig vorkommenden Flurnamen „Steinäcker" bei ihrer Untersuchung ohne Ausnahme auf abgegangene, entschieden römische Wohnpläze geleitet. Dagegen würde man sehr irre gehen, wenn man in steinreichen Gegenden diese auf das häufige Vorkommen von Steinen sich beziehenden Flurnamen auf abgegangene Wohnpläze deuten wollte.

Die Flurnamen: Altstadt, alte Stadt, versunkene Stadt, wüste Stadt, todte Stadt, Altdorf, im alten Weiler, Altenweilen, zu Weil, Weiler, Weileräcker, Weilerwiesen, Weilerwald, Weileran, Weilerrain, im alten Hof, Hofen, Hofstätten, im alten Koller, im alten Kern, beim Haus, beim alten Haus, in Häusern, zu Hausen, Heidenstadt, Heidenschloss, Heidenhof, Heidingen, auf Heidenhäusern, deuten unzweifelhaft auf abgegangene Wohnpläze hin; allein man würde sehr irren, wenn man an solchen Stellen unbedingt abgegangene römische Niederlassungen annehmen wollte; es muss daher genau geprüft werden, ob man es mit abgegangenen römischen Wohnplätzen oder mit Orten, die im Mittelalter, zuweilen aber auch in der vorrömischen Periode, bestanden, zu thun hat.

Benennungen, welche auf abgegangene mehr oder minder befestigte Wohnpläze deuten, sind: Alteburg, Altburg, alte Bürg, Bürg, Bürgen (häufig in Birk und Birken verändert), Bürgaff, Burg, Burggraben, Burgfeld, Burgäcker, Burgwiesen, Burgrain, Burgwald, Stall, im alten Stall, Stalläcker, Stallwiesen, Stallberg, Stallrain, Stallkessel, Burgstall (nicht selten verändert in Burstall, Bürstall, Burstel, Burschlatt, Wurststall, etc.), ferner Kasten (von castellum), Kastenäcker, Kastenrain, Kastenwiesen, Kasteneck etc., Schloss, in Schlössern, Heidenschloss, Schlossäcker, Schlosswiesen, Schlossrain, Schlossmauren etc., Schanze, Heidenschanze, Heidengraben, Kesselgraben, Götzengraben etc.

Bei derartigen auf Befestigungen hinweisenden Flurnamen ist übrigens die grösste Vorsicht anzurathen und genau zu prüfen, unter welchen Terrain-Verhältnissen sie vorkommen (s. unten). Sämtliche Flurnamen, deren ich tausende erkundigte und zusammenstellte, sind überhaupt nur leitend, aber durchaus nicht entscheidend.

Neben den Flurnamen beweist hauptsächlich die Lage der Stellen, denen solche Namen zukommen, ob man auf abgegangene römische Ansiedelungen schliessen darf oder nicht. Die Römer gründeten ihre Wohnpläze, namentlich die kleineren, beinahe regelmässig an dem Vereinigungspunkt zweier Thäler, Thälchen oder Mulden, auf sommerlich gelegenem, (auf kalt und winterlich gelegenen Punkten wird man sie vergebens suchen) flach gegen die Thalebenen auslaufendem Terrain, und zwar immer auf Stellen, die der nahe Fluss oder Bach bei seinem Austreten nicht mehr erreichen konnte, und die häufig eine schöne, wenn auch nicht gerade weite Aussicht gestatten. Auch im Flachlande und auf Hochebenen, wo ausgesprochene Thäler fehlen, suchten sie wo möglich Stellen aus, die zwischen zwei sich vereinigenden Rinnen oder Mulden sanft hinzogen. Wo die Strassen über ein Thal oder irgend ein Defilé führten, legten sie zur Deckung des Uebergangs einen, meist befestigten, Wohnplaz an. Nicht selten trifft man auch römische Niederlassungen, besonders namhaftere, die nebenbei eine strategische Bedeutung hatten, oben an einem nicht zu hohen Thalrande angelegt, vorausgesezt, dass über dem Thalrande flaches Land sich ausdehnt; wir erinnern hier an die Lagen der Altstadt bei Rottweil, an Köngen, Altenburg bei Cannstatt, Benningen, Bückingen, Wimpfen etc.

Die Römer liebten zunächst vor ihren Niederlassungen Terrassen, und waren diese nicht von Natur vorhanden, so legten sie künstliche an; derartige in leicht geneigtem Ackerland vorkommende Terrassen, denen man wohl ansieht, dass der Landmann nicht genöthigt war, sie zur Erleichterung seines Anbaues anzulegen, haben mir schon oft zur Erforschung eines römischen Wohnplazes einen weiteren Fingerzeig gegeben, besonders wenn die Terrassen nicht in gerader Linie fortziehend, sondern unter einem rechten Winkel sich brechend angelegt waren; im letzteren Falle darf man fast mit Bestimmtheit darauf zählen, dass zunächst über der Terrasse römische Gebäude standen. Die ursprünglichen Anlagen derartiger Terrassen sind selbstverständlich an vielen ehemaligen römischen Wohnstellen nicht mehr erhalten und theilweise, zuweilen auch gänzlich, von der Kultur eingeebnet worden, aber oft finden sich doch noch schwache Andeutungen von denselben.

Ein weiteres leitendes Moment zur Entdeckung von römischen Wohnplätzen bieten die Quellen und Brunnen. Wo es nur immer möglich war, legten die Römer ihre Wohnpläze in der Nähe frischer Quellen an; wenn ich daher irgendwo nach den vorhandenen Flurbenennungen, den Volkssagen und der Oertlichkeit etc.

einen römischen Wohnplaz vermuthete, so war immer eine meiner ersten Fragen: ist in der Nähe dieser Stelle eine Quelle oder Brunnen? worauf ich in der Regel zur Antwort erhielt: ja hier ist die beste Quelle auf der ganzen Markung, oder hier ist ein abgegangener Brunnen, es heisst da noch im alten Brunnen, im steinernen Brunnen etc.

In quellenarmen Gegenden dagegen war ich mit der Angabe zufrieden, da oder dort sei einmal ein Brunnen gewesen oder man heisse daselbst eine Stelle „im gemauerten oder im steinernen Brunnen" etc. Erkundigte ich nebenbei, dass in der Nähe dieses Brunnens Gebäude gestanden seien, von denen man zuweilen noch Grundmauern auffinde, dann wurde an Ort und Stelle untersucht, und in den meisten Fällen fanden sich römische Ueberreste.

Endlich haften nicht selten fabelhafte Sagen an dergleichen Stellen; hier spukts oder geistets und schon oft habe man beim Pflügen „rumpeln hören", (weil hier der Pflug über Gebäudefundamente ging); das sind die gewöhnlichsten Aussagen des Volks. Ein besonderes Merkmal ist ferner das frühere Gelbwerden des Getreides, Hanfes etc. in Folge der unter dem Boden verborgen liegenden Strassenzüge und Gebäudereste; — was man leicht an Ort und Stelle erfragen kann.

Wenn nun mehrere oder sogar alle diese Merkmale auf einer Stelle zusammentrafen, habe ich wohl die Ueberzeugung gewonnen, dass hier irgend ein römischer Wohnplaz bestand, allein ihn erst dann für einen solchen erklärt, wenn ich auf derartigen Punkten noch die greifbaren Zeugen, nämlich zertrümmerten Gebäudeschutt, Ueberreste von Estrichböden, Bruchstücke römischer Gefässe, Heizröhren, Ziegel etc. fand, und erst alsdann die Punkte als römische in meiner archäologischen Karte eingetragen und in den von mir bearbeiteten Oberamts-Beschreibungen aufgeführt.

Diese ganz sichern Zeugen sind öfters sehr schwierig aufzufinden, indem auf bebauten Fluren, über die der Pflug schon viele Jahrhunderte lang geht, die Ueberreste so klein zertrümmert und so selten geworden sind, dass sogar ein geübtes Auge lange suchen muss, um endlich ein entscheidendes Bruchstück zu finden. Hiebei ist es rathsam, auch die an den Grenzen des Grundstücks oder an vorbeiführenden Wegen gelegenen Schuttbanfen, die hier der Landmann aus seinem Acker zusammen trägt, genau zu untersuchen, weil man daselbst nicht selten noch Bruchstücke von Ziegeln, Heizröhren, Estrichböden etc. findet.

Von den vielen derartigen Beispielen will ich nur eines aus meinen neuesten Erfahrungen anführen. In Oberflacht (O.-A. Tuttlingen) erkundigte ich, dass man eine Flur „das Schloss" nenne und daselbst schon auf Grundmauern gestossen sei; ich liess mir diese Stelle zeigen und fand daselbst eine künstlich angelegte Terrasse und an deren Fuss eine starke, frische, altgefasste Quelle. Auf dieses hin erklärte ich meinem mich begleitenden Sohne: hier stand ohne Zweifel ein römischer Wohnplaz; wir gingen desshalb begierig die etwa 10 Fuss hohe Terrasse hinauf und suchten hier und auf den angrenzenden Feldern nach handgreiflichen Beweisen, jedoch vergebens; wir fanden nur kleine, höchstens welschnuss-grosse Trümmer von Ziegeln, Backsteinen, Mörtel etc., aus denen wir nichts mehr sicher folgern konnten. Nachdem wir stundenlange geforscht hatten, ohne irgend ein sicheres Beweisstück aufzufinden, gingen wir endlich und mit dem Ausspruch: hier stand offenbar ein römischer Wohnplaz, den wir aber nicht als solchen erklären dürfen, die Terrasse hinunter und blickten sichtlich verstimmt noch einmal in die klare Quelle, als ob wir diese um nähere Auskunft bitten wollten. Plötzlich bringt mein Sohn einen wohlerhaltenen römischen Ziegel, den er in der mit dichtem Gebüsch verwachsenen Terrasse auffand. Wir entdeckten nun in dem Gebüsch noch eine Menge römischer Ziegel, Bruchstücke von

Heizröhren, Gefässen, worunter von Amphoren, Trümmer von Estrichböden etc., die unsere Vermuthungen aufs Glänzendste bestätigten. Die an die Terrasse angrenzenden Besizer hatten nemlich alle auf ihren Feldern ausgepflügten Gegenstände die Terrasse hinuntergeworfen, auf der das dichte Gebüsch die Findlinge verbarg.

Derartige Beispiele könnte ich noch viele anführen, allein ich bin bereits gegen meine Gewohnheit zu weitläufig geworden. Uebrigens war es geboten, etwas weitläufig zu werden, um einerseits nachzuweisen, wie mühselig und zeitraubend öfters derartige Forschungen sind, andererseits hoffe ich, dass solche Fingerzeige, die ich aus dem Schaze meiner vieljährigen Erfahrungen hier niederlege, von manchen Alterthumsforschern, denen die Praxis noch abgeht, nicht ungern aufgenommen werden sollten.

Der eigentliche Stubengelehrte wird allerdings auch mit diesen Andeutungen in vielen Fällen rath- und erfolglos von dannen gehen; dagegen wird er das Material, welches ihm gewissenhafte, mit vielseitigen Erfahrungen und Kenntnissen ausgestattete praktische Forscher liefern, gewiss dankbar annehmen und verwenden.

Der tüchtigste Baumeister kann kein Gebäude ausführen, wenn ihm das nöthige Material dazu fehlt oder wenigstens nur ungenügend zu Gebote steht; ebenso benöthigt ist der Geschichts- und Alterthumsforscher, dass ihm Material herbeigeschafft werde, das ihn in den Stand sezt, die geschriebene Geschichte über die Verhältnisse der Vorzeit mehr und mehr aufzuklären und zu vervollständigen. Die in neuerer Zeit aller Orten öfters mit den grössten Opfern ausgeführten Nachgrabungen und Nachforschungen haben in vielen Fällen mehr Licht verbreitet, als die gedruckten und geschriebenen Nachrichten, die wir aus der Vorzeit besizen; sie liefern überaus reiches Material und so zu sagen theils eine neue, theils eine ergänzende aus dem Boden gegrabene Geschichte.

Die in Württemberg so zahlreich aufgefundenen, vielen Anschluss gebenden römischen Bildwerke und mit Inschriften versehenen Steindenkmale, welche grösstentheils im K. Lapidarium in Stuttgart aufgestellt, theils an Gebäuden, namentlich an Kirchen in der Nähe ihrer Fundorte, eingemauert sind, hat der leider zu frühe verstorbene Director v. Stälin in den Württ. Jahrbüchern vortrefflich zusammengestellt und erklärt.

Was endlich die alten Grabstätten betrifft, so haben wir es in Württemberg mit folgenden zu thun: Römische Grabstätten, früh germanische (keltische) Grabhügel, meist von der vorrömischen, weniger aus der mit- und nachrömischen Periode, und Reihengräber aus der alemannischen (fränkischen) Zeit; an diese reihen sich unmittelbar die Todtenbäume und bilden den Uebergang von den eigentlichen Reihengräbern zu der jetzt noch bestehenden Bestattungsweise.

Die römischen bis jezt in Württemberg aufgefundenen Gräber sind ziemlich verschiedener Art, man fand sie regelmässig in den Boden einige Fuss tief eingesezt, theils ausgemauert, theils mit Steinplatten umgeben oder ohne alle weitere Umfriedigung; sie enthielten entweder eine mit der Todtenasche gefüllte Steinkiste, oder die Aschenurne oder die menschlichen, nicht verbrannten Skelette, theils in Sarkophagen, die aus Stein- oder Thonplatten errichtet waren, theils waren sie von den sichtlichen Resten hölzerner Särge (loculi) umgeben, wie z. B. bei den auf dem Altenburger Feld bei Cannstatt ausgegrabenen, reihenweise angelegten Römergräbern; zuweilen scheinen auch die Leichname ohne alle Umfriedigung und Umhüllung in den gewachsenen Boden eingesenkt worden zu sein.

Die Art der Bestattung der Römer in unseren Gauen gibt daher zu ihrer Bestimmung als solche keine festen Anhaltspunkte, dagegen sind es die nie fehlenden Beigaben (Inlagen) der Grabstätten, welche untrügliche Beweise für ihre römische

Abstammung liefern. Es sind hauptsächlich die leicht erkennbaren Gefässe, worunter nicht selten solche von Siegelerde, namentlich aber die sich in den römischen Grabstätten regelmässig wiederholenden Grablampen und die römischen Münzen (oboli)

Aeussere Merkmale, an denen man die römischen Grabstätten erkennen könnte, sind nicht vorhanden, indem die Gräber in den gewachsenen Boden eingesezt und über denselben keine sichtlichen Zeichen angebracht wurden. Die Entdeckung derselben geschieht daher meist nur durch Zufall, während vorgenommener Grabarbeiten, Keller-, Strassen- und Eisenbahn-Anlagen u. s. w. Benennungen, die auf Gräber schliessen lassen, wie Schelmenäcker, Schelmenfeld, auf Gräbern etc. (s. unten) geben keine sicheren Anhaltspunkte, weil diese auch an Gräbern aus früheren oder späteren Perioden haften. Sogar wenn derartige Flurnamen in der Nähe von römischen Niederlassungen vorkommen, darf nicht sicher geschlossen werden, dass sie auf römische Leichenfelder hindeuten, indem die nach Vertreibung der Römer Plaz greifenden Alemannen sich klugerweise oft in die verlassenen römischen Wohnplätze einbürgerten und dann ihre Grabstätten in der Nähe derselben anlegten.

Ganz anders verhält es sich mit den altgermanischen (keltischen) Gräbern, die bekanntlich nicht in den natürlichen Boden eingesezt sind, sondern aus kleinen Hügeln bestehen, die über dem gewachsenen Boden künstlich aufgeworfen wurden. Die Leichenhügel sind von verschiedener Grösse; ihre Höhe wechselt von 1—5ᵐ, ihr Durchmesser von 5—35ᵐ; sie sind zum grössten Theil kreisrund, in ganz seltenen Fällen eirund angelegt und zeigen mit dem übrigen Terrain durchaus keinen natürlichen Zusammenhang, daher sie auch von einem nur mässig geübten Terrainkenner sogleich als künstlich aufgeworfene Hügel erkannt werden. Weniger Geübte können sich in einzelnen Fällen täuschen, z. B. an Stellen, wo früher Steinbrüche, Erd- und Sandgruben etc. bestanden, von denen die Abräume hügelartig hingetragen oder hingeschüttet wurden, allein bei einiger Nachfrage und Terrainkenntnis lassen sich derartige Erhöhungen leicht von den Grabhügeln unterscheiden. Auch wenn grosse Bäume, namentlich Nadelhölzer, von dem Sturme umgeworfen und mitsamt dem Wurzelstock aus dem Boden gerissen wurden, sind die zurückgebliebenen sogenannten Burren, nämlich die mit ausgerissene Bodenmasse, von Unerfahrenen schon für Grabhügel gehalten worden.

Die Entdeckung der Leichenhügel, sowohl der vereinzelt wie der in ganzen Gruppen beisammen stehenden, ist daher durchaus keine schwierige, und gar leicht kann ihr Vorhandensein bei dem Volke, besonders aber bei den Forstbeamten, erkundigt werden, so dass alsdann nur noch nöthig ist, sich an Ort und Stelle von der Echtheit der Hügel zu überzeugen. Als leitende Momente sind es hier einzelne Flurnamen, insbesondere Benennungen der Walddistrikte, indem auf dem angebauten Lande die Leichenhügel meist längst von der Kultur eingeebnet worden. Wenn in Wäldern die Namen Brand, Brandbau, Brandhalde, Brandstelle etc. vorkommen, so darf man ziemlich sicher auf vorhandene Grabhügel schliessen, dergleichen Benennungen rühren von dem häufig üblichen Verbrennen der Leichen her; auch kenne ich einen Walddistrikt mit Grabhügeln, den man in den „verbrannten Berglen" nennt; hier ist es noch deutlicher ausgesprochen, dass man es mit Brandhügeln (Hügeln mit verbrannten Leichen) zu thun hat. Andere Waldbenennungen, wie im Dachsbühl, im Fuchsbühl, deuten nicht selten auf Leichenbügel, weil Füchse und Dächse gern in dergleichen Hügeln ihre Baue anlegen; in dem Sindelfinger Gemeindewald „Fuchsberglen" findet sich z. B. eine namhafte Grabhügelgruppe. Westlich von Plattenhardt liegt der Wald „Buckelesbau", der seinen Namen von den hier sehr zahlreich vorkommenden Grabhügeln erhielt, da im Munde des Volks eine kleine Terrainerhöhung, ein kleiner Hügel „Buckel" genannt wird. Die Benennungen „an den Bühlen", d. i. kleinen

Hügeln, weisen zuweilen auch auf Grabhügel. Auch die Waldbenennungen „Schelmenhau, Schelmenwald, Schelmenplatte", überhaupt sämtliche aus Schelmen, auch Schalmen entstandenen Benennungen denten in vielen Fällen auf Grabhügel, weil Schelm früher gleichbedeutend mit Leichnam, Todter, war.

Allein derartige Benennungen, namentlich die lezteren, kommen auch auf dem kultivirten Lande vor und weisen nicht selten auf Leichenfelder aus einer späteren Periode, freilich öfters auch auf ehemalige Schindanger, die man auch Schelmenäcker und Schelmenwasen etc. nennt.

Ueberdiess treffen wir auf den bebauten Fluren gar häufig ähnliche Benennungen wie: im Brand, Brandfeld, Brandäcker, Brandhalde, Brandrain, Brandwasen, Brandwiesen etc., wo man in den weitmeisten Fällen vergebens nach Grabhügeln suchen würde; dagegen dürfen wir ziemlich sicher folgern, dass hier einst, insbesondere so lange diese Stellen noch bewaldet waren, Grabhügel bestanden haben.

Mit Ausnahme der in neuester Zeit aufgefundenen Pfahlbauten (s. hier unten) sind es daher die Waldungen und ungebauten Stellen (Oeden) vorzugsweise, welche uns die lezten Reste aus frühester Zeit bis auf den heutigen Tag geschützt und bewahrt haben, während dieselben auf dem bebauten Felde der alles ebnenden Kultur längst weichen mussten.

Nach den vielen in den Waldungen noch vorhandenen Grabhügeln (ich kenne in Württemberg gegen 3000 an der Zahl) zu schliessen, scheinen unsere Gauen schon in sehr früher, vorrömischer Zeit ziemlich bevölkert gewesen zu sein und wenn auch in einzelnen Gegenden die Leichenhügel fehlen oder nur spärlich vorkommen, so ist dies meist in solchen der Fall, wo der Feldbau vorherrscht, der die Hügel allmählig verdrängte. Fehlen aber in waldreichen Gegenden die Grabhügel, alsdann dürfen wir ohne Bedenken annehmen, dass diese in den frühesten Perioden entweder gar nicht oder nur spärlich bewohnt waren. Auf dem eigentlichen, raoheren Schwarzwald kommen z. B. keine Grabhügel vor, während sie am östlichen Saume desselben ziemlich häufig erscheinen; ebenso haben die Höhenzüge des Welzheimer-, Murrhardter- und Mainhardter-Waldes nur einzelne Grabhügel, dagegen sind die an den Fuss dieser Höhenzüge sich anlehnenden fruchtbareren Flachländer reichlich damit bedacht. Auch Oberschwaben weist bis jetzt verhältnismäsig nur wenig Leichenhügel auf (s. meine archäologische Karte).

Im Allgemeinen dürften die jezt noch vorhandenen Grabhügel nachweisen, dass vorzugsweise die fruchtbareren milderen Gegenden Württembergs in den frühesten Zeiten bewohnt waren; eine auffallende Ausnahme macht die an Leichenhügeln ziemlich reiche Hochebene der schwäbischen Alb, auf der übrigens auch die rauhesten Partien weniger Todtenhügel zeigen als die ergiebigern; z. B. der zur Alb gehörige Heuberg ist arm an Leichenhügeln, während das schon namhaft tiefer gelegene, ebenfalls zur Alb gehörige Herdtfeld und der südliche, gegen die Donau geneigte Abhang der Alb viele derselben aufzuweisen hat.

Wie gezeigt wurde, sind die Leichenhügel schon an ihren äusseren Formen leicht zu erkennen, wenn sie aber näher untersucht und aufgegraben werden, zeigen sich bald entschiedene Merkmale, dass man es nicht mit natürlichen, sondern künstlich aufgeworfenen Hügeln zu thun hat, indem der einigermassen geübte Forscher sogleich den aufgetragenen Boden von dem sog. gewachsenen unterscheiden kann. Die zu den Leichenhügeln benützte Erde ist in der Regel frei von kleineren Steinen, als ob dieselbe gesiebt worden wäre; in sehr steinreichen, humusarmen Gegenden, wie z. B. auf der Hochebene der Alb, ist dies weniger der Fall und die Hügel bestehen daselbst zuweilen aus zusammengetragenen Gesteinstrümmern des weissen Jura. Auch in den reinen Erdhügeln des übrigen Theils von Württemberg kommen nicht selten in den sonst steinfreien Leichenhügeln einzelne künstlich eingesezte grössere Steine, ja ganze regelmässig angelegte Steinkreise und Steinhaufen vor (s. hier unten). Weitere Beweise, dass man es mit irgend einem Todtenhügel zu thun hat, liefern bald die in denselben beinahe regelmässig vorkommenden Kohlenreste und hauptsächlich die zerstreut, ohne allen Zusammenhang auftretenden Gefässfragmente.

Dies wären etwa die ersten und allgemeinsten Zeichen, die uns vorhandene Leichenhügel verrathen, forscht man aber in denselben weiter, dann erhält man die verschiedensten Inlagen und Anlagen der Grabhügel, die sich im Ganzen häufig wiederholen, jedoch im Einzelnen immer wieder grosse Verschiedenheiten zeigen. Von den Inlagen (Beigaben) kommen am häufigsten vor die aus Bronze gefertigten Ringe, welche um den Hals, um die Arme, in den Ohren, an der Handwurzel (Handgelenk), an den Fingern und um die Ober- und Unterbeine getragen wurden; sie sind meist einfach und ziemlich roh ausgeführt, manche aber auch schön gehalten und geschmackvoll verziert. Zwei Halsringe, die ich aus einem Grabhügel bei Unter-Iflingen erhielt, sind mit Rosetten aus rothem Thon zwischen schön ciselirten Bronceknöpfen besezt (s. die Abbildung bei Lindenschmit, Die Alterthümer unserer Vorzeit, B. I. u. II.) Ferner kommen häufig von Bronce vor: Gewandnadeln (Fibeln), Haarnadeln, Knöpfe etc., von rohester bis zur feinsten Ausführung aufsteigend. Seltener sind aus Bronce getriebene Stirnbänder und Leibgürtel, wie auch die massiv ausgeführten Leibringe, an denen kleine verschiebbare Ringe zur Befestigung der Schürze angebracht sind. Ebenso Broncegefässe, während Waffen von diesem Metall etwas häufiger vorkommen und zwar Speerspitzen, Messer, viel seltener Schwerter. Auch Gewandstücke mit Bronceperlen dicht besetzt kommen zuweilen vor.

Von Eisen enthalten die Leichenhügel nicht selten Schwerter, Lanzenspitzen, Dolche, Messer, auch Ringe, Schildbuckel, Reste von Pferdegeschirren, als Seltenheit die Schienen von Wagenrädern etc. Im Allgemeinen scheinen die Gegenstände aus Eisen seltener zu sein, als die aus Bronce; indessen ist wohl zu beachten, dass das Eisen vergänglicher ist als die Bronce und öfters von demselben nur die Roststellen oder unförmlich gewordene Bruchstücke vorhanden sind, die alsdann wenig oder gar nicht beachtet werden. Die Gegenstände aus edlen Metallen, Gold und Silber, gehören in Württemberg zu den Seltenheiten und beschränken sich bis jezt auf ein goldenes Stirnband, einige goldene Ohren- und Fingerringe, wie auch auf Goldknöpfchen und Goldplättchen, deren ursprüngliche Bestimmung man nicht kennt. Die aus Silber gefertigten Gegenstände sind verhältnismässig noch viel seltener; man fand bis jezt nur einige Ringe und Fibeln von diesem Metall.

Die in den einer späteren Zeit angehörigen Reihengräbern so häufig vorkommenden, aus Bernstein, Gagat, Glasfluss, Thon etc. gefertigten Perlen (eine rothe Thonperle auch in den Pfahlbauten bei Schussenried) finden sich zuweilen auch in den Leichenhügeln, welche jedoch meist zu den jüngsten gehören und gleichsam den Uebergang zu den Reihengräbern bilden.

Eine grosse Rolle spielen aber in den Todtenhügeln die thönernen Gefässe, welche beinahe in allen bis jezt eröffneten mehr oder weniger zum Vorschein kamen; sie sind von sehr verschiedener Form und Grösse und wechseln von kleinen kaffeetassenartigen Gefässen bis zu sehr grossen, weit gebauchten Urnen. Ihre Masse, aus der sie nicht auf der Drehscheibe, sondern, wie es scheint, frei von der Hand geformt sind, ist grösstentheils ein rötlicher, rötlich-gelber, grauer und schwarzer Thon, dessen Inneres (der Bruch) meist mit Kohlenstaub und ganz kleinen Quarzkörnchen gemengt ist; zuweilen bestehen sie auch aus einem gleichartigen Thon. Meistens sind die Gefässe ohne Verzierungen, wenn aber an denselben solche vorkommen, so bestehen diese aus eingedrückten Punkten oder aus theils parallel laufenden theils sich rautenförmig kreuzenden Linien, wodurch sie sich, abgesehen von der Masse und Form, wesentlich von den römischen Gefässen, auf denen die Verzierungen erhaben angebracht sind, unterscheiden. Nicht selten finden sich auch Gefässe, die mit Streifen von Wasserblei versehen, oder ganz mit demselben überzogen sind. Die Gefässe haben vorzugsweise eine bauchige, seltener eine cylindrische Form, und sind entweder gar nicht oder nur ganz leicht gebrannt, im ersteren Fall einfach getrocknet; sie geben den sichersten Aufschluss über das Alter der Leichenhügel und über den Kulturzustand der Volksstämme, welche dieselben verfertigten, denn sie sind die eigenen Fabrikate der früh-germanischen (keltischen) Bewohner unseres engeren Vaterlandes, während die übrigen in den Leichenhügeln gefundenen, aus Metall gefertigten Gegenstände ohne Zweifel durch Tausch und Handel in deren Hände kamen und daher keine so sicheren Beweisstücke liefern.

Waffen und Geräthschaften von Stein (Feuerstein, Serpentin, Syenit, Hornblende etc.) wurden bis jezt nur ausnahmsweise in den Todtenhügeln aufgefunden; man erhielt sie verhältnissmässig häufiger aus denjenigen in Oberschwaben, auf der Alb und am untern Neckar, als im eigentlichen württembergischen Mittelland, jedoch stets in Begleitung von Broncegegenständen; in der Nähe von Ravensburg wurde sogar ein Hügel eröffnet, der neben Stein- und Bronzegegenständen auch solche von Eisen enthielt. Ausschliesslich Steingegenstände enthaltende Todtenhügel wurden bis jezt meines Wissens in Württemberg nicht entdeckt, dagegen fanden sich in den meisten Grabhügeln wenigstens Bronce und Eisen gesellig beisammen. Wir können daher auch dem gegenwärtig von verschiedenen Alterthumsforschern so sehr beliebten System der streng abgeschiedenen Stein-, Bronce- und Eisenperioden nicht huldigen, vielmehr sind wir der Ansicht, dass diese Perioden allmählig in einander übergingen und sogar in vielen Gegenden die jedenfalls ältesten Steingeräthe noch im Gebrauch waren, während man in anderen Landstrichen schon längst im Besiz von Bronce und Eisen war.

Ein entscheidendes Moment bildet hier das Vorkommen des nöthigen Materials; in Oberschwaben und in der angrenzenden Schweiz, wo in den Geschieben ein zu Steingeräthen und Steinwaffen taugliches Material in Menge vorhanden ist, haben sich offenbar dieselben länger und ausgedehnter gehalten, als in den übrigen Gegenden des Landes, wo derartige Geschiebe fehlen und deshalb schon weiter her bezogen werden mussten. Es wäre daher sehr irrig, die Grabhügel, welche Steingeräthe neben den Broncen enthielten, für älter zu erklären als diejenigen, denen sie fehlen.

Ebenso wenig lässt sich die Bronce- und Eisenperiode so scharf abgrenzen, da, wie schon angeführt wurde, beide Metalle gar häufig beisammen in Todtenhügeln gefunden werden. In einem Leichenhügel auf der Federlensmad bei Echterdingen fand ich neben uralten Gefässfragmenten Bronceringe, die von hohem Alterthum zeugend bis zum Innersten oxydirt waren, eine eiserne Speerspize und zwei goldene sehr roh gearbeitete Ringe.

Ein Beispiel aus neuerer Zeit möge diese Ansicht noch bekräftigen: neben dem Gebrauch des Eisens, Kupfers und der edlen Metalle finden wir eine Holzperiode, das ist, die Periode, in der viele aus Holz gefertigte Gegenstände, wie Teller, Schüsseln, Löffel etc. im Gebrauch waren; hölzerne Gefässe finden wir schon in den Todtenbäumen (s. unten), während die Holzgefässe theilweise, namentlich in holzreichen Gegenden, wie auf dem Schwarzwald, Welzheimerwald etc. noch im vorigen Jahrhundert von dem Volke ziemlich allgemein benüzt wurden, ja sogar heute noch vereinzelt vorkommen. Die gegenwärtige Zeit und die der Todtenbäume liegt aber mindestens 800—900 Jahre auseinander.

Wir sehen hieraus, dass sich eine scharfe Abgrenzung von Stein-, Bronce- und Eisenperiode nicht annehmen lässt; die Kultur eines Volkes, wie die Einführung neuer Fabrikate verbreitet sich nicht plözlich, sondern braucht oft viele Jahrhunderte, bis sie allgemein wird, und während diese oder jene Gegenstände in einer Gegend eingeführt werden, kommen sie in anderen schon wieder in Abgang und neuere Fabrikate treten an ihre Stellen. Hiebei kommen wesentlich die Vermögensverhältnisse und die Verkehrsmittel in Betracht: der Wohlhabende kann sich eher neue Fabrikate anschaffen, während der Minderbemittelte sich noch lange mit dem Alten begnügen muss; ebenso werden Neuerungen sich in Orten an belebten Land- und Wasserstrassen weit früher einbürgern, als in abgelegenen, dem Verkehr entzogenen Gegenden.

Die Anlagen der Leichenhügel sind, wie schon angeführt wurde, nach ihrer Grösse sehr verschieden, ebenso nach ihrer Konstruktion; sie bestehen theils aus reinen steinfreien Erdaufwürfen, oder in humusarmen, steinreichen Gegenden aus Steinhügeln, theils sind einzelne grössere Steine in dieselben eingesezt, und zwar trifft man nicht selten unfern der Peripherie des Hügels 4 grosse, nach den Himmelsgegenden orientirte Steine; bei anderen läuft ebenfalls in der Nähe der Umgrenzung des Hügels ein Kreis von Fundsteinen (behauen sind die Steine nie). Nicht selten ruht in der Mitte des Hügels auf dem gewachsenen Boden ein einziger Stein oder ein verschieden grosser Steinsaz, zuweilen aus auffallend grossen Fundsteinen zusammengesezt; nach Wegräumung derselben erscheinen alsdann meist die Reste des Leichnams oder die Asche und Kohlenplatte, auf der der Todte verbrannt wurde, überdies die dem Verstorbenen mitgegebenen Schmuck- und andere Gegenstände, welche jedoch auch in der Nähe des Steinsazes und nicht selten zerstreut in dem Leichenhügel vorkommen. Ein Hügel, den ich in der Nähe von Machtolsheim auf der Alb öffnen liess, enthielt unfern der Peripherie einen zusammenhängenden Steinring und in der Mitte einen viereckigen, mit Fundsteinen umfriedigten Raum, dessen Inneres mit Kohlen und Asche bedeckt war; auf dieser sichtlichen Brandstelle lag ein langes, breites, zweischneidiges Schwert von Eisen. Ausser diesem war in dem Hügel nichts zu finden. Auch kommen Hügel vor, in deren Mitte der viereckige Raum nur mit 4 Steinen an den Eckpunkten angedeutet ist. In dem Walddistrikt „Brand" bei Böblingen fand ich in einem sonst ganz steinfreien Leichenhügel in der Mitte desselben einen würfelförmig aufgeführten, beinahe 1 M. hohen Steinsaz, auf dessen Oberfläche eine Brandplatte sich befand, in deren Mitte ein roh gearbeitetes Gefässchen, etwa in Form und Grösse einer Kaffeetasse stand. Weitere Gegenstände kamen nicht zum Vorschein.

Nicht selten trifft man auch Hügel, die bald unter dem höchsten Punkte einen einzelnen Stein enthalten: er zeigt gleichsam die Mitte des Hügels an und zugleich gibt er das Zeichen, dass gerade, jedoch nicht unmittelbar unter demselben die eigentliche Grabstätte sich befindet; in grösseren Leichenhügeln kommen zuweilen mehrere derartig vereinzelt eingesezte Steine vor, die alsdann nachweisen, dass der Hügel entweder eine gemeinschaftliche oder eine Familien-Grabstätte birgt, indem regelmässig unter den einzelnen Steinen auch Spuren von beigesezten oder verbrannten Leichnamen sich vorfinden.

Seltener sind die eigentlichen lang gestreckten Steinkammern in der Mitte der Leichenhügel; auf dem Hasenberg bei Stuttgart liess ich z. B. einen Hügel öffnen, der in der Mitte ein gegen Osten orientirtes, etwa 2 M. langes Steinlager und in demselben die wohl eingebetteten Ueberreste eines Mannes und einer Frau nebst schmucklosen Broncesachen etc. enthielt.

Dies wären etwa die am häufigsten vorkommenden Anlagen der Grabhügel, wiewohl auch immer noch weitere Abweichungen in der Konstruktion derselben getroffen werden, deren Aufzählung hier zu weit führen würde.

Noch weit mannigfaltiger als die Anlagen der Todtenhügel sind die in denselben vorkommenden Inlagen (Beigaben), hauptsächlich die Art und Weise ihres

Vorkommens. Vor allen Dingen ist hier zu bemerken, dass sich die Bestattungsweise in zwei ganz verschiedene Arten abtheilt: in die des Verbrennens und in die der wirklichen Beisezung der Leichname.

Manche Grabhügel enthalten gar keine Beigaben und man muss sich alsdann mit der im Centrum des Hügels auf dem gewachsenen Boden noch vorhandenen Brandplatte begnügen, die wenigstens bekundet, dass man sich nicht geirrt und allenfalls einen Schutthügel geöffnet habe: nicht selten findet man in den Hügeln einzeln zerstreut vorkommende Gefässfragmente und auf der Brandplatte eine roh gearbeitete, zusammengedrückte Aschenurne oder sonst ein Gefäss und erhält hiedurch die sicheren Zeugen von einem Todtenhügel. Indessen enthalten die meisten Hügel neben den Gefässen und Aschenurnen, die man jedoch selten ganz erhält, noch Schmuckgegenstände, Waffen, Geräthe etc., wie sie oben näher bezeichnet wurden. Das Vorkommen derselben ist sehr ungleich, indem sie theils spärlich, theils mehr oder weniger häufig aufgefunden werden. Die Beigaben liegen namentlich bei den Einzelgräbern entweder auf der Brandplatte oder in der Nähe derselben; nicht selten trifft man sie auch in den Hügeln regellos zerstreut ohne allen und jeden Zusammenhang mit der eigentlichen Leichen- oder Brandstelle, so dass es scheint, derartige Gegenstände seien, während die Hügel aufgetragen wurden, von den Anverwandten oder Freunden des Verstorbenen gleichsam als Andenken eingeworfen worden. Bei gemeinschaftlichen oder Familiengräbern, wenn nämlich mehrere Verstorbene in einem Hügel beigesezt waren, sind jedoch die ausserhalb der Hügelmitte vorkommenden Gegenstände sehr zu beachten, indem diese alsdann die übrigen Leichenstätten bezeichnen.

Die Gefässe der verschiedensten Grössen und Formen fehlen, wie schon gezeigt wurde, selten, in den meisten Hügeln kommen sie zahlreich, ja ausschliesslich, ohne Gegenstände von Metall etc. vor. An dem Westsaume des Rieses enthielten Leichenhügel, von denen ich und andere Forscher ziemlich viele öffnen liessen, nur zahlreiche, zum Theil hübsch verzierte Thongefässe und grosse Aschenurnen. Diese Art von Gräbern scheint ziemlich weit verbreitet zu sein, indem ich sie nicht nur in der Nähe des Rieses, sondern auch in Hügeln auf dem Herdtfeld bei Waldhausen und in dem Walddistrikt „Appenwang" bei Aalen angewendet fand.

Todtenhügel, in welchen die Leichname beigesezt und nicht verbrannt wurden, enthalten mehr oder weniger vergangene Ueberreste von den menschlichen Skeletten und geben daher eher ein Bild von den in ihnen enthaltenen Beigaben, indem man z. B. die Stirnbänder, Hals- und Ohrenringe in der Nähe des Schädels, die Arm- und Fussringe zuweilen noch die Knochen umgebend findet; auch aus den Skelettresten lässt sich alsdann bestimmen, ob diese einem Manne oder einer weiblichen Person angehören, während in den Brandhügeln allenfalls nur die Art der vorkommenden Schmuck- und anderen Gegenstände auf den Geschlechtsunterschied einigermassen schliessen lässt. Spielwaaren, wie thönerne Klapperkugeln und bronzene Klapperringe, lassen Kindergräber vermuthen. Aber auch die Knochenreste sind nicht selten so sehr vergangen, dass aus ihnen nichts mehr wahrgenommen werden kann; ich habe z. B. Leichenhügel geöffnet, die nur noch die Zahnkronen der beigesezten Leichname enthielten, zuweilen fehlten auch diese und die Stelle, wo der Beerdigte lag, war nur noch als ein papierdünner weisser Streifen angedeutet.

Aus vielen der alten Grabstätten mit mehr oder minder erhaltenen Skelettresten hat nun unser eifriger vaterländischer Forscher Herr Obermedicinalrath Dr. v. Hölder die interessantesten Ergebnisse erhalten und sich hiedurch um die Alterthumskunde grosse bleibende Verdienste erworben, indem er namentlich die in Grabhügeln, römischen Grabstätten, Reihengräbern etc. vorkommenden Schädel und Schädelreste mit nicht unbeträchtlichen Opfern sammelte, sie mit seltener Geduld und Kenntnis wieder zusammenfügte und aus ihnen alsdann nicht bloss die Geschlechts- und Altersverschiedenheiten, sondern hauptsächlich die verschiedenen Racen der Beigesezten mit grossem Scharfsinn herausfand. Das Ergebnis seiner Forschungen, welche sich auf 66 Schädel aus Grabhügeln und Höhlen und 170 aus Reihengräbern aus den verschiedensten Gegenden des Landes erstreckten, hat, soweit es die Archäologie interessirt, festgestellt, dass in den Reihengräbern eine in ihrem Schädelbau wohl karakterisirte, von allen übrigen scharf abgetrennte dolichocephale (langköpfige) Race liegt.

Unter den Grabhügeln fanden sich zwar gleichfalls solche, in welchen nur die Reihengräberschädelform getroffen wurde, daneben aber auch andere, in welchen diese Form mit Brachycephalen (Kurzköpfen) gemischt ist. Den mit ihnen gefundenen Kulturresten zufolge gehören die lezten einer älteren geschichtlichen Periode an, als die ersten. Beide Schädelformen unterscheiden sich in ihrem Bau in keiner Weise von den jetzt lebenden Generationen, nur sind die Mischungsvorhältnisse damals und jetzt andere.

Trotz all' dieser vielfältigen Ergebnisse, welche uns die zahlreich untersuchten Grabhügel lieferten, lassen sie uns doch noch über manches im Unklaren, obgleich durch dieselben die Kenntnis über die ältesten Bewohner unserer Gauen sehr bereichert wurde. Allein eine systematisch gleich durchgeführte Bestattungsweise, die sich fest an verschiedene Gegenden knüpft, hat man bis jetzt noch nicht herausfinden können, mit Ausnahme der oben angeführten, in der Nähe des Rieses vorkommenden Grabstätten, welche sich durchaus ähnlich sind und sich zugleich von den meisten übrigen Todtenhügeln wesentlich unterscheiden. Immerhin zeigen die Leichenhügel auch in den verschiedenen Gegenden unseres engeren Vaterlandes einige Aehnlichkeit, allein die mehr oder minder vorkommenden, sich häufig wiederholenden Inlagen sind nach ihrer Bearbeitung und der Art und Weise, wie sie beigegeben wurden, verschieden, und nicht selten trifft man in ein und derselben Grabhügelgruppe Hügel mit vorherrschenden Bronce-Gegenständen neben anderen mit vorherrschendem Töpfergeschirr u. s. w.

Diese verschiedene Ausstattung der Gräber dürfen wir in vielen Fällen ohne Bedenken den verschiedenen Vermögensumständen der Beigesezten zuschreiben, indem, wie heute noch, die Vermöglichen reicher und sorgfältiger bestattet wurden als die Minderbemittelten. Ueberdies können sie in ihrem Alter weit auseinander liegen und in ein und derselben Gruppe Grabhügel vorkommen, die schon weit früher aufgeführt wurden als die neben ihnen liegenden; sei es denn, dass derartige Stellen öfters auf längere Zeit verlassen und erst später wieder aufgesucht wurden, oder dass sich derartige Gruppen durch viele Generationen hindurchziehen und im Laufe der Zeit sich die Bestattungsweise allmählig änderte.

Abgesehen von allen diesen Umständen ist es hauptsächlich auch die Art der Untersuchungen der alten Grabstätten, die zum Theil Schuld trägt, dass man bis jezt noch nicht verhältnismässig genügenden Aufschluss über die ursprünglichen Bestattungsweisen erhalten hat; ich meine die Untersuchungen von weniger eingeweihten Forschern, welche theils aus Sparsamkeit, theils um ihre Neugierde zu befriedigen oder um schnell zu einigen Grabinlagen zu gelangen, in die Grabhügel von oben herab einen Schacht gegen den Mittelpunkt des Hügels treiben, oder den Hügel quer, im günstigsten Falle im Kreuzschnitt, durchgraben lassen etc. Dergleichen Untersuchungen liefern alsdann nicht selten glückliche Ergebnisse, aber nie einen klaren Aufschluss über die eigentliche innere Beschaffenheit des Hügels und seiner Beilagen. Ueberdies lassen die Berichte über derartige Forschungen häufig noch manches zu wünschen übrig. Wenn man ein klares Bild von der Beschaffenheit eines Leichenhügels erhalten will, so muss derselbe gänzlich mit aller Vorsicht abgetragen und nicht blos durchgraben werden.

Was endlich das Alter der Grabhügel betrifft, so lässt sich dieses durchaus nicht genau bestimmen, indem die Sitte, die Verstorbenen unter künstlich aufgeworfenen Hügeln zu beerdigen, gewiss viele Jahrhunderte hindurch üblich war. Die in den Hügeln aufgefundenen, mehr oder minder roh gehaltenen und auch verschieden an Zahl vorkommenden Kulturreste geben zwar einige Anhaltspunkte zur Bestimmung der Grabhügel, ob sie aus den frühesten oder aus späteren Perioden stammen, aber auch hier sind die Vermögens-Verhältnisse der Beigesezten nicht ausser Auge zu lassen, indem die Wohlhabenden in der Lage waren, sich fremde Fabrikate, wie auch werthvollere im Land selbst gefertigte anzuschaffen und ihren Verstorbenen mit ins Grab zu geben, was den Minderbemittelten nicht möglich war etc.

So viel steht jedoch fest, dass die Mehrzahl der Grabhügel in die vorrömische Periode, d. i. in die Zeit, bevor die Römer unsere Gaue besetzen, zu verlegen sind, insbesondere solche, die innerhalb der römischen Grenzmarke liegen und nicht die geringste Spur von römischen Kulturresten enthalten.

Von den ehemaligen Wohnplätzen der frühesten Bewohner unseres Landes aus der Periode der Grabhügel hat uns die Zeit nur wenig und ziemlich unzuverlässiges aufbewahrt, wenn wir nicht die erst in neuester Zeit entdeckten, grösstentheils im Auftrag der Staatsregierung unter der Leitung des Landeskonservators, Professor Dr. Paulus ausgegrabenen Pfahlbauten, oder richtiger ausgedrückt, Moorbauten bei Schussenried hieher zählen wollen; allein der Umstand, dass man in denselben bis jezt nur aus Stein, Bein, Horn, Holz und keine aus Metall gefertigte Waffen, Geräthe etc. fand, wird wohl manchen bestimmen, sie noch einer früheren Zeit als der der Grabhügel anzureihen, während die meisten bis jezt in anderen Ländern entdeckten Pfahlbauten zuverlässig aus der Grabhügelperiode stammen. Troz des bis jezt gänzlichen Abmangels von Bronce, Eisen etc. in den Moorbauten bei Schussenried, verrathen doch die in denselben zahlreich vorkommenden Utensilien und Waffen, besonders aber die Holzgefässe und die viel entscheidenderen thönernen saubern und nett verzierten Thongefässe, schon erhebliche Kunstfertigkeit. Ueberdies zeugen die in denselben massenhaft gefundenen Getreideüberreste, dass die Moorbaubewohner auch schon Feldbau getrieben haben. Die Nachgrabungen in den Moorbauten sind indessen noch nicht beendigt und die später fortzusezenden Untersuchungen werden vielleicht noch weitere Aufschlüsse liefern; einstweilen erlaube ich mir noch kein endgiltiges Urtheil über diese höchst interessante Entdeckung auszusprechen.

Weit häufiger als die Ueberreste von Wohnplätzen aus den frühesten Zeiten sind die der ältesten Befestigungen und Verschanzungen, die wir zum Theil in die Grabhügelperiode einzureihen haben. Sie bestehen theils aus lange hinziehenden Wällen, theils aus kreis- und cirunden Gräben und Wällen, sog. Ringwällen; ihre Unterscheidung von Befestigungen aus der römischen und nachrömischen Periode ist eine äusserst schwierige, um so mehr als an denselben die gleichen Namen wie an späteren Befestigungen haften, als Burgstall, Burg, Bürg etc. (s. oben). Man ist daher hier ausschliesslich auf Nachgrabungen angewiesen und wenn diese keine Reste von Mauerwerk und dagegen Gegenstände, namentlich Gefässfragmente, wie man sie in den Grabhügeln findet, zu Tage fördern, dann hat man es offenbar mit einer vorrömischen Befestigung zu thun (s. auch meine Abhandlung über vorrömische Alterthümer in den Schriften des Württ. Alterthumsvereins II, 2).

Die aus der nachrömischen, alemannischen (fränkischen) Periode stammenden sog. Reihengräber, welche ihren Namen von ihrer reihenweisen Anlage erhielten, unterscheiden sich strenge von den Hügelgräbern, indem sie durchgängig in den gewachsenen Boden in einer Tiefe von etwa 1 Meter eingesezt sind und sich auf der

2 *

Oberfläche weder durch Erhöhungen noch durch irgend sonst ein Merkmal kennzeichnen. Ihre Entdeckung ist daher schwierig und geschieht in der Regel zufällig, bei Anlagen von Strassen, namentlich Eisenbahnen, Steinbrüchen, Sand-, Mergel- und Lehmgruben, wie auch bei Grabenziehungen, Häuserbauten etc.; sie lassen sich übrigens leicht erfragen, indem die Reihengräber, welche bekanntlich meist noch wohl erkennbare Reste menschlicher Skelette enthalten, sogleich als wirkliche Grabstätten erkannt werden und alsdann zu den verschiedensten Ansichten und Sagen Veranlassung geben. Man darf daher in den Orten nur einfach fragen, ob in der Nähe derselben schon alte Gräber aufgefunden worden seien? so wird man bald erfahren, dass auf dieser oder jener Stelle schon solche aufgedeckt und dabei Säbel, Spiesse, Schnallen gefunden worden seien. Diese Gegenstände sind, wenigstens theilweise, noch vorhanden und werden gerne von den Findern gezeigt, sogar auch gegen einige Belohnung abgetreten.

Die Reihengräber liegen beinahe regelmässig auf Fluren oder Oeden in der Nähe der schon bald in die Geschichte eintretenden Orte, oder an Stellen von längst abgegangenen Wohnplätzen und dürfen in den meisten Fällen als die alten friedlichen Begräbnisplätze der früheren Ortsbewohner angesehen werden. In Waldungen sind meines Wissens bis jezt noch keine Reihengräber aufgefunden worden.

Wenn daher in der Nähe der Orte die auf Grabstätten hinweisenden Flurnamen, wie z. B. in Schelmen, Schelmenäcker, Schelmenwasen, Schelmenrain, auf Gräbern, beim alten Kirchhof, im Todtwar, im Todtengarten, auf dem Soldatenkirchhof etc. vorkommen, so leiten diese in der Regel auf noch verborgen liegende, oder schon aufgefundene Reihengräber; die Benennung Soldatenkirchhof hat das Volk wegen der in den Gräbern häufig vorkommenden Waffen erfunden. Nicht selten trifft man die Reihengräber auch zunächst der jezt bestehenden Begräbnisplätze. Ein weiteres Merkmal liefern die Bodenarten, in welche die Grabkammern sich leicht eingraben liessen, man findet sie daher am häufigsten in fest aufgelagertem Diluviallehm, oder wenn dieser fehlt, in ziemlich mächtig auftretenden humusreichen Böden; zuweilen sind sie in den festen unteren Keupermergel eingebettet, wie ich sie z. B. in der südlichen Vorstadt von Böhlingen traf; auch beobachtete ich schon Reihengräber, die in weichen Kalktuff (jüngerer Süsswasserkalk) eingehauen waren. Diese Merkmale, namentlich die Flurbenennungen, haben mir bei Erkundigungen von Reihengräbern schon oft gute Dienste geleistet.

Was die Reihengräber selbst betrifft, so sind diese, wie schon oben angeführt wurde, reihenweise in den natürlichen Boden eingesezt; sie haben theils eine Umfriedigung von mauerartig aufgesezten, nicht behauenen Fundsteinen oder Steinplatten, theils scheinen sie, namentlich in festem, nicht leicht zusammenrieselndem Erdreich ohne alle Umfriedigung eingesezt zu sein; indessen könnte auch in vielen Fällen die Umfriedigung aus Holz bestanden haben, das jedoch im Laufe der langen Zeit vergangen sein mag, was um so eher vermuthet werden darf, als man schon Holzreste in den Grabstätten fand. Die Bedeckung der Grabkammern besteht öfters aus Steinplatten; viele sind jedoch auch unbedeckt, hatten aber ohne Zweifel ursprünglich eine Holzbedeckung, da sich nicht wohl annehmen lässt, dass man die Verstorbenen unmittelbar mit Erde überschüttete. Zuweilen finden sich noch Reste von Brettern, auf welche der Verstorbene gelegt wurde, einzelne zeigen nur Bretterspuren unter dem Kopfe des Beerdigten. Ohne Zweifel hängt damit die heute noch im bairischen Hochgebirge, am Starnberger See etc. übliche Sitte des Todtenbretts, auf das der Verstorbene bis zu seiner Beerdigung gelegt wird, zusammen Auch Kohlen und Asche kommen mitunter in den Reihengräbern vor; sie mögen von dem bei der Beerdigung üblichen Leichenmahle herrühren, eine Sitte, die sich in vielen

Gegenden unseres Landes bis heute erhalten hat. Ausnahmen bilden die Grabstätten, in welchen die Reste des Verstorbenen auf einer Lage von Kohlen und Asche getroffen werden. Auf den Grabplatten ist meines Wissens bis jezt in Württemberg keine Spur von irgend einem Zeichen, noch weniger von einer Inschrift gefunden worden, mit Ausnahme einer Grabplatte, die in der Nähe von Frauenzimmern (O. A. Brackenheim) ein Reihengrab deckte und zwei rautenförmig eingemeiselte Vertiefungen enthielt.

Die Inlagen der Reihengräber bestehen neben regelmässig vorkommenden mehr oder weniger erhaltenen Skelettresten aus den verschiedenartigsten Schmuckgegenständen, Waffen und Geräthen. Die Skelette finden sich am häufigsten gerade gestreckt eingebettet, zuweilen aber auch in sizender Stellung. Im lezteren Fall liegt der Schädel in dem Becken des Gerippes, in welches er in Folge des Abfaulens gefallen ist; das Volk ist alsdann der Meinung, dass derartige Gräber geköpfte Menschen enthalten, und bei Nachgrabungen in Reihengräbern habe ich schon mehreremale die Arbeiter ausrufen hören: „hier kommt wieder ein Geköpfter"!

Die den Verstorbenen ins Grab gelegten Beigaben sind, wie schon bemerkt, sehr verschiedener Art und bekunden in vielen, ja in den meisten Fällen eine schon weit fortgeschrittene Kultur; sie kommen mehr oder minder häufig vor und nur selten trifft man solche Gräber, die gar keine Beigaben enthalten.

Am häufigsten finden sich die aus Eisen gefertigten, kurzen, ziemlich breiten, einschneidigen Schwerter, die sog. Sachse; nicht selten auch lange, breite, zweischneidige Schwerter, Speerspitzen, Aexte, Dolche, Messer etc.; viel seltener kommen Waffen aus Bronce vor. Gar häufig sind auch die Reste von Wehrgehängen, wie Schnallen, Ringe, Beschläge, seltener von Pferdegeschirren, Schildbuckeln etc., die theils kunstreich aus Eisen gefertigt und mit Silber eingelegt (tauschirt), theils aus Bronce, seltener aus Silber ausgeführt sind. Auf dem Oehlenberg bei Ober-Türkheim entdeckte man ein Reihengrab, das sogar eine aus gediegenem Gold schön gearbeitete Leibgürtel-Schnalle, den goldenen Griff von einem dreischneidigen Dolch und einige Goldknöpfe enthielt. Die Gürtelschnalle war mit Halbedelsteinen und gefärbten Gläsern eingelegt und der Dolchgriff mit getriebenen Streifen verziert. Ueberdies wurden in demselben Grab noch die Reste eines ziemlich langen Eisenschwertes und einige minder bedeutende Eisengegenstände gefunden (die Abbildungen s. in den Jahresheften des Württ. Alterthumsvereins I, 9.)

Ausser den im Allgemeinen am häufigsten vorkommenden Waffen finden sich in den Grabstätten, namentlich in denen von weiblichen Personen, häufig kunstreich aus Gold, Silber und Bronce gearbeitete Schmuckgegenstände, wie Ohren-, Finger-, Arm- und Halsringe, Gewandnadeln, Brochen, Haarnadeln, Gewandspangen, Gürtel etc. vor, deren nähere Beschreibung hier zu weit führen würde und von denen nur einzelne einigermassen angeführt werden sollen, wie z. B. treffliche goldene oder silberne, theilsweise silberne und vergoldete Agraffen, die mit Halbedelsteinen oder gefärbtem Glas und Glasfluss eingelegt und mit schönen Filigranverzierungen versehen sind. Ferner herrliche Fibeln, zum Theil mit Thierfiguren, meist Vögeln und Drachen verziert etc. Von Elfenbein kommen hauptsächlich kunstvolle, mit eingeschnittenen Ornamenten versehene Haarkämme vor. Sehr häufig erscheinen auch durchlöcherte Perlen (kugel-, cylinder- und würfelförmige) von Bernstein, Gagat, Glasfluss, Thon etc., leztere sind häufig mit spiralförmig gewundenen Glasflussstreifen oder gefärbten Linien und Punkten wirklich geschmackvoll verziert.

Die beigegebenen Gefässe bestehen grösstentheils aus Thon, weit seltener aus Bronce; sie sind in den meisten Fällen gebrannt und mittelst der Drehscheibe gefertigt, was sie streng von den Grabhügelgefässen unterscheidet und nachweist, dass die Verfertiger derselben schon etwas von den Römern gelernt hatten. Ueberdies werden in den Reihengräbern ziemlich häufig durchlöcherte römische Münzen gefunden, die von den hier Beerdigten als Schmuck (sog. Anhänger) getragen wurden.

Die Verzierungen der Beigaben, namentlich der in den jüngeren Reihengräbern gefundenen, zeigen öfters eine Verwandtschaft mit der Ornamentik der romanischen Periode und scheinen schon einen leichten Uebergang in dieselbe zu vermitteln.

Diese Momente und die schon vorgeschrittene Technik in der Ausführung der Fabrikate sprechen entschieden dafür, dass die Reihengräber in die nachrömische Periode zu sezen sind, was auch längst von allen Archäologen angenommen wird. Allein diese Periode ist eine ziemlich grosse und wird sich von der Zeit bald nach der Vertreibung der Römer aus unseren Gauen bis zur romanischen Periode erstrecken. Man hält in der Regel Grabstätten mit wenig und nebenbei noch ziemlich rohen Inlagen für die ältesten, die mit gut, zuweilen kunstvoll gearbeiteten und reich ausgestatteten für die jüngeren; allein wir dürfen auch bei einem Reihengräberfeld, ebensowenig wie bei den Grabhügelgruppen nicht ausser Auge lassen, dass die Vermögens-Verhältnisse der Beigesezten stets eine bedeutende Rolle spielten, indem die Hinterbliebenen der Vermöglichen in der Lage waren, die Gräber reich auszustatten, während dies in der gleichen Periode bei den Minderbemittelten nicht sein konnte. Sezen wir beispielsweise den Fall, es wäre heute noch Sitte, den Verstorbenen Schmuck, Geräthe, Waffen etc. mit in dasGrab zu geben, so würde wohl das Grab eines Wohlhabenden auffallend reicher ausgestattet werden, als das eines armen Taglöhners, der nach Umständen in derselben Woche neben dem Wohlhabenden seine Ruhestätte gefunden hätte. Wenn man nun nach vielen Jahrhunderten bei Eröffnung der beiden Grabstätten folgern wollte, das Grab des Taglöhners sei wegen der weniger kunstvollen und kargen Ausstattung weit älter als das des Reichen, so würde man sich sehr täuschen. Dieselbe Wahrnehmung kann auch im Allgemeinen gemacht werden, indem die bei schon frühe bedeutenden Orten gelegenen Gräberfelder verhältnismässig viel reicher ausgestattet sind, als die bei den Dörfern etc. liegenden.

In neuester Zeit wurde bei Cannstatt ein Reihengrab aufgedeckt, das neben Gegenständen aus Bronce und Eisen mehrere vortrefflich ausgeführte Waffen und Werkzeuge aus Stein enthielt; dessenungeachtet wird es keinem Archäologen in den Sinn kommen, das Grab in die sogenannte Steinperiode zurück zu versezen. Dieser interessante Fund liefert den Beweis, dass der Gebrauch der Steingeräthe von den ältesten Grabhügeln bis in die Periode der Reihengräber, natürlich nur ausnahmsweise, hereinragt. Ein ähnliches Vorkommnis erhielt man in den Todtenbäumen.

Bei der grösseren Beachtung, die man gegenwärtig den Reihengräbern schenkt, wird es in Zukunft wohl möglich sein, nach Stil, Formen und Material der Inlagen verschiedene Perioden festzustellen.

Was endlich die Verbreitung der Reihengräber betrifft, so ist diese nicht allein in Württemberg, sondern auch in anderen Gegenden eine allgemeine; ob aber die Gräber in gleichen Mengen in allen Theilen des Landes vorkommen, kann dermalen noch nicht behauptet werden.

Die Entdeckung oder vielmehr die Beachtung der Reihengräber gehört nemlich der neueren Zeit an und noch vor etwa 40 Jahren ist man in Württemberg noch nicht einmal im Reinen gewesen, welchem Volk und welcher Zeit man die Reihengräber zuschreiben soll.

Die allerseits angestellten Forschungen der Neuzeit, besonders die durch vielfältige Erdbearbeitung herbeigeführten zufälligen Entdeckungen, haben jedoch nicht allein die Periode, welcher die Reihengräber angehören, sondern auch die grosse Verbreitung derselben in Württemberg, wie auch in andern Ländern, nachgewiesen;

ich selbst habe in den verschiedensten Gegenden unseres Landes eine grosse Anzahl von Reihengräbern entdeckt, oder vielmehr um mich genauer auszudrücken, grösstentheils erfragt und mich alsdann an Ort und Stelle von dem wirklichen Vorhandensein derselben überzeugt. In kurzer Zeit werden sich zu den schon aufgefundenen noch viele weitere gesellen.

Wie schon oben gezeigt wurde, liegen die bis jezt entdeckten Reihengräber beinahe ohne Ausnahme in der Nähe der älteren Orte, denen sie als friedliche Begräbnisstätten dienten, und sind nicht, wie man früher vermuthete, Leichenfelder, welche die in einer Schlacht gefallenen Krieger enthalten. Bemerkenswerth ist endlich noch, dass in der Nähe der ältesten, jezt noch bestehenden Städte die ausgedehntesten und zugleich verhältnissmässig am reichsten ausgestatteten Leichenfelder vorkommen, wie z. B. bei Ulm, Cannstatt, Crailsheim, Göppingen, Geislingen, Metzingen, Kirchheim, Waiblingen, Bopfingen, Heidenheim, Pfullingen; die leztere Fundstelle hat auffallend schöne und reiche Ausbeute geliefert; man fand daselbst nicht allein herrliche Schmucksachen von Gold, Silber, Bronce und von mit Silber eingelegtem Eisen, sondern auch prachtvolle Perlen, unter denen sich auffallend grosse, aus Bergkrystall geschliffene, besonders auszeichnen, und als Unicum eine Schnalle von Bergkrystall. Auch bei Wurmlingen (O.A. Tuttlingen) wurden in neuester Zeit sehr reich ausgestattete Reihengräber aufgefunden.

An die Reihengräber schliessen sich unmittelbar die sogenannten Todtenbäume an. Diese sind wie jene in den natürlichen Boden, jedoch etwas tiefer eingesezt und bestehen aus Eichen- seltener aus starken Birnbaumstämmen, welche der Länge nach gespalten sind, so dass sie beinahe gleiche Hälften bilden. Diese Halbstämme wurden muldenartig ausgehöhlt und in die eine Hälfte des Stammes der Leichnam nebst seinen Beigaben gelegt, die andere als Sargdeckel darüber gesezt und alsdann mit Holzzapfen befestigt und wohl verschlossen. Die Deckel haben mit wenig Ausnahmen eine der Länge nach über dieselben hinlaufende Leiste, welche mit zahnartig eingeschnittenen Kerfen versehen ist und an ihren Enden auf beiden Schmalseiten des Todtenbaumdeckels in seltsame, roh geschnittene, über den Todtenbaum hinausragende Thierköpfe auslaufen; sie scheinen als Handhaben, mittelst derer die Deckel auf- und abgehoben werden konnten, gedient zu haben. Aus dieser äusserst einfachen, jedoch zweckmässigen Verzierung hat alsdann die lebhafte Phantasie der Entdecker Schlangen herangebracht.

Die Todtenbäume waren zum Theil einfach in den natürlichen Boden eingelagert, einzelne derselben, die vermuthlich Wohlhabenderen angehörten, hatten überdiess noch eine Umfriedigung und Bedeckung von eichenen Dielen, welche eine wohl verwahrte Grabkammer bildeten. Einige Gräber enthielten keine Todtenbäume und bestanden gleichsam aus Todtenbettstätten, die von einem zum Theil zierlich gearbeiteten Geländer umfriedigt waren. Die Gräber lagen mit wenigen Ausnahmen gegen Osten, so dass das Gesicht des Beerdigten gegen die aufgehende Sonne gerichtet war.

Die Inlagen der Todtenbäume bestanden, ausser den häufig noch gut erhaltenen Knochen- und Schädelresten, aus sehr verschiedenen Beigaben, theilweise denen in den reich ausgestatteten Reihengräbern ähnlich, überdies aber enthielten sie noch viele Utensilien, welche den Reihengräbern fehlen, und zwar aus Holz auf der Drehscheibe gefertigte Geräthe, wie Teller, Schüsseln, Schalen, Krügchen, Kübel, Flaschen, Leuchter, ein Fässchen, Schemel, Schusterleisten, Seitenstücke von einem Webstuhl, eine Fidel (Geige) etc.; ferner ein schönes Trinkglas, Kämme von Horn, ein runder Krug von Steingut und überdies noch Gefässe von schwarzem Thon. Die aufgefundenen Schmucksachen und Waffen bestanden aus Bronce und Eisen, mit Ausnahme der aus Eibenholz gefertigten Bögen und Pfeile, die an die Eibenschüzen des Mittelalters erinnern. Die Bronce ist jedoch nicht die alte echte, sondern nähert sich schon merklich dem Messing und geht sogar bei mehreren Funden ganz in denselben über. Die aufgefundenen Thongefässe sind meist mittelst der Drehscheibe hübsch ausgeführt und gebrannt. Gewandreste von Seide, Wolle und Linnen fehlten ebenfalls nicht. Von Früchten enthielten die Todtenbäume neben sehr vielen Haselnüssen noch gut erkennbare Birnen, Wallnüsse, Kürbis-, Pfirsich-, Pflaumen- und Kirschenkerne etc. Als besondere Merkwürdigkeit ist noch der in einem Grab aufgefundene Meissel von Serpentin anzuführen, der ein Zeugniss ablegt, wie lange die Steingeräthe sich nicht ganz verdrängen liessen (s. über die Todtenbäume auch die Jahresbefte des Württ. Alterthumsvereins I, 3.)

Alle diese Vorkommnisse zeugen von einer schon merklich vorgeschrittenen Kultur und sezen die Todtenbäume in eine etwas jüngere Periode als die Reihengräber. Namentlich bestätigen das Vorkommen des Messings, der Holzgefässe, der feineren Obstsorten, der Seidenzeuge, besonders aber der Umstand, dass in den Todtenbäumen Bracteaten gefunden wurden, diese Ansicht. — Auch wäre hier noch anzuführen, was Stälin Wirtemb. Geschichte II. Theil, S 286 schreibt: „Berthold III, Herzog von Zähringen, fiel in einem Kampfe bei Molsheim (im Elsass) am 3. Mai 1122 in der Blüthe seiner Jahre. Seine Leiche wurde in einem a u s g e h ö h l t e n B a u m s t a m m nach St. Peter gebracht und dort beigesezt." Das erste grössere Leichenfeld mit Todtenbäumen wurde in der Nähe von Oberflacht (OA. Tuttlingen) entdeckt und war den Archäologen etwas ganz neues; es ist daher einigermassen zu entschuldigen, dass jene von den Entdeckern nicht richtig beurtheilt wurden und diese in der ersten Aufregung ihre Phantasie mehr walten liessen als eine ruhige, nüchterne Beurtheilung.

So kam es nun, dass man den Ursprung der Todtenbäume in eine zu frühe Zeit zurückversezte und die Inlagen unrichtig beurtheilte, den Schusterleisten für symbolische Schuhe, die Reste des Webstuhls für symbolische Hände erklärte, obgleich dieselben nur 4 Finger hätten. Zwei schön geschnittene hölzerne Gegenstände, die einige Aehnlichkeit mit Schuhen hatten, wurden ebenfalls für symbolische Schuhe erklärt etc.

Das Leichenfeld ist offenbar der älteste Begräbnisplaz von Oberflacht und ohne Zweifel auch von Unterflacht, welch lezterer Ort jedoch nicht mehr besteht, allein ohne Zweifel bestanden hat, denn woher sollte der Name Oberflacht stammen, wenn es nicht auch ein Unterflacht gegeben hätte; für diese Ansicht spricht nun weiter, dass ich in neuester Zeit in kurzer Entfernung unterhalb Oberflacht die Stelle eines abgegangenen Wohnorts erkundigt und als solchen erkannt habe.

In der Gegend von Oberflacht, namentlich in der sog. Baar, war es bis in die neuere Zeit üblich, die Verstorbenen angekleidet in den Sarg zu legen und ihnen Geräthschaften, besonders ihre Handwerkszeuge, mit in das Grab zu geben.

Diese Sitte geht ohne Zweifel bis in die Todtenbaumperiode zurück und ich halte die für symbolische Zeichen angesehenen Gegenstände einfach für mit ins Grab gegebene Handwerkszeuge und Utensilien der hier Beigesezten, und zwar das Grab mit dem Schusterleisten für das eines Schusters, das mit den Webstuhlresten für das eines Webers etc. Der Name „Todtenbaum" wird heute noch in der Baar und im oberen Schwarzwald für „Sarg" gebraucht. Das Alter der Todtenbäume wird in der Zeit vom 9.—11. Jahrhundert zu suchen sein. Obgleich man bis jezt in Württemberg nur an 4 Stellen Todtenbäume aufgefunden hat, so scheint es doch, dass dieselben ziemlich weit verbreitet waren, indem sie in verschiedenen, weit auseinander gelegenen Gegenden, wie bei Oberflacht (OA. Tuttlingen), in Walddorf (OA. Tübingen), bei Stuttgart und in der Nähe von Zipplingen (OA. Ellwangen) entdeckt wurden

Gewiss wurden schon in früherer Zeit derartige Todtenbestattungen aufgefunden, jedoch denselben nicht die gebührende Aufmerksamkeit geschenkt; auch mögen sie zum Theil in den für ihre längere Erhaltung untauglichen Bodenarten mehr vergangen sein als die bei Oberflächt entdeckten, die in einem fetten, nassen Thon eingebettet waren und durch das in die Särge eingedrungene Wasser besser erhalten blieben. Hauptsächlich mag auch der Grund des seltenen Vorkommens der Todtenbäume einerseits darin zu suchen sein, dass dieselben schon etwas tief liegen und man deshalb nicht so leicht auf sie stösst, andererseits wurden wohl in vielen Fällen derartige Begräbnisplätze bis in die Jeztzeit als solche beibehalten und alsdann die alten Gräber schon in früher Zeit längst ausgegraben.

Nachdem ich nun das Wesentlichste über die Reste der Vorzeit in Württemberg aus den frühesten Perioden bis zur Todtenbaumperiode in gedrängter Kürze einleitend gegeben habe, gehe ich zu den Einzelbeschreibungen der bis jezt aufgefundenen Ueberreste und ihrer Fundstellen über, deren Aufführung auch möglichst kurz und übersichtlich behandelt werden musste, um alle lästigen Weitläufigkeiten zu vermeiden.

Zuvor erlaube ich mir noch einige allgemeine Bemerkungen. Bei genauer Prüfung der alterthümlichen Fundstellen werden die nachstehenden Notizen, noch übersichtlicher meine archäologische Karte, zur Ueberzeugung führen, dass Funde aus den verschiedenen Geschichtsperioden öfters an ein und derselben Stelle zusammentreffen, nemlich vorrömische, römische und nachrömische Ueberreste auf einem Punkt oder doch nahe beisammen zum Vorschein kamen, was entschieden nachweist, dass die Römer sich häufig an Stellen niederliessen, an denen sie schon vorrömische Kultur und Wohnplätze antrafen; ebenso finden sich alemannische Ansiedelungen nicht allein in der Nähe der von den Römern verlassenen Wohnplätze, sondern sogar nicht selten auf derselben Stelle und eine Besizergreifung der römischen Niederlassungen durch die Alemannen und Franken lässt sich entschieden nachweisen. Auf den alemannischen Wohnplätzen wurden alsdann die heute noch bestehenden Orte gar häufig angelegt, was die alemannischen Begräbnisplätze in der Nähe von vielen unserer jezigen Orte sichtlich bekunden.

In gleicher Weise wurden auch die vorhandenen Strassen von den nachrückenden Volksstämmen fortbenützt. Die Römer trafen bei der Besiznahme des Zehentlandes schon Strassen an, die von den germanischen (keltischen) Volksstämmen angelegt waren; sie benützten und verbesserten von diesen die für ihre Zwecke tauglichen und bauten nebenbei noch eine Menge neuer Strassen. Die den Römern nachfolgenden Alemannen benützten alsdann die schon vorhandenen Römerstrassen, welche auch grossen Theils noch im Mittelalter im Gebrauch waren und sogar theilweise noch im Gebrauch sind.

Wir dürfen daher die Geschichts- und Kulturperioden nicht so streng abscheiden, sondern müssen auch hier Uebergänge von einer Periode in die andere annehmen, indem stets die nachfolgende Kultur, wenigstens theilweise, auf der vorhergegangenen fortbaute. Hiermit soll selbstverständlich nicht behauptet werden, dass die in unsere Gaue eingedrungene römische Kultur nicht einen grossen Aufschwung gegenüber der vorhergehenden mit sich brachte; allein das Anreihen an schon dagewesene Wohnplätze und Kulturstätten lässt sich auch hier in manchen Fällen nicht verkennen. Noch unnachweisbarer ist dies in den Perioden nach Vertreibung der Römer aus unsern Gegenden, und obgleich die Kultur wieder namhaft zurückging, so ist doch die Besiznahme der römischen Wohnplätze durch die nachfolgenden Volksstämme unverkennbar und wirkt bis auf den heutigen Tag.

Was die alten Gräber im Allgemeinen betrifft, so zeigen diese, ungeachtet ihrer grossen Verschiedenheit, dennoch einen durch sämtliche Perioden hindurch üblichen Gebrauch, nemlich die Sitte, dem Verstorbenen Schmuckgegenstände, Waffen, Ess- und Trinkgefässe etc. mit in das Grab zu geben. Die lezteren waren ohne Zweifel mit Speisen und Getränken angefüllt, die jedoch längst vergangen sind und sich nur in den jüngsten der angeführten Gräber, in den Todtenbäumen, theilweise noch erhalten haben. Man wollte dem Todten auf der Wanderschaft durch die Unterwelt die nöthigsten Bedürfnisse mitgeben.

Endlich gebe ich mich der Hoffnung hin, dass Unparteiische durch meine gegebene Einleitung im Allgemeinen, wie durch die specielle Anführung der bis jezt entdeckten Alterthümer die Ueberzeugung gewinnen werden, dass ich bei meinen Forschungen alle und jede Merkmale im Auge hatte und diese gewissenhaft benützte. Hiebei habe ich noch besonders zu bemerken, dass mir zu meiner Art zu untersuchen und zu entdecken keine Vorgänge zu Gebot standen, sondern ich erst durch viele Jahre lang fortgesezte Nachforschungen allmählig die nöthigen Fingerzeige mühsam herausfinden musste.

Diese meine Erfahrungen habe ich hier gern niedergelegt, um den nach mir kommenden Alterthumsforschern ihre Aufgabe zu erleichtern und überdies eine sichere und an Material reiche Grundlage zu schaffen, auf der nun mit geringerer Mühe fortgebaut werden kann.

Ueber die ausführliche Beschreibung sehr vieler im Folgenden aufgeführten Fundstellen und Funde siehe die vom K. stat.-topographischen Bureau seit dem Jahr 1824 herausgegebenen Oberamtsbeschreibungen, die Württ. Jahrbücher und die Schriften und Jahreshefte des Württ. Alterthumsvereins; in diesen drei genannten Publikationen bearbeitete ich seit vielen Jahren den weit grössten Theil der Abschnitte über Alterthümer. Ferner vergleiche man die Zeitschrift des historischen Vereins für das württembergische Franken. Die röm. Steininschriften und Bildwerke sind, wie schon oben erwähnt, von Direktor v. Stälin in den Württ. Jahrbüchern 1835, Heft I, zusammengestellt und erläutert. Nachträge in späteren Jahrgängen.

I. Neckarkreis.

Stadtdirection Stuttgart.

R.*)

Strassen. 1) Eine römische Strasse geht in der Nähe des Feuersees von der Stuttgart-Rothmanger-Strasse ab, am Pulvermagazin vorüber, auf den Hasenberg, (Birkenkopf) und durch den Bürgerwald zum Christofstollen, wo sie in die von Cannstatt über Feuerbach herkommende röm. Consularstrasse einmündet. Rückwärts scheint sie über den abgegangenen Ort Tanzhofen (nördlich von der Reiterkaserne) den „alten Postweg" hinauf gegen das „Altenburger Feld" bei Cannstatt gezogen zu

---

*) R. bedeutet Römisch, G. K. Germanisch (Keltisch), A. F. Alemannisch (Fränkisch).

sein; sie kommt schon im Jahre 1350 als „alter Hertweg" urkundlich (s. Pfaff, Gesch. der Stadt Stuttgart, I, S. 448) vor; im Rothenwald beim Pulvermagazin und bei der Bürgerallee noch Spuren des Pflasters, vor mehreren Jahren an manchen Stellen ausgebrochen.

2) Eine röm. Strasse führt als „Heerweg" jezt „Römerstrasse" von Degerloch herunter und ging bei der sog. „Furth", unfern der neuen katholischen Kirche, über den Nesenbach.

3) Eine röm. Strasse lief von Ruith her und wahrscheinlich den Bopser herunter zum abgegangenen Ort „Immenhofen": (oben im Wald neben der jezigen Landstrasse noch Spuren der alten).

Niederlassungen. Am Fusse des Bopsers heisst die Strecke vom Fangelsbachfriedhof bis zum Wilhelmsplatz „Immenhofen"; durch sie zieht der „Immenhofer Weg" in den „Heerweg" (s. o.); auf dieser Strecke fand man beim Bau eines Hauses des Werkmeisters Joos etwa 8 Fuss unter dem Boden Gebäudeschutt und 100 Schritte westlich davon Gefässfragmente, worunter eines aus Sigelerde; in der Nähe auch eine Broncemünze des Nero. Im Stadtwald „Kräher", da wo der Fussweg von Stuttgart nach dem Bergheimer Hof aus dem Wald in das Feuerbachbälchen tritt, fand man im Jahre 1855 röm. Ziegel, Bruchstücke von Heizröhren und röm. Gefässen nebst Mauerresten.

G. K.

Auf der vorderen (östlichen) Kuppe des Hasenbergs 3 Grabhügel, im Jahre 1864 einer geöffnet; man fand 2 Gerippe unter grossem eirundem Steinsaz, einen glatten Broncering, ein zerdrücktes Erzgefässchen und rohe Thonscherben. (Schriften des Württ. Alterthumsvereins Band I. Heft 7). Westlich davon auf dem „Birkenkopf" (Bürgenkopf) Reste eines Ringwalls. Die südwestlich vom Hasenberg in das Nesenbachthal herabziehende Schlucht wird „Heidenklinge" genannt, hier sollen nach der Volkssage die Heiden ihren Göttern geopfert haben.

A. F.

Am Fusse der oberen „Heusteig", in der Nähe der Sonnenbergstrasse, wurde ein ausgehöhlter Eichenstamm (Todtenbaum), worin ein Gerippe, ausgegraben. Ganz in der Nähe Reihengräber mit Perlen und Eisenwaffen.

Oberamt Backnang.

B.

Der röm. Grenzwall (*limes transrhenanus*) tritt vom OA. Welzheim herkommend als „Schweingraben" eine Viertelstunde südwestlich von Mettelberg in den Bezirk, durchläuft denselben in schnurgerader Linie und nord-nordwestlicher Richtung 3¼ Stunden lang, und geht nördlich von Grab in das OA. Oehringen. Auf seinem Zug werden von ihm berührt: das Otterbachbälchen, der obere Wald (hier der Wall noch wohl erhalten, auf der höchsten Stelle Spuren eines Wachhauses, eines zweiten ¼ Stunde östlich vom Schlosshof), das Krettenbachthal, der Wald Kohl (ziemlich gut erhalten, Trümmer eines Wachhauses), das obere Murrthal, der Wald Fichten (schwach erhalten, Spuren eines Wachhauses), das Faulklingenbachthal, das Köchersberger Feld (jezt eingeebnet, doch kann der Zug von den Bewohnern von Köchersberg über die Brenteuheide, wo ein Wachhaus stand, noch genau erfragt werden), der Fuss des Köchersbergs (Spuren eines Wachhauses), wiederum das Murrthal bei der Lutzensägmühle, der Fuss des Berges Linders (Flur Stritzig, Spuren eines Wachhauses), der Rücken des Linders (Spuren eines Wachhauses), der Heidenbühl (sichtbar,

Spuren eines Wachhauses); die Fluren Hardt, Krummen, Mönchshalde, Sigelsberger Sägmühle (die Sage vom Zuge des Walls noch überall lebendig), die Thauwiesen (sichtbar), der Wald Hirschbreute (deutlich erhalten, auf der höchsten Stelle Trümmer eines Wachhauses), der Wald Weissgehren (gut sichtbar), die Flur Letten (Spuren eines Wachhauses), die Flur Breite (Spuren eines Wachhauses), das Wiesenthälchen Roste, der Steinberg (auf der höchsten Stelle der Wall deutlich sichtbar und Spuren eines Wachhauses), der Wald Winterhalde (gut erhalten), das Katzenbachthälchen, die Flur Klingenbach (am Waldsaum wohl erhalten), das Katzenhäusles Feld (Spuren eines Wachhauses), der Wald Beckenwiesen (sichtbar), die Flur Mehlhaus (sichtbar), der Wald Vogelhau (sichtbar und Spuren eines Wachhauses), die Eichenlensklinge (sichtbar), die Mehlmahd (sichtbar und Trümmer eines Wachhauses), die Flur Hohlweg (der Graben als Weg benützt), das Dorf Grab (röm. Niederlassung, s. u., beim Bau der Kirche kam man auf die Grundmauern eines röm. Wachhauses, nördlich vom Ort leichte Spuren des Walls), die Flur Neu (besser sichtbar), der Wald Schweingraben (gut erhalten und Spuren von zwei Wachhäusern), und endlich ist der Wall bei der Oberamtsgrenze wieder sichtbar. Näheres s. in meiner Schrift: Der röm. Grenzwall vom Hohenstauffen bis an den Main in den Schriften des Württ. Alterthumsvereins Band I. Heft 6, 1863.

Strassen: 1) Die Verbindungsstrasse von der röm. Niederlassung bei Marbach zur Grenzgarnisonsstadt bei Murrhardt (s. o.) tritt auf der Markung Gross-Aspach in den Bezirk, läuft (wohl erhalten) als „Teufelsbrück" durch die Wälder Erlenhau und Eulenberg, dann auf das „Heerfeld" bei Oppenweiler, von da nach Sulzbach und Murrhardt.

2) Von ihr geht als „alte Strasse" eine röm. Strasse bei Sulzbach ab, über Berwinkel, „die Schanz" (südlich von Gross-Erlach) und die Hohe Brach nach Grab an den Grenzwall.

3) Eine ohne Zweifel röm. Strasse geht als „hohe Strasse" in den Wald „Roststatt", die Walddistrikte „Greut" und „Brentenhau", eine Viertelstunde südlich am Warthof vorüber nach Gross-Bottwar (häufige Reste der Pflasterung).

4) Eine röm. Strasse als „Alte Strasse" von Murrhardt direkt über Hoffeld, Vorder- und Hintermurrbärle, östlich an Frankenweiler vorüber nach Grab; allen Andeutungen nach sezte sie über den Grenzwall an Schönbrunn vorüber gegen Hall fort.

5) Das „Steinwegle", weiterhin der „Prälatenweg" genannt, von Murrhardt über den Hürschhof, Sechselberg, nördlich an Oberweissach vorüber gegen Poppenweiler.

6) Die röm. Grenzstrasse (jezt „alte Strasse"), die wegen des Terrains bald ausser- bald innerhalb des Walls lief, überschreitet denselben nordöstlich von Mettelberg, zog gegen den Göckelhof, ging bei der Eisenschmiedmühle über die Murr, an der „Hunnenburg" hinauf nach Karsberg, über Wolfenbrück, Mannenweiler nach Grab, von wo sie wieder innerhalb des Grenzwalls nach Mainhardt fortläuft (an vielen Stellen noch Pflasterung).

Zur Deckung und Ueberwachung dieser Strasse, soweit sie ausserhalb des Grenzwalls zog, legten die Römer Vorschanzen an, wie auf dem Köpfle, eine Viertelstunde westlich vom Hornberg, und auf dem Hörnle, westlich vom Hinter-Langert; es sind lang hinziehende Gräben und Wälle, vom Volk ebenfalls „Schweingräben" genannt. Eine Viertelstunde südlich von Wolfenbrück sind ebenfalls noch Ueberreste einer Schanze; auch die Hunnenburg diente wohl zur Deckung der genannten Strasse.

Niederlassungen. Eine Grenzgarnisonsstadt stand auf der südöstlich an Murrhardt gelegenen Flur „Burg" und zog sich noch weit in die gegenwärtige Stadt herein. Man fand hier schon eine Menge röm. Alterthümer und drei röm. Denksteine.

Eine Viertelstunde nördlich von Murrhardt beim Einfluss des Trauzenbaches in den Siegelsbach im „Steinmäuerle" stiess man ebenfalls auf röm. Mauerwerk etc., desgleichen bei Waltersberg.

Eine minder bedeutende Grenzniederlassung stand bei Grab, wo man schon viele römische Alterthümer auffand; ¼ Stunde südöstlich vom Ort liegt der „Götzenbrunnen".

Bei Steinbach, auf dem „Heidenfeld", westlich am Abhang gegen die Murr, Grundreste eines röm. Gebäudes mit Ziegeln, Sigelerdegefässen etc.; nahe dabei die Flur „Weiler".

G. K.

Grabhügel kommen keine vor.

A. F.

Reihengräber fanden sich bei Oppenweiler, auf den „Kirchhofäckern", und Zell, im Steinbruch des Ochsenwirths Kübler, (man traf Eisenwaffen, Schmucksachen, darunter Armspangen von Silber, und Bruchstücke von Gefässen).

Oberamt Besigheim.

B.

Strassen. 1) Aus dem OA Ludwigsburg herkommend zieht eine röm. Strasse als „Heuweg" (d. i. Höhweg), ¼ Stunde westlich an Gross-Ingersheim vorüber, über die „Burg" (s. unten) am Husarenhof und dem Besigheimer Warttburm vorbei nach Besigheim; von hier als „Reitweg" am südwestlichen Saume des Waldes Hardt hin nach Erligheim, über die Fluren „Romstall" und „Borg" nach Bönnigheim, und weiter nach Meimsheim (OA. Brackenheim).

2) Von Pleidelsheim (OA. Marbach) führt eine röm. Strasse „Riedweg" schnurgerade nach Gross-Ingersheim, von da auf der jezigen Vicinalstrasse nach Bietigheim, dann über die Fluren „Hochgericht" und „Bildstöckle" nach Metterzimmern, als „Strüssle" über die Fluren „Schneeberg" und „Langmantel" nach Rechentshofen, weiter als „Rennweg" auf den Rücken des Stromberges zwischen Metter und Kirrbach (an manchen Stellen noch Reste des Pflasters).

3) Von der röm. Niederlassung bei Marbach ging eine röm. Heerstrasse, jezt „alte Heerstrasse", östlich an Mundelsheim und westlich an Ottmarsheim vorüber nach der röm. Niederlassung bei Gemrigheim, weiter nach Kirchheim und Meimsheim.

4) Von ihr geht bei der Mundelsheimer Ziegelhütte ein Römerweg ab und über die Fluren „Hochgericht" und „Wart" auf dem Rücken zwischen Schozach und Neckar nach Horkheim; auf ihr läuft jezt theilweise eine Vicinalstrasse.

5) Von Bietigheim ging ein röm. Weg, jezt zum Theil die Landstrasse nach Bönnigheim, nach Weissenhof (bedeutende röm. Niederlassung), über den Wald „Brand" und ¾ Stunden lang schnurgerade an der Markungsgrenze zwischen Kleinsachsenheim und Löchgau hin, auf den Schönenberg, „Teufelsberg" und beim Wald „Haltstall" auf den Rücken des Stromberges.

6) Eine vom röm. Grenzwall über Abstatt herführende Römerstrasse zieht als „Heerweg", „hohe Strasse" nach Lauffen und von da als „Rennweg" auf den Heuchelberg.

7) Die Landstrasse von Lauffen nach Bönnigheim (heute noch der „Speirer Weg" genannt) ist auf eine röm. Strasse gegründet, ging am Michelsberg vorüber auf den Stromberg, dann zwischen der Kraich und dem Saalbach gegen Speier.

8) Von Lauffen zog der „hohe Weg" nach Schozach und weiter als „Heerweg" gegen Abstatt (noch wohl erkennbar zwischen Lauffen und Schozach, neben der Landstrasse).

Ebenso reich ist der Bezirk an röm. Niederlassungen:

Besigheim. Ohne Zweifel war der höher gelegene Theil der jezigen Stadt schon von den Römern besezt, es wurden jedoch ausser röm. Münzen bis jezt keine Ueberreste gefunden. Die beiden sog. Römerthürme stammen unwiderleglich aus dem Mittelalter.

Bietigheim. Nördlich der Stadt beim „Weilerbrunnen" und auf der andern Seite der Enz, an der Strasse nach Gross-Ingersheim, im „Weilerle" Reste röm. Gebäude.

Gemrigheim, nördlich vom Ort im „Blumenthal", wo nach der Sage die Stadt „Blumenstadt" gestanden, Spuren einer ausgedehnten röm. Niederlassung: ebenso in der „Au" und noch weiter nördlich, im Bogen des Neckars, Spuren röm. Gebäude. Ferner eine Viertelstunde nordöstlich vom Orte im Walde „Bahnholz" röm. Gebäudeschutt, und südöstlich vom Ort fand man im Jahre 1838 am Saume des Staatswaldes „Buchholz" Grundreste eines röm. Gebäudes, dabei mehrere Bildhauerarbeiten (s. W. J. 1838).

Gross-Ingersheim. Zunächst am Ort Spuren röm. Gebäude und eine Viertelstunde nordwestlich auf der „Burg" ausgedehnte röm. Niederlassung, Reste einer Wasserleitung; hier fliesst der Holderbrunnen.

Hofen. Nördlich am Ort, am Fusse des Bergabhangs, röm. Niederlassung. (Hypokausten etc.)

Hohenstein. Oestlich vom Ort, am Bergabhang, röm. Niederlassung.

Kirchheim. Auf dem Lehrenberg, südwestlich vom Ort, Grundmauern röm. Gebäude, eine zweite Niederlassung nordwestlich beim Ort, auf „Bürgle" an der früheren Römerstrasse.

Lauffen. Nördlich der Stadt in den „Mühlbergen" Reste röm. Gebäude, eine Viertelstunde nördlich der Stadt röm. Gebäudetrümmer mit wohlerhaltenem Hypokaustum. (W. J. 1837).

Löchgau. Beim Weissenhof ausgedehnte Grundreste einer röm. Niederlassung, Wasserleitung, Bildwerke (W. J. 1835), einige 100 Schritte südlich davon im Wald „Weilerholz" weitere Spuren.

Metterzimmern. Eine Viertelstunde westlich vom Ort beim „Holderbüschle" Grundreste röm. Gebäude.

Walheim. Im Ort selbst, auf den anstossenden „Thoräckern", auf „Aufeld", „Haiglen" und in der sog. „Mittelstadt" eine Menge röm. Gebäudesubstruktionen; der Eisenbahnbau eröffnete ein ausgedehntes röm. Leichenfeld.

G. K.

Gemrigheim. Im Walde „Bahnholz" einige Grabhügel.

Kaltenwesten. Beim Pfahlhof und im Wald Gerbersloh, westlich von Liebenstein, Grabhügel.

A. F.

Reihengräber fanden sich bei:

Bietigheim, beim Eisenbahnbau in der Nähe des Forstwaldes, Waffen, Gefässe, werthvolle Schmucksachen

Bönnigheim, südlich der Stadt in den Käpelesäckern, ohne Beigaben, mit Steinplatten gefasst.

Gemrigheim, nördlich am Ort, mit Gefässen.

Gross-Ingersheim, mit den gewöhnlichen Funden.

Hessigheim, am Südwestende des Orts, mit Eisenwaffen.

Kaltenwesten, südwestlich am Ort, mit Eisenwaffen und Bronceringen.

Lauffen, links vom Neckar auf dem „Schänzle" zunächst der Römerstrasse (Eisenwaffen).

Walheim, am Ort beim Eisenbahnbau, mit Eisenwaffen, Perlen und einem Goldring.

OA. Böblingen.

B.

Strassen. 1) Die röm. Consularstrasse, von Cannstatt herkommend, tritt eine halbe Stunde westlich von Vaihingen a. d. F. in den Bezirk, läuft zum Theil auf der Vaihingen-Sindelfinger Landstrasse, theils daneben her bis zu der bei Sindelfingen gelegenen röm. Niederlassung (s. unten), von da nach Böblingen, ohne Zweifel zwischen den beiden Böblinger Seen durch und weiter als „Ludlenweg" und „Mönchweg" nach Holzgerlingen. Die Landstrasse von Böblingen nach Holzgerlingen ist theilweise auf sie gegründet, nicht selten aber weicht die alte (an vielen Stellen noch erhaltene) Strasse von der neuen ab, wie beim „Bügle", südlich von Böblingen, und auf dem Holzgerlinger Feld. Von da läuft sie südlich an Altdorf vorüber und als „Hochsträss" in westlicher Richtung auf dem Bergrücken fort nach Herrenberg.

2) Von dieser Consularstrasse geht bei Altdorf eine röm. Strasse als „Heergesträss" ab und läuft auf dem Bergrücken zwischen dem Todtenbach und der Aich gegen Waldenbuch.

3) Von Altdorf geht ferner eine röm. Strasse als „Rheinweg" und „Hochsträss" in den Schönbuch durch den Wald Ochsenschachen, und weiter gegen Hässlach (OA. Tübingen).

4) Eine röm. Strasse von der Hauptniederlassung bei Sindelfingen auf der Flur „Aldingen" in nördlicher Richtung über die Flur „Hinterweil" als „Heerweg" „Heuweg" nach Magstadt.

5) Von derselben Niederlassung in östlicher Richtung eine röm. Strasse über den Goldberg, Aldinger Wald zur röm. Niederlassung am Pfaffenstelg, weiter als „Heuweg", „rothes Steigle" nach Musberg.

6) Ferner von „Aldingen" eine röm. Strasse in südwestlicher schnurgerader Richtung als „Aldinger Weg" nach Dagersheim (jezt Feldweg) und gegen Aidlingen.

7) Endlich von „Aldingen" eine in westlicher Richtung und wieder schnurgerade als „Rennweg", später „Aldinger Weg" nach Döffingen.

8) Eine direkte fast ganz gerade Verbindungsstrasse von Böblingen nach Herrenberg, um den bedeutenden Bogen, den die Consularstrasse des dominirenden Terrains wegen machte, abzuschneiden; sie wurde wohl erhalten mit starker Pflasterung im Wald Espach (zwischen Böblingen und Ebningen) an mehreren Stellen ausgegraben.

9) Das von Pforzheim herkommende „Rheinsträssle" führt zwischen Schaffhausen und Magstatt in den Bezirk, dann über die Flur „Bürg", südwestlich von Maichingen, nach Dagersheim, weiterhin östlich an Ebningen vorbei über die Flur „Birken" nach Hildrizhausen und von da durch den Schönbuch nach Bebenhausen. Die meist gerade geführte Strasse ist besonders bei Dagersheim noch gut erhalten.

10) Als „Hochsträss", „steinerer Weg", zieht südwestlich von Dätzingen eine röm. Strasse, dann über den Venusberg bei Aidlingen, durch die Waldungen „Frohnhalde" und „Steinenweg" und weiter gegen Gürtringen (OA. Herrenberg); an vielen Stellen ist die Pflasterung noch sichtbar.

Niederlassungen. **Böblingen**. Ohne Zweifel war der Schlossberg ursprünglich von den Römern besezt; man fand bei der Stadt ein röm. Bildwerk (Merkur), beim Pfaffensteig an der Börstlacherbrücke die Grundmauern röm. Gebäude und eines Töpferofens, in der Nähe verschiedene Waffen und Geräthe und eine vortrefflich gearbeitete Broncestatuette des Jupiter (W. J. 1833, 2). Eine Stunde südöstlich auf dem Burgerwiesle röm. Gebäudeschutt und ein röm. Relief (Diana und eine Nymphe, jezt im Lapidarium). Im Staatswald „alter Hau" lag zunächst der von Musberg herkommenden Römerstrasse ein röm. Wohnplaz.

Aidlingen. Auf den Lehmäckern, ¼ Stunde nordöstlich, röm. Wohnplaz.

Döffingen. Im Würmthal, ½ Stunde südlich, stiess man auf röm. Gebäudereste.

Ehningen. In und zunächst dem Ort fand man röm. Grundmauern und Gefässe, ebenso am Fusse des Sulzbergs. In „Mauren" lag südlich vom gegenwärtigen Schloss das alte Wasserschloss; beim Abbruch seiner Trümmer wurden röm. Gefässe und zwei röm. Säulen aufgefunden, eine derselben steht noch im Schlossgarten.

Magstadt. Westlich am Ort, in der Nähe der „Bürg", Reste eines röm. Wohnplazes.

Maichingen. Auf den Fluren „Bürglingen" und „Schlösser" (östlich vom Ort) sichtliche Spuren röm. Gebäude; in der Nähe befindet sich der in Stein gefasste „Sträublesbrunnen".

Schönaich, Beim Ort auf dem „Lindenlauch" Grundreste röm. Gebäude, bei der Speidelmühle röm. Wasserleitung. In der alten Kirche war ein röm. Bildwerk (3 männliche Figuren) eingemauert, das beim Neubau leider zerschlagen wurde.

Sindelfingen. Südlich der Stadt auf der Flur „Aldingen" stand eine sehr namhafte röm. Niederlassung. Hier laufen mehrere Römerstrassen zusammen (s. oben). Man fand schon eine Menge röm. Gegenstände, und zunächst auf der Flur „Hirnach" und am Fusse des Goldbergs neben Spuren röm. Gemäuers 2 röm. Altäre, einen mit dem Bild der Victoria, den andern mit 2 männlichen in die Toga gehüllten Figuren, ein 6 Zoll langes Schwein von Bronce etc. Hier ist ohne Zweifel das auf der Peutingerschen Tafel angegebene Grinario anzusezen (s. auch die Erklärung der Peutinger Tafel von Finanzrath Paulus); ferner lag ½ Stunde nordwestlich von Sindelfingen auf der Flur „Probstei" oder beim „Schelmenthörle" ein röm. Wohnplatz (zahlreiche Reste); ebenso auf den ¾ Stunden westlich von Sindelfingen gelegenen Fluren „Todtwar" und „Auerwiesen". (Die Victoria jezt im Lapidarium).

Weil im Schönbuch. In der Flur „Kalkofen", ¼ Stunde westlich an der Sebaich, Spuren röm. Gebäude, bedeutender noch südlich davon im „Bannwald"; ½ Stunde östlich bei der Todtenbach-Mühle wurden früher und in der neuesten Zeit beträchtliche Reste röm. Gebäude und röm. Bildwerke ausgegraben (s. auch Schriften des Württ. Alterthumsvereins Band II, Heft 2). Endlich scheint auf der höchsten Stelle des Schönbuchs, auf dem „Birkensee", wo nach der Volkssage eine Stadt stand, eine röm. Befestigung gewesen zu sein.

G. K.

Böblingen. Im Stadtwald „Brand" 10 Grabhügel, (einer davon schon im Jahre 1822 vom Verfasser geöffnet); sie enthalten Steinsäze mit Leichenbrand, Bronceringe, rohe Gefässe; daselbst bei der „alten Bürg" ein Ringwall. Eine ½ Stunde westlich davon 1 Grabhügel. Oestlich von Böblingen wieder je einer beim „rothen Steigle", im „Viehhaushau", „Lange Schläge", „Hirschranfenbuche", „Hennenbühl", „Bandhaustelle", „Beckenhäule".

Altdorf. Südlich vom Ort, im Gemeindewald, 2 Grabhügel; Leichenbrand, Bronceringe.

Dagersheim. Zwischen hier und Ebningen 1 Grabhügel.

Darmsheim. Im Wald „Ochsenbau" 4 Grabhügel mit zahlreichen Skeletten und vielen sehr schönen Bronce- und Eisensachen und schönen Gefässen; ferner befinden sich auf dem Eichelberg 3 Grabhügel, darunter ein sehr grosser, alle geöffnet, mit Skeletten, mit Bronceschmuck, Eisenklumpen, und in der Mitte des grossen Hügels eine Steinkiste aus Platten mit verbrannten Menschenknochen, umher 12 Skelette; im Walde „Koblenz" ein Hügel, im Walde „Dachsbau" ein grosser.

Ebningen. Südlich von Mauren 2 Grabhügel im Walde „Ketterlenshalde" und einer an der südlichen Oberamtsgrenze.

Holzgerlingen. Eine Viertelstunde nördlich, auf dem „Schützenbühl", fand man ein merkwürdiges steinernes Götzenbild, eine überlebensgrosse männliche Bildsäule mit janusartigem Doppelkopf (jezt im Lapidarium in Stuttgart), abgebildet in den Schriften des Württ. Alterthums-V. I, 3. Im „Eichwäldle" ein Grabhügel.

Neuweiler. Im „Kesslerwald" 2 Grabhügel; Leichenbrand, Bruchstücke einer Urne.

Schönaich. Auf der „Burghalde" zwischen den Thälern der Aich und des Kräbenbachs ein Ringwall; im Bürleshau, Laubbach und Kohlwald je 1 Grabhügel. Im „oberen Lehle", ½ Stunde nördlich vom Ort, wurden im Jahre 1853 zwei goldene und zwanzig silberne Regenbogenschüsselchen gefunden. Bei diesen hohlrunden Münzen, von denen die goldenen aussen gar keine Zeichnung, innen ein Kreuzchen, die silbernen innen räthselhafte Zeichen, aussen einen bartlosen Kopf enthalten, fand sich noch ein kleiner Steinhammer von Liassandstein und ein Thongefäss, ganz ähnlich denen in den Grabhügeln.

Sindelfingen. Im Stadtwald „Fuchsberglen" 6 Grabhügel, Leichenbrand und rohe Gefässe. Im Staatswald „Winterhalde" 3 Grabhügel.

Weil im Schönbuch. Im Wald „Kälberstelle" 6 Grabhügel, im Wald „Sauerschlatt" mehrere, hier Leichenbrand, Bronceringe, rohe Gefässe. Im Gemeindewald „Stockhau" 2 Hügel, im Staatswald „Sauhauebene", „Bromberg" und im Gemeindewald „Lehmenberg" je 1 Grabhügel. Alle südlich vom Ort.

A. F.

Reihengräber mit Waffen und Schmucksachen fand man bei:

Böblingen (südliche Vorstadt).

Aidlingen (am Ort).

Darmsheim (in der Flur „Leimenthal", nahe westlich vom Ort), schöne Eisenwaffen.

Ebningen (im Ort).

Magstadt (am Ort).

Maichingen (¼ Stunde südöstlich vom Ort).

Sindelfingen (östlich an der Stadt).

Bei Aidlingen fanden sich sodann (südlich vom Ort) im Wald „Frohnhalde", im sog. „Mönchsgarten", Grundmauern und dabei eine Menge Bruchstücke von meist viereckigen oder cylinderförmigen Gefässen aus grauem oder schwarzem Thon, oder roth und im Bruche schwarz, was auf die Zeit bald nach den Römern hinweist.

OA. Brackenheim.

B.

Strassen. 1) Die röm. Zaberthalstrasse läuft als "Heerstrasse" von Meimsheim auf der rechten Seite der Zaber das Thal entlang nach Sternenfels (an vielen Stellen noch wohl erkennbar).

2) Von ihr zieht eine Viertelstunde unterhalb Frauenzimmern eine röm. Strasse "Heerstrasse" über die Flur "Rommler" und über den Heuchelberg nach Niederhofen, von da als "Pflastersteigle" in's Badische.

3) Eine röm. Strasse von Meimsheim aus als "Heerstrasse" südwestlich an Dürrenzimmern vorbei und über den "Krapfen" auf den Heuchelberg (noch leicht zu erkennen).

4) Eine röm. Strasse, "Heerstrasse", von Meimsheim über die "Steinäcker" nach Nordheim, von da als "grasiger Weg" zur röm. Niederlassung bei Böckingen (noch gut erkennbar).

5) Eine röm. Strasse als "gepflasterte Strasse" von Meimsheim nach Lauffen.

6) Die Landstrasse von Meimsheim nach Kirchheim a. N ist auf eine röm. Strasse gegründet, heisst auch die "alte Heerstrasse".

7) Von Meimsheim über die "Steinäcker" bei Botenheim, nördlich an Cleebronn vorüber, führt als "Hochstrasse", "hohe Strasse", "Hauchstrüss" eine röm. Strasse auf den Stromberg, erhält dort den Namen "Rennweg" und läuft den ganzen Rücken des Strombergs entlang bis Sternenfels.

8) Von Meimsheim ein Römerweg über die Flur "Mäuerle", an Bellevue vorüber nach Bönnigheim (s. OA. Besigheim). Somit kreuzen sich in Meimsheim 3 Römerstrassen und eine vierte nimmt hier ihren Anfang.

9) Eine röm. Strasse von Böckingen herkommend geht über die ½ Stunde östlich von Schwaigern gelegene Flur "Hochstetten", nahe an Schwaigern vorüber und als "alte Heerstrasse" durch den Wald Hagenbuch nach Eppingen.

10) Von ihr geht eine Römerstrasse ("Hörweg", "Hartweg") bei Schwaigern in nördlicher Richtung ab, über die Markungen Massenbach und Hausen bei Massenbach gegen Grumbach in Baden.

11) Ebenfalls von Böckingen her zieht eine röm. Strasse als "Heerstrasse", "hohe Strasse" an den nördlichen Markungsgrenzen von Klingenberg und Nordheim schnurgerade hin in die Nähe des Heuchelberger Wartthurms und weiter den ganzen Rücken des Heuchelbergs entlang nach Sternenfels (das Pflaster an manchen Stellen noch sichtbar).

12) Von Bönnigheim her zieht, zum Theil in tiefen Hohlwegen, eine röm. Strasse an Katharinenplaisir und Treffentrill vorüber auf den Stromberg und sezt in dem oben beschriebenen "Rennweg" weiter fort.

13) Auch eine von Bietigheim herkommende röm. Strasse führt in diesen.

14) Eine ebenfalls von Bietigheim über Rechenshofen kommende römische Strasse läuft als "Strässle" auf dem Arm des Strombergs zwischen Metter und Kirnbach, dann auf seinem Rücken als "Rennweg" fort bis zu der Höhe westlich von Sternenfels, wo sie sich mit dem oben beschriebenen "Rennweg" vereinigt.

15) Von Güglingen eine röm. Strasse an Blankenhorn vorbei quer über den Rücken des Strombergs ins Kirrpachthal und weiter in's OA. Maulbronn.

Niederlassungen. Brackenheim. Südlich von der Stadt auf den "Steinäckern" Grundreste röm. Gebäude.

Botenheim. Ebenso auf den Fluren "Kalkbänkle" und "Kalkofen".

Cleebronn. Auf den Fluren „Burgbaum" und „Kalkofen", wie auch südlich vom Balzhof, bedeutende Spuren röm. Gebäude etc.; auch ist ein röm. Wohnplaz bei Treffentril beinahe ausser Zweifel.

Frauenzimmern. Auf den „Steinäckern" röm. Niederlassung (beträchtliche Spuren).

Güglingen. Südlich der Stadt, auf den „Steinäckern", ausgedehnte röm. Niederlassung, mit einer Menge von Gebäuderesten, röm. Brunnen, 12 Fuss breites Pflaster einer Römerstrasse in der Richtung gegen die röm. Niederlassung bei Frauenzimmern Auch auf der ¼ Stunde östlich von den Steinäckern gelegenen Flur „Etzelberg" Grundmauern röm. Gebäude, bei der Oelmühle desgleichen und Bruchstücke eines röm. Altars. Beim Neubau der Kirche fand sich sodann in den Grundmauern der alten Kirche ein röm. Altar, mit den Figuren des Herkules, Merkur, der Vesta und Minerva. (Jezt im Lapidarium).

Hausen bei Massenbach. Am Fusse des „Nonnenbuckels" röm. Gebäudeschutt.

Hausen an der Zaber. Auf den „Steinäckern" röm. Gebäudeschutt und Grundmauern.

Klingenberg. ¼ Stunde westlich, im Acker des Georg Kus, röm. Gebäudereste. Bei der Anlage der Eisenbahn entdeckte man zwischen Nordheim und Klingenberg eine röm. Wasserleitung und ein tellerartiges Gefäss, worin 2 röm. Münzen.

Meimsheim. Namhafte röm Niederlassung, die sich von der ziemlich ausserhalb des Orts stehenden Kirche bis in den Ort und über die „Steinäcker" erstreckte; in der Kirche 2 röm. Denksteine mit interessanten Inschriften eingemauert.

Nordheim. Auf der westlich gelegenen Flur „Steinfurt" röm. Wohnplaz, (deutliche Spuren).

Schwaigern. Westlich auf den Fluren „Kohlwinkel" und „Kapelle" wahrscheinlich eine röm. Niederlassung.

Stockheim. Am Schloss war ein röm. Bildwerk, Flachbild der Vesta, eingemauert. (Jezt im Lapidarium in Stuttgart). Ein hier eingemauerter vierseitiger röm. Altar mit den Figuren der Vesta und Minerva, des Vulkan und Herkules kam nach Mannheim.

G. K.

Brackenheim. Im Wald „Haberschlacht" ein Grabhügel

Kleingartach. Im Stadtwald „Ochsenberg" 5 Grabhügel; Leichenbestattung mit Glasperlen, Bronceschmuck und Gefässen.

Leonbronn. Im „Todtenwald" ein Grabhügel.

Niederhofen. An der Landesgrenze einige Grabhügel.

A. F.

Frauenzimmern. Auf dem Kapellenrain Reihengräber, mit Steinplatten bedeckt; in eine derselben waren Rauten eingemeisselt.

Güglingen. In der Stadt Reihengräber mit Thonperlen und Bronce-Gegenständen.

Klingenberg. In der Nähe des Orts und ¼ Stunde nördlich an der alten Heerstrasse Reihengräber.

Meimsheim. Im Ort Reihengräber mit Eisenwaffen.

Stethen. Auf der Flur „Höchfeld", ¼ Stunde südwestlich vom Ort, Reihengräber mit Waffen und Glasperlen.

Schwaigern. Auf dem „Soldaten-Kirchhof" Reihengräber.

OA. Cannstatt.

B.

Strassen. 1) Die röm. Consularstrasse von Waiblingen nach Cannstatt; auf sie ist die gegenwärtige schnurgerade Landstrasse gegründet und heisst „Hochstrasse". Von Cannstatt läuft sie über das nordwestlich der Stadt gelegene „Altenburger Feld" (s. u.) und als „Steinstrasse" an den königlichen Weinbergen und dem Pragwirthshaus vorüber nach Feuerbach (noch leicht erkennbar, mit Spuren der Pflasterung).

2) Von ihr geht auf dem Altenburger Feld eine röm. Strasse über das „Burgholz" zu der röm. Niederlassung bei Zazenhausen und als „steinerne Strasse" gegen Kornwestheim; leicht erkennbar, häufige Pflasterreste.

3) Vom Altenburger Feld führt der „Heidenweg" gerade gegen das „Heidenschloss" (röm. Niederlassung) bei Hofen.

4) Von der Consularstrasse geht beim Pragwirthshaus ein Römerweg ab; (auf ihn ist die Landstrasse nach Vaihingen a. d. E. gegründet).

5) Von Cannstatt eine röm. Strasse das Neckarthal hinauf nach Wangen, Hedelfingen, Weil. (Hier wurde das wohlgefügte Pflaster noch gefunden, s. OA. Esslingen).

6) Eine röm. Strasse von Fellbach auf den Kapellenberg, den „Götzenberg", an die Katharinenlinde und nach Oberesslingen (wird schon seit langer Zeit „Römerstrasse" genannt).

7) Von ihr geht auf dem Kapellenberg eine röm. Strasse ab, als „Kaiserstrasse" auf dem Gebirgsrücken fort, am „weissen Stein" vorbei nach Hohengehren; (das Pflaster zum Theil noch erhalten).

Niederlassungen. Cannstatt. Das „Clareuna" der Peutinger'schen Tafel, grosse Niederlassung auf beiden Seiten des Neckars, besonders auf der linken, dem „Altenburger Feld": auf der rechten hauptsächlich beim Sulzerrain. Man fand eine Menge Gebäudesubstructionen, Altäre (einer den Wegegöttern geweiht), Denksteine, Broncestatuetten, Wasserleitungen, Badeinrichtungen, Brunnen, Münzen, Gräber, (s. Württ. Jahrb. 1818, 1820, 1837, und Schriften des Württ. Alterthums-Vereins B. I. 7 und II. 2). In der nächsten Umgebung der Stadt fanden sich röm. Trümmer und Alterthümer (Glasgefässe etc.) auf dem „Rosenstein", auf der „Prag" (bedeutende Reste, Brunnen, Hypokausten, Töpferöfen), dann auf dem „Burgholz", nördlich über dem Altenburger Feld gelegen an der Römerstrasse nach Zazenhausen, Reste eines röm. Tempels mit Bildwerken (jezt im Lapidarium).

Fellbach. In den Weinbergen südlich vom Ort fand man ein Mithras-Denkmal; beim Ort ohne Zweifel röm. Wohnplaz.

Hofen. Südwestlich vom Ort, in der Flur „Heidenschloss", beträchtliche Spuren röm. Gebäude mit Hypokausten etc.; röm. Sonnenuhr (Württ. Jahrb. 1843).

Mühlhausen a. N. Westlich vom Ort, hinter dem Schloss, Grundreste röm. Gebäude; dann beim „Nussbäumle" auf der Flur „Mäurach", zwischen hier und Zazenhausen, bedeutende röm. Niederlassung mit Hypokausten und Wandmalereien, der 1½ F. hohen Broncestatuette eines Merkur (Württ. Jahrb. 1818).

Münster. Nördlich am Ort Reste eines röm. Hypokaustum.

Oeffingen. Spuren röm. Gebäude, Kopf eines Herkules (jezt im Lapidarium) gefunden beim „wüsten Bild."

Stetten i. R. Im vorigen Jahrhundert fand man einen runden röm Altar mit sieben Gottheiten, (jezt im Lapidarium).

Zazenhausen. Schon im Jahre 1701 wurden nördlich vom Ort, im „Jungweingart", die Grundmauern eines grossartigen röm. Gebäudes aufgedeckt (Sattler, Allg. Gesch. Württ. S. 236); spätere Ausgrabungen in den Jahren 1819, 1824, 1835 und 1863 ergaben reiche Ausbeute: Hypokausten, Estrichböden, Wandmalereien und Bildwerke.

G. K.

Oeffingen. Nördlich von Tannhof, im Walde mehrere Grabhügel.

Rothenberg. Bei der Katharinenlinde ein Grabhügel, ein zweiter, der „Tannenhügel", näher beim Ort: man fand beim Abtragen desselben Bronceringe, Gefässe, 2 Gerippe, 2 goldene Ohrringe und kleine Broncefigürchen von Menschen und Thieren. (OA.-Beschr. v. Cannstatt).

Uhlbach. Auf dem „Götzenberg" 2 Grabhügel.

Wangen. Vielleicht ist auch der auf der Anhöhe westlich vom Ort gelegene grosse Hügel, das „Leheneichle" genannt, eine Grabstätte.

A. F.

Cannstatt. Bei der Uffkirche Reihengräber. (Württ. Jahrb. 1835). Nördlich der Stadt am Fussweg vom Altenburger Feld nach Münster Reihengräber mit Waffen und Perlen, weitere in der Stadt bei der Mühle an der Neckarbrücke; dann bei der katholischen Kirche ein Grab, endlich auf dem Spenwasen 3 Reihengräber mit reichem Goldschmuck.

Auf dem Sulzerrain, hinter dem Arkadengang, ein Reihengrab mit Eisenresten, einem Erzringe, verzierten Gefässen und vortrefflichen Steinwaffen, Dioritkeil, sehr schön geschlagener Feuerstein-Lamelle, zahlreichen Urnenscherben, 2 Knochen von der Fessel eines Pferdes.

Untertürkheim. Beim Ort Reihengräber.

Zazenhausen. Reihengräber, schon von Sattler (Allg. Gesch. Württ. S. 510) beschrieben.

OA. Esslingen.

B.

Strassen. 1) Von der Hauptniederlassung im OA.-Bezirk bei Köngen geht eine röm. Strasse als „steiniger Weg" in nordwestlicher Richtung, überschreitet das Kerschthal, läuft als „Hohweg" an Berkheim vorüber ins Neckarthal nach „Weil", wo das röm. stratum aufgedeckt wurde.

2) Von ihr geht eine röm. Strasse „Heuweg" ab nach Sirnau, Oberesslingen, und von da, die nordwestliche Richtung fortsezend, über Serach, Katharinenlinde und Kapellenberg nach Fellbach (z. Th. noch wohl erkennbar).

3) Von Köngen eine röm. Strasse „Heerweg" nach Denkendorf, östlich an Nellingen vorüber gegen Ruith (z. Th. noch sichtbar).

4) Genau in westlicher Richtung von Köngen eine röm. Strasse „Heerweg" nach Neuhausen und Bernhausen (entschiedene Spuren auf der Heide westlich von Köngen).

5) In südwestlicher Richtung von Köngen eine röm. Strasse über die Markung von Untereussingen (schon öfter das alte Pflaster 1—3 F. unter dem Boden aufgefunden) als „Heerweg", „alter Zerweg", weiterhin „Heerstrasse" gegen Wolfschlugen.

6) Eine röm. Strasse „Heerstrasse" in östlicher Richtung von Köngen nach Wendlingen und in das Lauterthal.

7) Eine röm. Strasse von Köngen (oft erkennbar) nach Deizisau, Altbach und auf die Höhe von Aichschiess, wo sie in die vom Kapellenberg herkommende „Kaiserstrasse", ebenfalls eine Römerstrasse, einmündet; leztere ist namentlich im Esslinger Gemeindewald schnurgerade hinziehend noch wohl erhalten.

Niederlassungen. Deizisau. Zwischen hier und Esslingen auf der Flur „Gemäuer" fanden sich vor Jahren Grundreste röm. Gebäude, daselbst soll ein Schloss versunken sein.

Köngen. Auf dem „Burgfeld", südwestlich vom Ort, grosse regelmässig angelegte röm. Niederlassung. Schon im vorigen Jahrhundert zum grossen Theil, mit sehr reicher Ausbeute an den verschiedensten röm. Alterthümern, ausgegraben (Württ. Jahrb. 1832 und OA.-Beschr. von Esslingen). Auf der „Hattenmauer", ¹/₄ Stunde östlich von Köngen, ebenfalls Spuren röm. Gebäude, auf dem „Hagenloch", ¹/₄ Stunde nordwestlich vom Burgfeld, röm. Brunnen und Substruktionen röm. Gebäude (Schriften des Württ. Alterth.-Vereins II, 2); desgleichen ¹/₂ Stunde westlich im Walde.

Nellingen. Nördlich vom Ort bei der Römerstrasse Grundreste röm. Gebäude.

Wendlingen. Auf der Landzunge beim Einfluss der Lauter in den Neckar röm. Niederlassung. (Grundmauern, röm. Ziegel, Amphoren, Sigelerdegefässe).

A. F.

Esslingen. Bei Mettingen Reihengräber, bei Rüdern auf dem „Oelenberg", auch „Schlurker" genannt, wo der Volkssage nach ein vornehmer Mann begraben liegen sollte, ein Grab mit sehr reichem Goldschmuck (Jahresb. des Württ. Alterth.-Vereins I. 9).

OA. Heilbronn.

B.

Strassen. Von der bedeutendsten Niederlassung im Bezirk bei Böckingen zogen röm. Strassen:

1) Gegen Norden: Auf der linken Neckaranhöhe, westlich an Kleingartach, östlich an Obereisisheim vorüber nach Wimpfen; sie heisst die „alte Strasse" und ist noch ziemlich gut erhalten.

2) Gegen Nordwesten: Ueber Frankenbach (hier läuft die Landstrasse darauf) östlich an Biberach, am Eichholzhof und südlich an Bonfeld, wo eine röm. Niederlassung stand, vorüber.

3) Gegen Westen eine röm. Strasse, „Heerstrasse" genannt, über Grossgartach nach Schwaigern. Sie läuft meist auf der Landstrasse.

4) Eine zweite, die „hohe Strasse", geht über den Wormberg und Landthurm auf den Heuchelberg (gut sichtbar und schnurgerade).

5) Gegen Südwesten der „grasige Weg", nördlich an Klingenberg vorüber, weiter als „Heerstrasse" ins OA. Brackenheim.

6) Gegen Süden nach Horkheim, von da auf dem Rücken zwischen Sebozach und Neckar am Landthurm vorbei über die Flur „Wart" gegen Kaltenwesten (sie heisst „grasiger Weg" „Reitweg", weiterhin „alte Heerstrasse" und ist an manchen Stellen noch wohl erkennbar).

7) Gegen Osten lief eine röm. Strasse nach Weinsberg auf der gegenwärtigen Landstrasse und als „Steinweg" weiter.

8) Eine andere geht an Heilbronn vorbei nach Trappensee und zum Heilbronner Jägerhaus, von da als „Heidenweg", weiterhin „alte Hallerstrasse" auf dem Gebirgsrücken fort gegen Löwenstein.

9) Endlich die von Lauffen über Sehozach führende röm. Strasse geht bei Abstatt in den Bezirk, bei Wildeneck auf die Löwensteiner Berge und an den röm. Grenzwald bei Mainhard.

Niederlassungen. Böckingen. Nördlich und südlich vom Ort Reste einer ausgedehnten röm. Niederlassung, 9 Denksteine; auf dem sogenannten „Guckelemor" standen bis zum Jahre 1811 Theile eines röm. Gebäudes aufrecht. Schon von Sattler, Allg. Geschichte Württ., S. 245 und Tafel 26, wurden bei Böckingen aufgedeckte röm. Ueberreste beschrieben und abgebildet.

Bonfeld. Beim Eichbäuserhof röm. Wohnplaz; südlich vom Ort bedeutende röm. Niederlassung, 2 Denksteine gefunden.

Fürfeld. Das Schloss soll auf röm. Grundmauern ruhen.

Horkheim. Zwischen hier und Sontheim, im „Gutedel" bei den „Brandäckern" Grundmauern röm. Gebäude mit Hypokausten und Estrichböden im Jahre 1825 ausgebrochen, ebenso in den Horkheimer Weinbergen; auch fand man daselbst schon im vorigen Jahrhundert 300 röm. Münzen.

Neckargartach. Bei einem Neubau des Schreiners Münz kam im Jahre 1841 ein röm. Estrichboden samt Glas- und Sigelerdegefässen zum Vorschein.

G. K.

Heilbronn. In der Nähe der Stadt wurden schon einigemal Steinwaffen und rohe Thongefässe gefunden. (Schriften des hist. Vereines für das Württ. Franken 1867, 1873, 1875). Im Stadtwald, nahe beim Warttburm, und auf dem „Schweinsberg" mehrere Grabhügel; Leichenbrand und Bronceschmuck.

Gruppenbach. Im Walde „Hardt" Grabhügel.

OA. Leonberg.

R.

Strassen. 1) Die röm. Consularstrasse führt als „Steinstrasse", „alter Postweg", südwestlich von Feuerbach auf die Grenze zwischen den Oberamtsbezirken Stuttgart (Stadt) und Leonberg, läuft an dieser mit unbedeutenden Abweichungen bis zum Parkwächterhaus an der Bothnang-Solituder Strasse und von da in den Amts-Oberamtsbezirk Stuttgart.

2) Von dieser Stelle aus führt eine röm. Strasse, einst Cannstatt mit Pforzheim verbindend, über die Solitude, dann theils auf theils neben der Solitude-Leonberger Landstrasse und verlässt diese eine Viertelstunde südöstlich von Leonberg, läuft schnurgerade zwischen Leonberg und Eltingen durch nach Rutesheim und Perouse, dann über den Schönbühl, Mittelberg und Bezonbuckel, und ¼ Stunde südlich an Friolzheim vorüber durch den Hagenschiess nach Pforzheim; sie diente im vorigen Jahrhundert noch als Poststrasse, ist an vielen Stellen noch gut erkennbar mit der alten Pflasterung, in den Waldungen sogar noch mit dem festen Strassendamm.

3) Die vom Schönbuch herkommende „Rheinstrasse" läuft beim Ihinger Hof in den Bezirk, über den Mühlberg nach Malmsheim, östlich an Heimsheim vorüber und auf den „Bezenbuckel", wo sie sich mit der eben beschriebenen verbindet.

4) Von Alt-Hengstett her kommt eine röm. Strasse als „Heerstrasse", „Heerweg", „Hochstrasse" nach Weil d. St., geht über die sog. „Rheinbrücke", ¼ Stunde östlich an Merklingen und Hausen vorüber zur Landesgrenze bei der Frohnmühle, von da durch das Badische östlich an Mühlhausen und Tiefenbronn

vorbei und erst nördlich von lezterem Ort im Hagenschiess (Abtswald) wieder auf die Landesgrenze, um sich bald mit der Cannstatt-Pforzheimer Römerstrasse zu vereinigen. Die Strasse wird theilweise noch benützt, in der Gegend von Merklingen hat sich ihr Name „Heerstrasse", in Fluren, wo man nicht selten auf das Pflaster stösst, noch erhalten. Am besten ist sie im Hagenschiess sichtbar.

5) Aus dem OA. Ludwigsburg herkommend, führt eine röm. Strasse als „Strässle", „Hochsträss" nach Ditzingen, Hüfingen und westlich von Rutesheim in die Cannstatt-Pforzheimer Römerstrasse (an mehreren Stellen noch gut sichtbar).

6) Als „Heerstrasse", „Strässle" geht (noch öfters erkennbar) eine röm. Strasse von Feuerbach über Weil i. D., Ditzingen, an Hirschlanden und Schöckingen vorüber nach Eberdingen.

7) Eine minder bedeutende röm. Strasse zieht als „Reitweg", „Rittweg", „Rennweg", „grusiger Weg" von Magstadt her, zwischen Warmbronn und Renningen durch, kreuzt die Cannstatt-Pforzheimer Römerstrasse, weiter als „alter Postweg", „Rittweg" an Leonberg und Hüfingen vorbei nach Hochdorf.

8) Eine röm. Strasse läuft von Ditzingen als Strässle (noch ziemlich erhalten) an Schöckingen vorüber nach Hemmingen.

9) Eine röm. Strasse von Friolzheim zwischen Flacht und Mönsheim hindurch nach Nussdorf, heisst „alte Weinstrasse" und ist an mehreren Stellen, namentlich im Walde Schellenberg, noch wohl gepflastert.

Niederlassungen. Leonberg. Am westlichen Abhang des Engelbergs, an der „Burghalde", fand man das thönerne Bild einer Minerva (oder Diana).

Ditzingen. ¼ Stunde östlich auf dem „Kirchfelde" und ¼ Stunde nordöstlich fand man Grundreste röm. Gebäude, röm. Münzen u. s. w.

Eltingen. Nördlich an der Römerstrasse wurde ein Denkstein mit Bildwerk (jezt im Lapidarium) gefunden.

Friolzheim. Auf dem „Bürkbusch", ½ Stunde südöstlich vom Ort, zunächst der Römerstrasse, Reste eines röm. Wohnplazes.

Gerlingen. Auf den „Steckenäckern" ½ Stunde nordöstlich vom Ort röm. Niederlassung mit röm. Säule etc.; im Ort selbst stiess man beim Graben eines Kellers auf römische Gefässe.

Hausen an der Würm. Bei der Frohnmühle, auf der Spornmauer, röm. Mauerreste, Estrichböden etc.

Heimerdingen. Im „Ritterwald" ¼ Stunde südlich, unfern des „Strässchens", Grundreste ausgedehnter röm. Gebäude.

Heimsheim. Etwa ¼ Stunde nördlich vom Ort, nahe der Römerstrasse nach Pforzheim, auf „Bürgle" und „Kalkofen" Spuren röm. Gebäude.

Hemmingen. Auf dem „Bürgle", ¼ Stunde südwestlich vom Ort beim „Rittweg" (Römerstrasse) röm. Wohnplaz; auch fand man in dem das alte Schloss umgebenden Graben 2 röm. Altäre, jezt im Schlossgarten des Freiherrn von Varnbüler aufgestellt. Endlich im Wald „Appenwiesen", ³⁄₄ Stunden vom Ort, beträchtliche Spuren eines grossartigen, von einer Mauer umfassten röm. Gebäudes mit Hypokaustenetc. und einem 2 Fuss hohen weiblichen Steinbild (jezt im Lapidarium).

Hirschlanden. ¼ Stunde nordöstlich, auf der Flur „Höll", röm. Gebäudereste.

Malmsheim. Eine Viertelstunde südwestlich auf dem „Kirchbaum" stand eine ausgedehnte röm. Niederlassung, von welcher Grundmauern, ein grosser Steintisch (jezt im Lapidarium), Hypokausten etc. gefunden wurden; von ihr ging ein kurzer Römerweg der „Heidenweg" gegen Merklingen in die dort vorbeiziehende Römerstrasse. (Schriften des Württ. Alterthumsv. 1, 3). Südlich davon über dem Thal drüben ebenfalls Grundreste röm. Gebäude.

Mönsheim. Im Walde „Schellenberg" ½ Stunde südöstlich vom Ort, wo eine Stadt gestanden sein soll, röm. Gebäudereste; westlich und nördlich vom Ort Verschanzungen.

Münchingen. An 8 Stellen Grundreste röm. Gehöfte und zwar: auf der Hofstatt 2, in der Nähe des „Netzbrunnens", im „Thiergarten", am Müllerweg unweit des „Wittbaus", im „Aispach" und zunächst des „Hofes Mauer" je eine. Die ausnehmende Fruchtbarkeit des Bodens mag hier zu so zahlreichen Ansiedlungen Veranlassung gegeben haben.

Münklingen. Am Fusse der „Kappelzen", westlich vom Ort, Ueberreste eines röm. Hypokaustums.

Rutesheim. Auf dem „Burgfeld", ¼ Stunde nördlich, Spuren einer grösseren röm. Niederlassung, Fundstelle verschiedener Bronce- und Eisengeräthschaften, Sigelerdegefässe, ausgedehnte Mauerreste (Schr. des W. A.-V. I, 1). Ferner ¼ Stunde nordwestlich vom Ort, am östlichen Saum des Waldes „Stockhau", fand man röm. Ziegel und Gefässe, Bronceglöckchen etc.

Schöckingen. Auf der Flur „Eurach" (Mäurach) vollständiges röm. Hypokaustum ausgegraben (Schr. des W. A.-V. I, 3).

Weil die Stadt. Ohne Zweifel auf eine röm. Niederlassung gegründet.

Wimsheim. Im „Breutenhau", ½ Stunde westlich im „Hagenschiess", Reste eines röm. Wohnplazes; im Kirchthurm ein röm. Altar mit Vesta und Merkur (die beiden andern Seiten unsichtbar) eingemauert.

G. K.

Heimerdingen. Im Wald zwischen hier und Hemmingen 2 Grabhügel.

Hemmingen. In den „Appenwiesen", ¾ Stunden westlich vom Ort, ein Grabhügel.

Rutesheim. Auf dem „Hennenhäusle" ein Grabhügel; Leichenbestattung, Bronceringe.

Wimsheim. Im Hagenschiess, Abtheilung „Kalkofen", 4 Grabhügel.

A. F.

Reihengräber mit den gewöhnlichen Inlagen fanden sich bei:
Ditzingen, bei der Ziegelhütte, mit schönen Eisenwaffen.
Hemmingen, hinter dem Kirchhof.
Merklingen, am Westende des Dorfs.
Münchingen, beim Ort.
Weil d. St., in der Lehmgrube.
Weil im Dorf, gegen den Bergheimer Hof.

OA. Ludwigsburg.

B.

Strassen. 1) Die Landstrasse von Cannstatt nach Vaihingen an der Enz ist grösstentheils auf eine röm. Heerstrasse gegründet, die in der Nähe des Pragwirthshauses von der röm. Consularstrasse abging; sie heisst „Heerstrasse", „Elbenstrasse" und vom Hardthof bis Enz-Weihingen, wo sie, um die bisherige gerade Richtung einzuhalten, von der jezigen Landstrasse abweicht, die „alte Strasse" (hier das Pflaster noch wohl erkennbar).

2) Von ihr geht ¼ Stunde südwestlich von Zuffenhausen eine röm. Strasse ab und als „Heerstrasse", „Salzweg", „Schelmenweg", „Steinstrasse" durch Stammheim,

¹/₂ Stunde westlich von Pflugfelden, nach Asperg, ¹/₂ Stunde östlich an Thamm vorüber nach Bissingen.

3) Von Cannstatt über Zazenhausen eine röm. Strasse („steinerner Weg") östlich an Kornwestheim vorüber auf die „Wart" beim Salon, als „steinerner Weg", „grasiger Weg", „alter Besigheimer Weg" nach Eglosheim: hier theilt sie sich, ein Arm geht westlich an Geisingen vorüber nach Besigheim, der andere nach Bietigheim.

4) Von Mühlhausen a. N. geht eine röm. Strasse als „Strässle" auf die Höhe der Markung Aldingen, dann über Ossweil nach Neckarweihingen.

5) Die von Benningen (bei Marbach) herkommende Landstrasse (Hochstrasse) ist bis auf die Anhöhe, ¹/₄ Stunde südlich von Hentingsheim, auf eine röm. Strasse gegründet, geht als „Heuweg", „alte Strasse" nach Eglosheim und südlich an Asperg vorüber nach Markgröningen, dann als „alter Vaihinger Weg" zum Eichholzhof und beim Pulverdinger Hof in die nach Vaihingen ziehende Römerstrasse.

6) Von Aldingen eine röm. Strasse „alte Strasse" über den Salon an Pflugfelden und Möglingen vorüber nach Schwieberdingen (hier „Heupfad").

7) Ebenfalls von Schwieberdingen geht eine röm. Strasse östlich an Markgröningen vorbei als „Laiblinger Weg" und „Strässle" nach Bissingen.

8) Von der Cannstatt-Pforzheimer Römerstrasse geht bei Perouse eine röm. Strasse ab, an Ditzingen vorbei (im Emerholz Mark. Stammheim noch das Strassenpflaster) nach Kornwestheim, Ossweil (hier „grasiger Weg") und Poppenweiler.

9) Von Kornwestheim eine röm. Verbindungsstrasse nach Aldingen.

Niederlassungen. Aldingen. Auf den „Stämmen", ¹/₂ Stunde nordwestlich vom Ort, ausgedehnte röm. Niederlassung; eine zweite (kleinere) über dem Neckar beim Klingelbrunnen, wo ein Schloss gestanden sein soll.

Beihingen. Südlich vom Schloss röm. Estrichböden, Reste von Hypokausten etc. Im alten Schloss war das jezt im Lapidarium befindliche Flachbild der Epona eingemauert. Auf der „Burg", ¹/₄ Stunde nordöstlich vom Ort, wo nach der Volkssage eine Stadt gestanden, stösst man in namhafter Ausdehnung auf röm. Grundmauern.

Benningen. Auf der „Bürg", südlich vom Ort, stand eine sehr bedeutende röm. Niederlassung, von der schon die verschiedensten Reste aufgedeckt wurden, darunter Altäre und Denksteine mit Inschriften. Etwa ¹/₄ Stunde südwestlich, am sogenannten „Königsrain", sparsame Reste eines kleinen röm. Wohnplazes.

Bissingen. Südwestlich vom Ort auf der „Bürg", beim Zusammenlaufen der oben genannten zwei Römerstrassen, röm. Wohnplaz.

Geisingen. Nahe beim Ort auf den „Kirchäckern" Grundmauern röm. Gebäude.

Hentingsheim. Einige hundert Schritte nordwestlich auf der „Staig" röm. Wohnplaz.

Hoheneck. Auf der „Eglosheimer Burg", ¹/₄ Stunde südwestlich, ziemlich ausgedehnte Niederlassung (Heizröhren, Amphoren).

Kornwestheim. Auf der Markung mehrere röm. Niederlassungen, und zwar ¹/₄ Stunde östlich auf den „Schelmenäckern", ¹/₂ Stunde östlich auf „Aldinger Burg", ¹/₄ Stunde westlich auf „Hofstetten" (schon früher ausgegraben) und im „Zazenhauser Grund", ¹/₄ Stunde südlich vom Ort.

Markgröningen. Beim Aichholzhof auf dem „Burgstall" Grundmauern eines röm. Gebäudes, um das im Viereck eine Mauer lief; einige hundert Schritte östlich davon fand man schöne Broncegefässe (Schriften des Württ. Alterth.-Ver. I, 3).

Möglingen. Im Ammerthal, ¹/₂ Stunde westlich, röm. Niederlassung: in einer Waschküche war ein röm. Altar mit Bildwerk eingemauert (jezt im Lapidarium).

Neckargröningen. Auf „Steinbös" (auf künstlich angelegter Terrasse) ¹/₂ Stunde nordwestlich, röm. Wohnplaz.

Neckarweihingen. Auf der „Au", östlich vom Ort, und auf dem „Schlossberg", ½ Stunde nördlich, röm. Niederlassungen.

Ossweil. Westlich vom Ort „auf der Mauer" röm. Gehöfte.

Pflugfelden. Beim Riedbrunnen, westlich vom Ort, Spuren röm Gebäude.

Schwieberdingen. In den „Scheerwiesen" ¼ Stunde östlich, wo ein uralt gefasster Brunnen steht, röm. Wohnplaz, mit röm. Deicheln, Gefäss-Fragmenten etc.

Stammheim. Auf den „Bildäckern" ½ Stunde östlich vom Ort, Grundreste röm. Häuser, steinerne Treppen etc. Im Walde „Emerholz", westlich vom Ort, ausgedehnter röm. Wohnplaz (Grundmauern, Handmühlen, Waffen).

G K.

Asperg. Beim kleinen „Aspergle" (einem künstlich aufgeworfenen Hügel, vielleicht Grabhügel) 3 Hügelgräber.

Zuffenhausen. Im Gemeindewald 2 Grabhügel, Leichenbrand, Bronceschmuck, zierliche Thongefässe. (Schriften des Württ. Alterth.-Ver. 1, 7).

A. F.

Reihengräber fanden sich bei:
Aldingen, an der „Halde" und auf der Flur „Kocher".
Asperg, nördlich vom Ort.
Benningen, auf dem „Königsbühl".
Bissingen, in der „Lehmgrube".
Eglosheim, auf der Flur „Mäurach".
Heutingsheim, beim Ort.
Kornwestheim, an der Eisenbahn beim Ort.
Markgröningen, bei der Stadt.
Neckargröningen, im Regenthal, ¼ Stunde westlich vom Ort.
Ossweil, im Ort.
Schwieberdingen, beim Ort, am „Schelmenweg".
Stammheim, auf den „Bildäckern".

Die Gräber enthielten neben Eisenwaffen zum Theil auch Perlen von Glas, Thon und Gagat.

OA. Marbach.

R.

Strassen. 1) Die von Markgröningen herkommende Römerstrasse geht bei Benningen über den Neckar, nördlich an Marbach vorüber auf die Flur „Lug", gegen die „Bugmühle", hier über die Murr, dann auf den Mühlberg, die „Schelmenäcker", nahe (nördlich) an Rielingshausen vorüber, an den südlichen Fuss des „Bilsbergs" in der Hardt, von da nach Wüstenbach und weiter an den Grenzwall bei Murrhardt, (besonders im Hardtwald noch sichtbar).

2) Von Bietigheim führt eine röm. Strasse bei Pleidelsheim über den Neckar, dann über die „Steinäcker" nach Murr, Steinheim, über den Lehenstich nach Forsthof, Sinzenburg, über die „Bürgäcker" nach Altersberg und theilt sich südlich beim „Warthof" in 2 Arme, wovon einer nach Murrhardt, der andere über die Flur „Bürgen" bei Nassach nach Prevorst und Mainhardt läuft.

3) Von Pleidelsheim eine röm. Strasse „alte Strasse" über den Gauchenberg und die Steinheimer Höhe nach Grossbottwar, über den Schelmengraben nach Oberstenfeld, von da über Gronau und als „hohe Strasse" über die Platte nach Prevorst.

4) Von ihr zweigt bei Oberstenfeld eine Römerstrasse ab, geht zum „Unholden-bäumlein" den „Mauerweg" hinab nach Auenstein und von hier als „Heerstrasse" ins Oberamt Weinsberg.

5) Eine röm. Strasse von Grossbottwar über die Flur „Mäurach", am westlichen Fuss des Wunnensteins vorbei, dann über die Flur „Steinige" beim Abstatter Hof nach Auenstein.

6) Eine röm. Strasse, „grasiger Weg", von Poppenweiler her nördlich an Siegelhausen vorbei über die Fluren „Strassenäcker" und „Bürglesacker" nach Steinächle, zwischen dem Heidenhof und dem Wald „Brand" hindurch, über den Wald Dornbau gegen Unterweissach und weiter nach Murrhardt.

Niederlassungen. Marbach. Nördlich an der Stadt stand auf den Fluren „Mäurich" und „Lug", wo nach der Sage die ursprüngliche Stadt gelegen sein soll, eine ausgedehnte röm. Niederlassung, von der schon namhafte Reste entdeckt wurden; überdies fand man in und bei Marbach 6 Denksteine mit Inschriften, 2 Altäre mit Bildwerk und 2 röm. Säulen (theils verloren gegangen, theils im Lapidarium). Ferner standen ¼ Stunde nördlich von Marbach auf der „Au" und ½ Stunde südöstlich auf der „Bürg" röm. Gehöfte.

Affalterbach. Im Walde „Birkach", ¾ Stunden südöstlich vom Ort, stiess man beim Ausreuten desselben auf einen bedeutenden röm. Wohnplaz.

Auenstein. Auf der Flur „Mausepeter", ¼ Stunde südöstlich vom Ort, röm. Wohnplaz.

Burgstall. Auf der Flur „Kern", ¼ Stunde nordöstlich vom Ort, röm. Niederlassung; ebenso auf der Flur „Burgstall", ¼ Stunde nordwestlich vom Ort; hier fand man auch ein Reliefbild der Minerva (jezt im Lapidarium).

Erbstetten. Im „Kaltenbronnen Wald", wo nach der Sage eine Stadt gestanden, röm. Niederlassung. Hier wurde wohl auch der röm. Denkstein, der in der Kirche zu Erbstetten eingemauert war und jezt spurlos verschwunden ist, aufgefunden.

Kirchberg. Auf der Flur „Kalkofen", ¼ Stunde nördlich vom Ort, röm. Wohnplaz.

Mundelsheim. Zunächst der Römerstrasse zwei röm. Wohnpläze, einer im Seebachthälchen, ¼ Stunde südöstlich, der andere im „Steinmäurieh", ¼ Stunde nördlich vom Ort.

Murr. Etwa ¼ Stunde südlich vom Ort entdeckte man auf den sogenannten „Böden" röm. Gebäudereste und ganz in der Nähe ein reich ausgestattetes röm. Grab.

Pleidelsheim. In der Kirchhofmauer war ein röm. Altar mit Götterbildern eingemauert (jezt im Lapidarium).

Rielingshausen. Im Wald „Reiterbaa", ¼ Stunde nordwestlich vom Ort, röm. Wohnplaz.

Steinheim. Nahe beim Ort auf der Flur „Steinhäuser" röm. Wohnplaz, im Ort selbst wurde ein röm. Denkstein aufgefunden (jezt im Lapidarium).

Weiler zum Stein. Im Wald „Brand", ½ Stunde nordöstlich vom Ort, noch sichtbare Grundmauern röm. Gebäude.

G. K.

Höpfigheim. Im Walde „Kalkofen" ein Grabhügel.
Kirchberg. Im Hardtwald beim Frühmesshof ein Grabhügel.
Rielingshausen. Im Wald „Bronnbau" ein Grabhügel.
Steinheim. Beim Forsthof zwei Grabhügel.
Weiler zum Stein. Im Wald „Brand" zwei Grabhügel.

A. F.

Reihengräber mit den gewöhnlichen Beigaben fanden sich bei:
Marbach, (beim Eisenbahnbau) mit Eisenwaffen.
Kirchberg, Flur Au.
Murr, beim Schulhaus.
Ottmarsheim, in der Lehmgrube.
Pleidelsheim, in der Nähe des Orts.

OA. Maulbronn.

B.

Strassen. 1) Eine röm. Strasse kommt als „alte Strasse", „rothe Strasse", „Kaiserstrasse" von Lienzingen her, über die Höhe ¼ Stunde östlich von Maulbronn (Anlage und Pflasterung noch deutlich erhalten) bis an die Maulbronn-Zaisersweiher Vicinalstrasse, theilt sich hier und geht einerseits zwischen dem Schenelberg und Reuth durch auf das Diefenbacher Feld, wo sie einige hundert Schritte westlich von Diefenbach (hier wohl sichtbar) vorbei nach Sternenfels und von da nach Kürnbach (Baden) zog; andererseits über den Salzacker und Staigwald als „Steinweg" herunter nach Knittlingen, von da als „Burgweg" nach Bretten (Baden); an manchen Stellen noch gut erkennbar.

2) u. 3) Von Sternenfels gehen über die beiden Rücken des Stromberges sog. „Rennwege", einer nach Bönnigheim, der andere nach Gündelbach, wo er als „Heuweg" das Metterthal überschreitet.

4) Von Sternenfels ein weiterer Römerweg auf den Heuchelberg.

5) Von Pforzheim eine röm. Strasse als „Rennweg" östlich an Oelbronn vorüber, zwischen dem Aalkisten- und Elfingersee hindurch, am westlichen Fuss der Reichsbalde (hier „Herrenweg"), östlich an Knittlingen vorüber, zum Fuss des Bohnenberges, nach Gross-Villars und als „alter Postweg" nach Flehingen (Baden).

6) Eine röm. Strasse von Pforzheim als „hohe Strasse" nach Oetisheim (hier noch das Pflaster), von da (vermuthlich über Lienzingen) nach Gündelbach und die „Römersteige" hinauf über den Stromberg nach Güglingen.

7) Von Pforzheim her kommt eine röm. Strasse, geht bei Mühlacker über die Enz, als „kleines Strässle", „Arweg" südlich an Illingen vorbei nach Bietigheim.

8) Von Oeschelbronn (Baden) führt eine röm. Strasse als „alter Postweg" am nördlichen Ende von Pinache vorüber auf die Höhe zwischen Enz und Grenzbach nach Enzweibingen.

Niederlassungen. Maulbronn. Nahe beim Ort fand man die obere Hälfte eines vierseitigen röm. Altars mit Merkur, Minerva, Vesta und Diana, (jetzt im Lapidarium).

Diefenbach. Einige hundert Schritte westlich vom Ort, auf den „Ziegeläckern", an der Römerstrasse Grundreste röm. Gehöfte.

Gündelbach. Im „Maurenthal", westlich vom Ort, Spuren röm. Gebäude.

Illingen. Auf den „Hofäckern", westlich vom Ort, namhafte Reste einer röm. Niederlassung, röm. Ziehbrunnen; auch beim Eisenbahnbau wurden röm. Alterthümer gefunden.

Knittlingen. Auf der Flur „Feierabend", wo eine Stadt gestanden sein soll, ¼ Stunde östlich vom Ort, bei der Römerstrasse röm. Wohnplaz. Ebenso nördlich von Gross-Villars, auf der Flur „Stetten".

Lomersheim. Oestlich vom Ort auf der „Niederburg", wo ein Heidenschloss gestanden sein soll, röm. Reste.

Mühlacker. Bei der Ziegelhütte, im Garten des Ochsenwirths Belser und hauptsächlich auf den „Frohnäckern", südlich vom Ort, allenthalben Spuren einer namhaften röm. Niederlassung.

Oetisheim. Einige hundert Schritte östlich von Corrès röm. Gebäudeschutt.

G. K.

Dürrmenz. Im Wald Stockach ein Grabhügel; in der Nähe ein Steinhammer gefunden.

Gündelbach. Nahe beim Ort ein grosser Grabhügel.

Illingen. Im „Schelmenbusch" zwei, in den Wäldern „Vorbacken" und „Brand" sieben Grabhügel. Die lezteren wurden geöffnet: in den kleineren Hügeln, die um einen grossen herumlagen, fand man nur je eine Brandplatte und einen Steinkreis; im grossen Hügel Bronceringe, Broncegefäss-Fragmente und zwei Klapper-Kugeln von Thon.

Lienzingen. Im „Schelmenwald" ein Grabhügel.

Oetisheim. Im „Schanzhau" zwei, im Hirschwald zwei, und bei Corrès ein Grabhügel.

A. F.

Reihengräber mit Eisenwaffen und Schmucksachen fanden sich bei:
Dürrmenz, hinter der Kirche und bei
Oetisheim, beim Weiler Erlenbach.

OA. Neckarsulm.*)

R.

Der röm. Grenzwall tritt aus dem OA. Oehringen westlich vom Wald „Schönbüchle" in den Bezirk, führt etwa 400 Schritte östlich am Stolzenhof vorüber (am Wiesensaum wieder sichtbar), dann über die Fluren „Vorstaig" und „Hofäcker" auf die „Pfahläcker", ¼ Stunde nordöstlich von Jagsthausen (hier eine kurze Strecke erkenntlich, zugleich über die Pfahläcker bis Gewandsgrenze) und wird an dem Thal-Abhang gegen den Kocher als Grabeneinschnitt wieder sichtbar; überschreitet das Jagstthal spurlos, doch bei sehr niederem Wasserstand sind die Pfeiler der alten Römerbrücke noch sichtbar, geht über die „obere Au" auf die Anhöhe oberhalb der Kalkklinge (hier stand ein Wachhaus) weiter durch die tief eingefurchte Kalkklinge auf die Hochebene (hier wieder erkennbar und Trümmer eines Wachhauses), bildet von hier an streckenweise die Grenze zwischen den O.-Aemtern Neckarsulm und Künzelsau, immer als Ackerrain über die „Haibirken" oder das „Götzenschänzle" (hier wieder ein Wachhaus) hinziehend.

Strassen. 1) Von Obereisisheim nach Wimpfen.

2) Von Wimpfen eine röm. Strasse über Jagstfeld und auf dem Rücken zwischen Jagst und Kocher fort durch den Hardthäuser Wald („Hochstrasse") und an den Grenzwall bei Jagsthausen.

3) Eine röm. Strasse von Wimpfen westlich an Duttenberg vorbei über die Markungen von Ober- und Untergriesheim, durch den Wald östlich von Dornbach ins Badische (als „Dallauer Strasse").

---

*) Viele der hier im Oberamt Neckarsulm angeführten Entdeckungen verdanken wir den Untersuchungen des Herrn Oberamtsrichters Hausborn in N., mitgetheilt in der Zeitschrift des historischen Vereines für das württ. Franken, Band VI—X.

4) Eine röm. Strasse von Neuenstadt über den Kocher nach Bürg, am Hüsselenshof vorüber, durch die Hardt, kreuzt die hohe Strasse beim „trüben Brunnen", geht nach Züttlingen, zwischen Siglingen und Domeneck durch auf den Neuhof, westlich an Bittelbronn und westlich an Roigheim vorüber ins Badische.

5) Von ihr geht eine röm. Strasse bei Roigheim ab, läuft an der Landesgrenze hin, westlich an Neudenau vorüber nach Untergriesheim, wo sie die Jagst überschreitet; sie ging ohne Zweifel über die Höhe bei Duttenberg nach Wimpfen.

6) Eine röm. Strasse von Kochendorf südlich an Oedheim vorbei nach Neuenstadt, auf ihr läuft die gegenwärtige Landstrasse nach Oehringen.

7) Von Gundelsheim in nordöstlicher Richtung eine Strasse über Tiefenbach und Bernbronn in die Roigheimer Strasse.

8) Eine röm. Strasse, von Kochersteinsfeld herkommend, geht bei Widdern über die Jagst und bei Volksbausen gegen den Grenzwall.

9) Eine röm. Strasse, zweigt von der „Hohenstrasse" ab und geht über Mückmühl, Hagenbach an der Landesgrenze hin und nach Osterburken (Grenzwall).

Niederlassungen. Bittelbronn. Am Ort Grundmauern röm. Gebäude, Gefässe etc.

Bürg. An der Markungsgrenze gegen Kocherthürn im „Mäurich" röm. Niederlassung (römischer Denkstein mit Inschrift).

Gundelsheim. Auf dem Michaelsberg röm. Altar.

Hagenbach. Nördlich vom Ort, auf dem rechten Kocherufer, röm. Niederlassung.

Jagsthausen. Grenzgarnisonsstadt, viele Resto; das Castrum westlich vom Ort, während die röm. Stadt über J. selbst und die südlich angrenzenden „Steinäcker" sich erstreckte; mit Denksteinen, Broncestatuetten, Wasserleitung, Töpferwerkstätte, Hypokausten etc. (Vieles im Besiz des Freiherrn von Berlichingen und des Rentamtmanns Fest).

Kochendorf. Westlich vom Ort am Neckar röm. Niederlassung.

Lampoldshausen. Im Hardthäuser Wald, im langen Grund und im Wald Rüs röm. Niederlassungen.

Mückmühl. Auf „Altstadt" röm. Wohnplaz.

Neuenstadt. Bedeutende röm. Niederlassung. Römische Inschriften, röm. Gräber. Die Römerstadt lag östlich der jezigen, hiess Helmbund und soll durch ein Erdbeben zerstört worden sein; dieselbe Sage geht von der ehemaligen Römerstadt bei Rottenburg a. N.

Ober-Griesheim. Im „Mäurich" röm. Wohnplaz, desgleichen östlich vom Ort, in den Weinbergen.

Oedheim. Im Stutzenloch im J. 1864 röm. Villa ausgegraben (Schriften des Württ. Alterth.-Vereins I. 7), gegenüber beim Falkenstein, im „Mäurich" und an der Strasse nach Kochendorf, nahe der Kapelle, röm. Gehöfte.

Offenau. Im „Mäurich" Grundreste röm. Gebäude.

Olnhausen. Bedeutende Spuren der Römer (s. meine Schrift über den röm. Grenzwall etc.) mehrere Denksteine.

Roigheim. Im „Mittig", auf dem linken Seckachufer an der badischen Grenze, röm. Niederlassung mit Hypokausten, Relief (jezt im Lapidarium); dann im „Himmelreich" röm. Plaz mit Estrichböden, Amphoren etc.

Siglingen. Beim Neuhof röm. Wohnplaz.

Kressbach. Im „Maueracker" röm. Niederlassung mit Wasserleitung.

Widdern. Westlich von der Stadt Grundreste röm. Gebäude.

Züttlingen. Bei Domeneck auf den „Pfaffenäckern" röm. Wohnplaz; ebenso beim „Habicht" (s. auch oben bei Lampoldshausen).

G. K.

Neckarsulm. Auf den „Fabräckern" zunächst der Stadt wurden beim Eisenbahnbau Grabstätten mit Steinwaffen und Gefässen gefunden.

Degmarn. Westlich vom Ort im „Plattenwald" 2 Grabhügel.

Duttenberg. Im nordwestlichen Theil des ausgehauenen Waldes „Seebau" 8 Hügel, einer geöffnet: Bronceringe und Eisengegenstände.

Kochendorf. Im Wald „Platten" 4 Grabhügel, einer geöffnet: schön polirte und durchbohrte Steinwaffen, viele Erzringe, wahrscheinlich Leichenbrand.

Im „Kocherwald", nördlich von Friedrichshall, mehrere Grabhügel, einer geöffnet: Bronceringe, Gefässe, Leichenbestattung (?).

Oedheim. Auf der rechten Seite des Kochers einige Grabhügel, der grösste geöffnet: Leichenbrand mit Gefässen.

Offenau. Im ausgehauenen Wald „Seebau" 2 Grabhügel, einer geöffnet: grosse Steinlage mit Leichenbrand, rohen Thonscherben und Steinwaffen (Serpentin).

Züttlingen. Beim Hofgut Ernstein 2 Grabhügel, Leichenbrand, östlich vom Ort ein Steinmeissel gefunden.

A. F.

Reihengräber fanden sich bei:

Böttingen, nordwestlich vom Ort.

Gundelsheim, auf dem Sandbuckel, südöstlich der Stadt; Eisenwaffen, Glas- und Thonperlen, Silberschmuck, Erzringe.

Jagstfeld, Reihengräber beim Eisenbahnbau gefunden in den „Steinhacken", mit Eisenwaffen.

Oedheim, in der Nähe des „Plattenwaldes" ein Reihengrab.

Unter-Griesheim, Reihengräber hinter dem Kirchhof.

Amtsoberamt Stuttgart.

R.

Strassen. 1) Die röm. Consularstrasse tritt von Cannstatt herkommend als „Steinstrasse" beim Pragwirthshaus in den Bezirk, geht zwischen dem „Wartberg" und „Burgholz" durch nach Feuerbach, die „hohe Warte" hinauf und den Rücken des Gebirgs entlang bis zum Parkwächterhaus an der Bothnang-Solituder Strasse, dann durch den Wildpark östlich am Pfaffensee vorüber gegen den Christofstollen, den Pfaffenwald hinauf zur „Kapelle" bei Vaihingen a. d. F., wendet hier und läuft über den Vaihinger Gemeindewald bis zur Huttenseiche. Die durchgängig gepflasterte Strasse mit 12—14 F. breiter Fahrbahn und einem Strassenwall ist an vielen Stellen noch gut erhalten, oft auch 1—2 F. tief unter dem Boden verstockt. (Württemb. Jahrb. 1833, I).

2) Von ihr geht beim Parkwächterhaus eine röm. Strasse ab über die Solitude (Pflaster im Wald) und weiter gegen Pforzheim (s. Oberamt Leonberg).

3) Eine röm. Strasse, von der „Kapelle" bei Vaihingen abzweigend, geht als „Heerstrasse", „Heerweg" über den Sindelbach (hier „Heerfahrt") am Fasanenhof vorbei, schneidet die Degerloch-Echterdinger Poststrasse, weiter gegen Bernhausen, und über die Markung Sielmingen nach Köngen.

4) Von Aich her läuft eine röm. Strasse „Hochsträss", „Heuweg", auf dem Bergrücken zwischen dem Aichtbal und dem Bonbachtbal gegen den Uhlberg, an Plattenhardt vorüber, auf dem Rücken zwischen den Fildern und dem Reichenbachthal gegen den „Hairenwald", am Fuss der „Federlensmad" nach Musberg und

weiter durch den Böblinger Wald nach Sindelfingen, (namentlich südwestlich von Echterdingen und beim Uhlberg noch sichtbar).

5) Von ihr zweigt eine röm. Strasse südlich von Stetten ab, geht über Echterdingen und von da gegen Degerloch.

6) Wieder von Aich her kommt eine röm. Strasse als „alte Strasse", „grasiger Weg" nach Harthausen, dann ganz gerade nach Unter-Sielmingen, überschreitet bei der Neumühle die Kersch und läuft als tiefer Hohlweg nach Kemnath, von da am längst abgegangenen Ort „Ow" vorüber und weiter auf die Höhe des Bopsers (s. Stadtdirektionsbezirk Stuttgart)

7) Eine röm. Strasse, von Nellingen (OA. Esslingen) herkommend, soll früher gegen Scharnhausen gezogen sein, von dem die an ihm gelegenen Güter noch jezt „im Heerweg" genannt werden: von Scharnhausen führt derselbe auf der Anhöhe rechts der Kersch, dort „Reitweg" später „Schelmenwegle" genannt, zieht am sog. „Schelmenthor" vorbei über die Flur „Thurm" und weiterhin (als Fussweg) südlich an Plieningen vorüber gegen Echterdingen.

Niederlassungen. Bonlanden Am „Pfaffenweg", der von Bonlanden nach Plattenhardt führt, auf einem Vorsprung gegen ein sanftes Wiesenthälchen röm. Wohnplaz.

Bothnang. Auf der Flur „Unter-Bothnang", ¼ Stunde nordöstlich von Bothnang, auf der Spize eines Flachrückens zwischen dem Feuerbachthal und dem Grauppenthälchen ein röm. Wohnplaz.

Degerloch. Auf den „Schlossäckern", ¼ Stunde südwestlich vom Ort, wo ein Schloss gestanden sein soll, Spuren röm. Gebäude.

Feuerbach. In den „Maueräckern", einige hundert Schritte südwestlich vom Ort im Feuerbachthal, Grundreste röm. Gebäude.

Harthausen. Auf den „Brandäckern", ¼ Stunde vom Ort, am Abhang gegen das hier beginnende Weiherbachthälchen röm. Wohnplaz.

Kemnath. Im Ort, beim einzigen laufenden Brunnen, Spuren einer röm. Niederlassung.

Leinfelden. ¼ Stunde südwestlich vom Ort ein röm. Wohnplaz.

Plattenhardt. Wo der „Reitweg" den „Horberweg" kreuzt, soll ein Schloss gestanden sein, hier beträchtliche röm. Niederlassung. Hypokausten etc.

Scharnhausen. Auf der Anhöhe, südlich am Ort, röm. Wohnplaz.

Stetten Nördlich vom Ort auf „Zeil" oder den „Holderäckern", wo ein Schloss gestanden sein soll, bedeutende Reste eines röm. Wohnplazes; ein zweiter östlich von Hof.

Unter-Sielmingen. Nördlich vom Ort an der Römerstrasse Spuren röm. Gebäude.

Vaihingen a. d. F. Auf dem „Entelhang", ¼ Stunde nördlich vom Ort an der röm. Consularstrasse röm. Niederlassung (Württ. Jahrb. 1833 I.), gerade in der Mitte (je 6 Millien) zwischen der Römerstadt bei Cannstatt und der bei Sindelfingen gelegen. In der Nähe beim Auseinandergehen der 2 Römerstrassen (s. oben) steht noch die „Kapelle", ursprünglich ein röm. Wachhaus: die Schiessscharten daran auf die beiden Römerstrassen gerichtet. Römischer Aschenkrug am Eingang eingemeisselt.

Waldenbuch. Auf dem „Braunacker", ¼ Stunde südlich vom Ort, wo auch ein röm. Altar gefunden wurde, (jezt im Lapidarium) röm. Niederlassung: hier soll ein Schloss versunken sein.

G. K.

Degerloch. Im Staatswald „Langenhau", ½ Stunde südöstlich vom Ort, ein Grabhügel, Leichenbestattung, Bronceringe, eisernes Schwert und Speer, keine Gefässe (Schriften des Württ. Altertb.-Vereins II, 2).

Echterdingen. Auf der „Federlensmad", ½ Stunde südwestlich vom Ort, auf der höchsten Kuppe die sog. Riesenschanze, eine quadratische Schanze (Wall und Graben) von 94,5 M. Seitenlänge und einem Eingang gegen Osten: südlich davon eine Gruppe von vielen Grabhügeln, darunter einer von 37 M. im Durchmesser. Leichenbrand, Bronceschmuck, Goldringe, thönerner Spinnwirtel und rohe Gefässe, im grössten ein mächtiger Steinkern etc. (Schriften des Württ. Alterthumsvereins Band I und II).

Harthausen. Kaum ¼ Stunde südlich vom Ort einige Grabhügel.

Leinfelden. Im „mittleren Berg", ¼ Stunde südwestlich, 3 Grabhügel.

Musberg. Auf der „Hohwart", ½ Stunde südwestlich vom Ort, um einen sehr grossen Hügel 3 kleinere, Leichenbrand, rohe Gefässe. Am nördlichen Fuss der Hohwart noch ein Hügelgrab.

Plattenhardt. Westlich vom Ort im „Bückeleshau" und „Brand" gegen 60 Grabhügel (Württ. Jahrb. 1830. I), Leichenbrand, Bronceschmuck und Gefässe, dann im „Bildbau" gegen 30 Hügel.

Waldenbuch. Westlich vom Ort, im Wald „Weil im Berg" 3 und südlich beim „Braunacker" 3 Grabhügel.

A. F.

Reihengräber bei Feuerbach, Kemnath, Möhringen und Musberg.

OA. Vaihingen.

R.

Strassen. 1) Eine röm. Strasse von Bietigheim über das „Burgfeld" bei Grosssachsenheim, durch den Wald „Krähwinkel", über die „Strässlesäcker", am „Steinmäurich" (Markung Sersheim) vorbei, über die Flur „Burg" nach Kleinglattbach und von da durch den Wald „Vorhaken" nach Illingen.

2) Eine noch ziemlich gut erhaltene röm. Strasse zieht als „Strässle" von Metterzimmern her über die Fluren „Schneeberg", „Hegenach" „Langmantel" nach Rechenshofen, von da durch Niederhaslach auf den Stromberg, dort als „Rennweg" fortsetzend.

3) Eine röm. Strasse geht als „Heimenweg", „Pfaffenweg", „Strässle", „alte Strasse" von Hemmingen her über den Pulverdinger Hof nach Oberriexingen.

4) Vom Harthof läuft eine röm. Strasse (bis dorthin die Landstrasse von Cannstatt) schnurgerade als „alter Postweg" durch den Hartwald nach dem „Burgstall" bei Enzweihingen und von da bis an die Enzbrücke; auf der anderen Seite des Flusses ist wieder die Landstrasse nach Vaihingen darauf gegründet.

5) Als „Rittweg" geht eine röm. Strasse westlich an Hochdorf vorbei über die Flur „Weiler" zur sog. „Frauenkirche", von da über den „Heidenring" nach dem „Burgstall" bei Enzweihingen, weiter über die „Schelmenhalde" bei Vaihingen zur Flur „Rohr" (Markung Kleinglattbach), und als „alter Postweg" östlich an diesem Ort vorüber durch den „Bardenwald", ½ Stunde westlich an Horrheim vorbei, oberhalb der Schleifmühle bei der „Furth" über die Metter und die „Dorfäcker" (röm. Wohnplaz) auf den Stromberg, wo sie sich auf dem Hornberg mit dem „Rennweg" vereinigt.

6) Von Enzweihingen eine röm. Strasse „alte Strasse" über die Flur „Bonlanden", am abgegangenen Ort „Wintergeislingen" vorbei nach Nussdorf, von da als „Strasse", „Weinstrasse" gegen Friolzheim.

7) Von Enzweihingen zieht eine röm. Strasse auf der Höhe nördlich an Aurich und Kleinglattbach vorüber, durch die Wälder „Mosig" und „Enkertsrain" ins Badische (Oeschelbronn).

*) Von Schöckingen (OA. Leonberg) geht eine röm. Strasse als „Strässle" an der „Hohwart" vorbei nach Eberdingen, von da als „Heerstrasse" über den Wolfsberg in die röm. Strasse bei Nussdorf.

Niederlassungen. Eberdingen. Im Wald „Steig", ½ Stunde westlich vom Ort, auf „Wünschloch", wo ein Schloss gestanden sein soll, röm. Niederlassung.

Ensingen. Auf der Flur „Rohr", ½ Stunde südlich von Kleinglattbach, und auf dem „Steinmäuerle" röm. Wohnpläze, ferner ¼ Stunde südlich davon auf der „Burg" beim immerfliessenden alt in Stein gefassten „Bürgbrunnen" ausgedehnte röm. Niederlassung.

Enzweihingen. Uebergang über die Enz, Zusammenkunft mehrerer Römerstrassen: an verschiedenen Stellen in der nächsten Umgebung des Orts Spuren röm. Gebäude, namentlich südlich am Ort; hier fand man auch den Kopf eines männlichen Steinbildes (jezt im Lapidarium), sodann auf der sog. „Breite", nordöstlich vom Ort, ausgedehnte Grundreste röm Gebäude; auf der andern Seite der Enz, beim Leinfelder Hof, noch ausgedehntere Spuren einer röm. Niederlassung mit röm. Wasserleitung etc. und endlich auf der Flur „Boulanden", ½ Stunde südwestlich vom Ort, neben Spuren röm. Gebäude ein rund ausgemauerter Brunnen.

Grosssachsenheim. Auf dem „Burgfeld", ¼ Stunde südöstlich vom Ort und ½ Stunde nordöstlich davon auf dem „Mäurich" beim „Holderbüschle", wie auch ¼ Stunde westlich vom Ort auf dem „Klingenberg", einer Bergspize zwischen dem Metterthal und dem Seepfadthälchen, starke röm. Mauerreste.

Horrheim. In der Nähe einer über den Stromberg führenden Römerstrasse, ½ Stunde nördlich vom Ort, wo ein Nonnenkloster gestanden sein soll, röm. Niederlassung, ebenso ¼ Stunde nordwestlich vom Ort, wo ein Dorf gestanden sei.

Kleinsachsenheim. Auf den „Ziegelhälden" und unfern des Weissenhofs (OA. Besigheim) auf einem Bergvorsprung, „im Thal" genannt, röm. Niederlassungen.

Nussdorf. Im „Burggarten", ¼ Stunde südlich vom Ort, ausgedehnte Reste, Estrichböden, Hypokausten.

Oberriexingen. Auf den „Weileräckern", nördlich beim Ort, röm. Gehöfte.

Rieth. Auf „Wintergeislingen", ½ Stunde nordwestlich vom Ort, an der Römerstrasse, röm. Niederlassung mit rund ausgemauertem Brunnen.

Rosswag. Oestlich vom Ort auf der Flur „Maisern", einem sanft gegen die Enz sich neigenden Ackerland, namhafte röm. Ueberreste.

Weissach. Im Gemeindewald „Sanhag", ½ Stunde nördlich vom Ort, röm. Wohnplaz.

G. K.

Hochdorf. Im „Pfaffenwäldle" (nördlich) zehn, und im Gemeindewald (südlich vom Ort) drei Grabhügel.

Rieth. Im „Rietherhölzle", ¼ Stunde südöstlich vom Ort, zwei Grabhügel.

A. F.

Reihengräber (mit Eisenwaffen) fanden sich bei:

Horrheim, Flur „Gukkenhausen" und auf dem „Schelmenwasen."

Kleinsachsenheim, auf den „Kapellenäckern."

Rosswag, bei der sog. „Burg", ¼ Stunde südlich vom Ort, und auf der Markung Untermberg, im „Osenwäldle"; endlich bei

Weissach, auf dem neuen Kirchhof.

OA. Waiblingen.

B.

1) Die röm. Consularstrasse läuft von Cannstatt als „Hochstrasse" nach Waiblingen, (auf sie ist die gegenwärtige Landstrasse gegründet) weiter als „Buocher Weg" über Steinreinach nach Buoch, wo sie wieder „Hochstrasse" genannt wird und bald darauf den Bezirk verlässt; man sieht noch an mehreren Stellen das ehemalige Pflaster.

2) Von Waiblingen läuft eine Römerstrasse mit unbedeutenden Abweichungen von der gegenwärtigen Landstrasse unter der theilweisen Benennung „Heuweg" nach Winnenden und weiter als „Burgweg" nach Bürg, von da über den „Schelmenwasen" beim Stockhof, ¼ Stunde nördlich an Oeschelbronn vorbei über die Flur „Gugel" und verlässt bald den Bezirk, um bis an den Grenzwall fortzusezen.

3) Abermals von Waiblingen zieht eine Römerstrasse unter der Benennung „Heidengässle" nach Rommelshausen und weiter auf den Schurwald (s. OA. Esslingen).

4) Von Waiblingen eine röm. Strasse gegen Nordosten nach Schwaikheim und weiterhin, unter der Benennung „Heuweg", in den Oberamtsbezirk Marbach.

5) Vom Hohenstaufen kommt eine Römerstrasse bei Grossheppach in den Bezirk und geht als „hohe Strasse", „Pfahlstrasse" westlich an Kleinheppach vorüber über Hohenacker und Hochdorf nach Marbach (z. Th. noch Reste des Pflasters).

6) Bei der sog. Schanze ging eine Römerstrasse von der lezteren ab und lief nach Schwaikheim und weiter gegen Affalterbach.

7) An der Stelle, wo die westliche Oberamtsgrenze die Consularstrasse (Cannstatt-Waiblinger Landstrasse) schneidet, geht eine Römerstrasse von der Haupteerstrasse ab und führt schnurgerade gegen Beinstein und weiter auf die oben angeführte „hohe Strasse" (Pfahlstrasse). Sie ist beinahe ganz verschwunden, und nur noch wenige Spuren und der Name „Heerstrasse" machen ihre Verfolgung möglich.

Niederlassungen. Waiblingen. Von hier gingen mehrere römische Strassen aus, was auf einen ursprünglichen röm. Wohnplaz sicher hindeutet; überdies fand man im 16. Jahrhundert südwestlich der Stadt auf den „Ziegeläckern" einen röm. Denkstein mit Inschrift und im Jahre 1790 einen röm. Altar mit Bildwerk (beide im Lapidarium). Auch auf dem ¼ Stunde südlich der Stadt gelegenen Schüttelgraben wurde in neuerer Zeit ein röm. Bildwerk aufgefunden (Lapidarium).

Beinstein. An mehreren Stellen zwischen Beinstein und Waiblingen, namentlich auf der Flur „Kalkofen", wurden 1822 und 1840 röm. Töpferöfen, Grundmauern von röm. Gebäuden und die verschiedenartigsten Anticaglien entdeckt. In Beinstein selbst befand sich eine längst spurlos verschwundene röm. Steinschrift eingemauert (Ursperger Chronik S. 208, Ausgabe von 1609).

Hegnach. Südlich am Dorf auf dem „Burgmäuerle" Grundreste röm. Gebäude, Fragmente von röm. Gefässen, Heizröhren, Ziegeln etc.

Korb. Einige 100 Schritte südwestlich vom Ort, auf der Flur „Hofstatt" zunächst der Römerstrasse (Pfahlstrasse) ein röm. Wohnplaz.

Schwaikheim. Oestlich am Ort an der sog. Rommelsbalde, südlich am Ort und endlich ½ Stunde westlich vom Ort auf dem Schönbühl Spuren von röm. Gebäuden, röm. Gefässen, Ziegeln etc.

A. F.

Waiblingen. Beim Eisenbahnbau wurden Reihengräber mit sehr reichen Inlagen gefunden.

OA. Weinsberg.

B.

Der römische Grenzwall *(limes transrhenanus)* berührt den Bezirk an der Rückenspize zwischen dem Roththal und dem Münchsberger Thälchen, wo an dem noch wohl erkennbaren Wall ein Wachhaus stand. Bald in das Oberamt Gaildorf eingehend, erreicht er den Bezirk wieder ¹/₄ Stunde südöstlich von Mainhardt, zieht an der Oberamtsgrenze etwa ¹/₄ Stunde lang fort und dann östlich von Mainhardt ganz in den Bezirk. Auf dieser Strecke stand an dem Wall ein Wachhaus auf der sog. „Bränd" und ein zweites auf der Flur „Kirchhoffeld", wo auch ein röm. Denkstein gefunden wurde.

Von Mainhardt, wo eine grossartige römische Grenzgarnisonsstadt lag (s. unten) lief der Grenzwall weiter bis an den Abhang des Brettachthales (Wachhaus), überschritt oberhalb der Mittelmühle die Brettach und zog über die Fluren „Kirchhalden" und „Langenacker" (Wachhaus) nach Gailsbach, weiter leicht erkennbar und theilweise noch ziemlich gut erhalten über die Fluren „rothen Bühl" (Wachhaus) und „Seefeld" (Wachhaus). Hier verlässt er den Bezirk und zieht in das Oberamt Oehringen ein.

Strassen. 1) Die röm. Strasse, welche einst die Niederlassung bei Böckingen mit der Grenzniederlassung bei Mainhardt in Verbindung sezte, kommt bei dem Staigwald in den Bezirk, läuft als „alte Haller Strasse", „Hochstrasse" über den sog. Habnensturz, weiter über den Wald „Sommerrain", an den Bleichsee, ¹/₄ Stunde südlich an Löwenstein vorüber nach Hirrweiler, über die Flur „Kalkofen", Bernbach, Wüstenroth, Hohenstrassen nach Mainhardt (ihre Anlage theilweise noch zu erkennen).

2) Die röm. Strasse, welche die Niederlassung bei Böckingen mit der Grenzniederlassung bei Oehringen verband, läuft ³/₄ Stunden westlich von Weinsberg in den Bezirk und unter dem Namen „Steinweg" zwischen der Weibertreu und dem Sebenmelsberg durch, das Ebersbacher Thal als „Schelmengraben" hinauf, theils auf, theils neben der gegenwärtigen Landstrasse nach Hölzern, weiter an dem „steinernen Tisch" vorüber nach Schwabbach und Bitzfeld, wo sie den Bezirk verlässt und alsdann nach Oehringen fortsezt.

3) Von Lauffen führt eine röm. Strasse als „Heerweg" über Abstatt und bei Farnersberg in den Bezirk, weiter über die Flur „Strassenäcker" und geht bei Hirrweiler in die oben angeführte „alte Haller-Strasse" („Hochstrasse").

4) Von der „alten Hallerstrasse" führte in dem Staigwald ein „Heerweg" über den Föhrenberg nach Willsbach, weiter als „Schelmenweg" auf den Gagernberg und von da unter der Benennung (Heuweg) nach Rappach zu dem sog. „Heerbrückle" und ohne Zweifel nach Bitzfeld.

5) Endlich lief in der Nähe des Grenzwalls eine Römerstrasse unter den Benennungen „alte Strasse", „Kutschenweg", welche die röm. Grenzniederlassungen verband, von Grab nach Mainhardt und von da über Gailsbach, Ober- und Unter-Gleichen, Pfedelbach nach Oehringen.

Niederlassungen. Eberstadt. Auf der ¹/₄ Stunde südwestlich vom Ort gelegenen Flur „Rothhalde", wo nach der Sage eine Kapelle gestanden sein soll, namhafte Grundreste einer röm. Niederlassung, röm. Gefässe und Ziegelfragmente etc.

Hölzern. An der Kirche waren zwei röm. Bildwerke eingemauert, von denen eines beim Abbruch der Kirche zu Grunde ging, das andere aber in eine nahe gelegene Mauer eingesezt wurde: es enthält in 4 Feldern röm. Krieger. Südlich vom Ort führte eine röm. Strasse vorüber (s. oben) und in der Nähe derselben stösst man zuweilen auf röm. Grundmauern.

Mainhardt. Sehr bedeutende röm. Grenzgarnisonsstadt; das eigentliche, noch ziemlich sichtbare Castrum stand am westlichen Ende des Orts. Ausserhalb derselben stiess man allenthalben auf röm. Gebäudeanlagen, Hypokausten, mehrere röm. Denksteine, Altäre und Reste von Statuen. Nur einige 100 Schritte westlich an dem Castrum liegt das Mainhardter Bad, daselbst wurde ebenfalls ein Bruchstück eines röm. Altars entdeckt und ein röm. Bildwerk ist in eine Scheune eingemauert.

Unter-Heimbach. An der Kirche ist ein röm. Bildwerk (drei gut gearbeitete Nymphen) eingemauert, das nach der Sage in dem nahe gelegenen Wald „Sallen" gefunden wurde. Eine weitere Sage will auf den „Sallenäckern", die früher Wald waren, eine untergegangene Stadt wissen; hier stand ohne Zweifel eine röm. Niederlassung.

A F.

Bitzfeld. Auf der südlich vom Ort gelegenen Flur „Langeneck" wurden Reihengräber mit Eisenwaffen aufgefunden.

II. Schwarzwaldkreis.

OA. Balingen.

R. *)

Strassen. 1) Die jetzige Strasse von Hechingen über Balingen nach Rottweil ist grösstentheils auf eine Römerstrasse gegründet; sie heisst häufig noch die „alte Heerstrasse".

2) Von ihr ging eine römische Strasse als „Heerweg" an Geislingen, wo eine römische Niederlassung war, und Leidringen vorüber, und als „Hartweg" gegen Harthausen und Epfendorf (s. auch bei Böhringen OA. Rottweil).

3) Eine römische Strasse, „Heidenweg", geht von Deilingen (OA. Rottweil) an Hossingen und Messstetten vorüber nach Strassberg, südlich an Winterlingen vorbei und gegen Gamertingen im Preussischen.

4) Von Ebingen zieht der „Heerweg", „Maiersteig" über Messstetten an zwei Fluren „Wachbühl" vorbei gegen „Heidenstadt" bei Nusplingen (OA. Spaichingen). Man findet noch deutliche Spuren davon.

5) Von Dautmergen (OA. Rottweil) zieht eine römische Strasse als „Heerstrasse", „Hochsträss" nach Erlaheim, wo eine römische Niederlassung bestand (s. u.).

6) Von Sigmaringen und Laiz her zieht eine römische Strasse auf der Hochebene zwischen Schmiech- und Lauchartthal als „Hochsträss" westlich an Winterlingen vorbei und weiter als „alte Steig" gegen Bitz und den Hohenzollern.

---

*) R. bedeutet Römisch, G. K. Germanisch (Keltisch), A. F. Alemannisch (Fränkisch).

7) Endlich scheint eine römische Strasse von Balingen nach Ebingen im Thal heraufgeführt zu haben; bei Laufen die Flurbenennung „Heerstrasse".

Niederlassungen.

Ebingen. Bei der Stephanshalde heisst eine Flur die „alte Stadt" und wurden dort schon verschiedene Alterthumsgegenstände gefunden, wahrscheinlich römische.

Erlaheim. Westlich vom Ort, wo zwei Römerstrassen zusammenkommen, ziemlich namhafte römische Niederlassung mit Hypokausten etc.

Geislingen. Hier wurden Grundreste röm. Gebäude gefunden.

Lantlingen. Eine Viertelstunde östlich vom Ort auf der Flur „Steinhaus" fand man schon Alterthümer, vermuthlich römische.

Ferner wurden in der Nähe dabei, auf den Fluren „Hennenbühl" und „Hennenbrunnen", an der alten Strasse im Jahr 1874 Reste eines röm. Gebäudes mit schöner röm. Halbsäule aufgefunden; auch befindet sich im Ort ein röm. Säulenkapitäl eingemauert.

Winterlingen. Auch hier, an der Zusammenkunft mehrerer Römerstrassen, mag ein röm. Wohnplatz bestanden haben.

G. K.

Bitz. Nordöstlich vom Ort an der Landesgrenze Grabhügel, wovon Gegenstände, Bronceringe etc. in der Fürstl. Sammlung in Sigmaringen und in Stuttgart.

Burgfelden. Auf dem „Burgfeld", eine halbe Stunde nördöstlich vom Ort, auf der Alb Verschanzungen.

Ebingen. Nordwestlich an der Stadt ein Grabhügel.

Hossingen. Am Weichenwang 6 Grabhügel, mehrere geöffnet: Leichenbestattung, Eisenwaffen, Gefässe, reiche Broncebeigaben, goldener Ohrenring (siehe Schriften des Württ. Alterthumsvereins. Bd. II. H. 1).

Ferner zieht sich von Hossingen eine alte Strasse, „die Gasse" und weiterhin das „Holderheckle" genannt, auf den nördlich vom Ort gelegenen „Gräblesberg", woselbst sich noch alte Verschanzungen befinden. Hier soll eine Stadt gestanden sein.

Thieringen. Beim Heidenhof auf der Höhe der Alb Verschanzungen, dabei der „Hühnerbühl".

Truchtelfingen. Eine halbe Stunde östlich vom Ort, auf der Flur „Degenfeld", eine Gruppe von Grabhügeln.

Winterlingen. Im „Schelmenegart" mehrere Grabhügel.

A. F.

Balingen. Zwischen dem Bahnhof und der Römerstrasse Reihengräber (61 geöffnet), sehr reiche Beigaben.

Ebingen. Ein Reihengrab im Jahr 1874 unterhalb der Stadt geöffnet, mit Eisenwaffen und einen Broncering.

Messstetten. Zahlreiche Reihengräber im Ort mit Eisenwaffen, Bronce-, schnallen, tauschirten Eisengegenständen, Glas-, Thon- und Bernsteinperlen. (Schriften d. Württ. Alt.-V. am a. O.)

Oberdigisheim. Reihengräber mit Glas-, Thon- und den gewöhnlichen Inlagen.

OA. Calw.

R.

Strassen. 1) Eine röm. Strasse zieht als „Hochsträss" von Aidlingen (OA. Böblingen) her über den „Venusberg", ¼ Stunde südlich an Ostelsheim vorüber, wendet sich hier gegen Westen, geht zwischen dem „Jägerberg" und „Heimberg" durch nach Alt-Hengstett und weiter nach Calw (zwischen Alt-Hengstett und Calw „Hagelweg" und „Weilerweg" genannt); von Calw lief die Strasse über die Flur „Häslich" nach Altburg und in die sog. „alte Weinstrasse" (s. u.); man findet noch deutliche Spuren von ihr bei Alzenberg.

2) Als „Hochsträss", „Heerstrasse" führt von Kuppingen her eine römische Strasse durch die „Steinäcker" an Deckenpfronn vorüber, durch den „Masenwald", über die Flur „Altenburg" (Mark. Gechingen), am „Käpple", wo röm. Grundmauern gefunden wurden, vorbei nach Alt-Hengstett und weiter über die Fluren „Bürgen" an Neu-Hengstett vorüber und über die „Steinäcker" nach Möttlingen u. Pforzheim.

3) Eine römische Strasse zieht, von Stammheim herkommend, vom Schlosse Waldeck (noch theilweise gepflastert) als „Heerstrasse", „Hünerstaig" herauf gegen Alt-Bulach, weiter an Neu-Bulach vorüber (hier das Strassenpflaster aufgedeckt), von da südlich an Ober-Haugstett vorüber, „Hardweg" genannt, über die Flur „Römer" und die „Streitäcker" nach Martinsmoos, hier „Herdweg", und von da zur „alten Weinstrasse".

4) Diese, die „alte Weinstrasse", zieht auf der Wasserscheide zwischen Enz und Nagold hin, tritt bei Oberweiler in den Bezirk, führt westlich an Ihofstett vorüber, zwischen Agenbach und Ober-Kollwangen durch, östlich an Würzbach vorbei und bei Sichdichfür ins OA. Neuenbürg, wo man noch auf eine grosse Strecke das alte Pflaster sieht, — und weiter nach Pforzheim.

5) Eine (vermuthliche) römische Strasse geht als „alter Heerweg" von Weil der Stadt durch das Thalacherthal, weiter durch das Immenthal nach Alt-Hengstett und in Strasse 1.

Niederlassungen.

Alt-Hengstett. Etwa ½ Stunde südlich vom Ort, zunächst der Stelle, wo die röm. Strasse von der sog. „breiten Heerstrasse" durchschnitten wird, beim „Käpple" Grundreste eines röm. Gebäudes, röm. Ziegel und Heizröhren.

Hirsau. Im Schutt der im Jahr 1876 wieder aufgegrabenen östlichen Theile der Aurelinskirche fand sich ein röm. Ziegel.

Ober-Haugstett. Südlich vom Ort, auf der Flur „Römer", wo die von Neu-Bulach herkommende Römerstrasse als „Hardweg" vorbeizieht, Grundreste röm. Gebäude.

Ostelsheim. Etwa ¼ Stunde nordwestlich vom Ort, auf der Flur „Hub", stiess man im Jahr 1846 beim Bau der neuen Staatsstrasse auf einen rundausgemauerten Brunnen und in der Nähe auf röm. Ziegel und Grundmauern. Auch ist hier eine terrassenförmige Anlage noch zu erkennen.

Simmozheim. Hinter der Kirche, auf einer Terrasse, vor der ein tiefer Graben herläuft, ausgedehnte Spuren von Gebäude-Grundresten, zur Erntezeit beim Gelbwerden der Früchte leicht erkennbar, dabei Bruchstücke röm. Ziegel und Gefässe, darunter auch von Sigelerde.

Stammheim. Auf den „Mühläckern", nahe beim Ort, wo eine Stadt gestanden sein soll, Grundmauern röm. Gebäude, röm. Ziegel, Gefässe, Heizröhren,

Estrichböden. Römisches Bildwerk mit Reiterfiguren auf derselben Stelle gefunden, jetzt im k. Lapidarium.

G. K.

Alt-Hengstett. Im „langen Löchle", ¼ Stunde nordwestlich vom Ort, 8 Grabhügel. Einer zum Theil geöffnet, man fand in ihm einen Steinkreis.

Ottenbronn. Im Gemeindewald „Oberholz" 6 Grabhügel; einer geöffnet: Gefässfragmente und Eisenreste. In der Nähe zieht die alte Strasse von Simmozheim nach Hirsau als „Herbichgässle" vorüber.

Simmozheim. Im Gemeindewald „grosser Stall", ½ Stunde westlich vom Ort, 7 Grabhügel.

A. F.

Alt-Hengstett. Am östlichen Ende des Ortes Reihengräber mit Eisenwaffen.

Gechingen. Auf der nordwestlich vom Ort gelegenen Flur „Angel" 2 Reihengräber mit Eisenwaffen, Bronzeringen (Ohren-, Hals und Armringen) und einer schönen Fibula aus Bronze. — Ferner Reihengräber, doch nur mit Eisenwaffen, auf dem gegenüberliegenden „Küppelesberg".

Ostelsheim. Bei der Mühle und am südlichen Ende des Dorfes je ein Reihengrab mit Eisenwaffen.

OA. Freudenstadt.

R.

Strassen. 1) Die römische Consularstrasse zieht, von Rottenburg herkommend (zum Theil noch wohl erkennbar), als „alte Strasse". „Hochstrasse", „Heerweg" östlich von Schopfloch in den Bezirk, wendet, durch die Terrainverhältnisse gezwungen, rasch gegen Süden, nach Ober-Iflingen, und verlässt südlich von diesem Ort den Bezirk, um über Leinstetten und Dornhan nach Rottweil fortzusetzen.

2) Von ihr geht bei Schopfloch eine röm. Strasse ab, als „Heerstrasse" nördlich an Dornstetten vorbei nach Aach und von da über Wittlensweiler nach Freudenstadt; von hier auf der alten Kniebisstrasse auf den Kniebis und weiter über Oppenau nach Strassburg, sie ist zum Theil noch sichtbar.

3) Von der röm. Consularstrasse geht in der Nähe von Schopfloch eine weitere röm. Strasse, „Heergasse" genannt, ab, über Hörschweiler, Cresbach und Pfalzgrafenweiler nach Altensteig.

4) Eine röm. Strasse geht, als „Hochsträss", „Heergässle", „Zigeunersträssle", von Ober-Iflingen über Nenneck und nördlich an Wittendorf vorüber nach Losburg.

5) Von Waldmössingen herkommend zieht ein röm. Weg „Hochsträss", „alte Strasse" über die 24 Höfe, als „Heerweg" am sog. Bärenstein vorüber nach Lossburg, dann westlich an Rodt vorüber nach Freudenstadt, weiter als „alte Weinstrasse" westlich an Igelsberg vorbei nach Besenfeld, von wo sie ohne Zweifel über Nagold nach Pforzheim ging.

Niederlassungen.

Freudenstadt. Bei Anlegung der Stadt zu Ende des 16. Jahrhunderts stiess man auf Reste von Gebäuden, die damals den „Cimbern" zugeschrieben wurden; ohne Zweifel bestand hier, wie die Lage der Stadt am Eingang in den eigentlichen Schwarzwald und die hier zusammenlaufenden Römerstrassen andeuten, eine röm. Niederlassung.

Lossburg. Hier wo zwei Römerstrassen zusammenlaufen, stand ohne Zweifel eine befestigte röm. Niederlassung, von der aus der schmale Gebirgsrücken zwischen dem Gebiet der Glatt und dem der Kinzig vertheidigt werden konnte. Im Ort ein künstlich aufgeworfener mit Graben umgebener Hügel.

Rodt. Oestlich beim Ort viereckige Schanze, ohne Zweifel römisch.

Unter-Iflingen. Bedeutende röm. Niederlassung auf der ½ Stunde südwestlich vom Ort gelegenen „Altstadt", wo nach der Volkssage die Stadt „Rockesberg" gestanden sei. Man findet daselbst auf einem Bergvorsprung gegen das Glattthal ein mit Mauern und Wall umgebenes Eirund, 1000 Fuss lang, 500 Fuss breit. Die Höhe der etwa 3 Fuss dicken Mauer beträgt an der Innenseite zum Theil 4—5, an der Aussenseite gegen 10 Fuss. Der ausserhalb der Mauer führende Wall hat gegen innen eine Höhe von 2—3, gegen aussen von 10 Fuss. Der Wall beginnt am Eingang in die Altstadt, beim sog. „Thor", das sich am (allein zugänglichen) östlichen kleinen Bogen des Eirundes befindet. Zunächst am Eingang zieht der Wall ganz nahe an der Mauer hin, entfernt sich aber allmählig gegen 60 Fuss weit von ihr, bis er nach und nach ganz verschwindet. Durch das sog. „Thor" führt eine gepflasterte Strasse, der „Stadtweg", in die Altstadt und zu einer 265 Fuss langen, 50 Fuss breiten freien gepflasterten Platte, der „Markt" genannt; um dieselbe her findet man innerhalb des unmauerten Raums noch viele, jetzt dicht verwachsene Erhöhungen und Vertiefungen, welche ehemalige Gebäude verrathen und von denen man schon öfters röm. Grundmauern, Backsteine, Ziegel u. s. w. ausgrub. Südlich der befestigten Stadt stösst man allenthalben auf röm. Grundmauern, Ziegel etc.; auch findet sich hier ein ausgemauerter Brunnen, der „Stadtbrunnen". Eben diese Stellen heissen lagerbüchlich „Hinter- und Vorder-Altara", „Saltara", „Saltera"; älteste Schreibweise vom Jahr 1435 „Saltran". Ohne Zweifel lag hier das Arae Flaviae der Peutingerschen Tafel (s. auch Württemb. Jahrbücher 1846 I. S. 155 ff. und meine Erklärung der Peutingerschen Tafel).

G. K.

Baiersbronn. Auf dem „Rinkenberg" oder „Häslerkopf", zwischen dem Murg- und Thonbachthale, eine mit einem Steinwall, der „Rinkenmauer", umgebene länglich viereckige Verschanzung, mit dem Eingang gegen Westen.

Unter-Iflingen. Westlich vom Ort zwei Grabhügel, von denen einer abgetragen wurde; man fand darin neben einem Skelet mehrere sehr schön gearbeitete Bronceringe, Ohrringe, Fibeln, eine thönerne Klapperkugel, sowie einen hohlen Broncering, ebenfalls Steinchen zum Klappern enthaltend (s. Württemb. Jahrbücher, Jahrgang 1846. I.).

A. F.

Reihengräber fanden sich bis jetzt in und bei Ober-Iflingen.

OA. Herrenberg.

R.

Strassen. Die röm. Consularstrasse „Hochsträss" zieht, zum Theil noch erhalten, von Altdorf OA. Böblingen herkommend, an Hildrizhausen vorbei nach

Herrenberg, von da weiter als „alte Strasse", „alte Heerstrasse", „alter Postweg" östlich an Gültstein, Altingen, Reusten und Poltringen vorüber, und unterhalb letzteren Orts in die Herrenberg-Tübinger Landstrasse, auf welcher sie bis Unter-Iesingen fortzieht. Hier theilt sie sich in zwei Arme, der eine, der Hauptarm, geht über Wurmlingen nach Rottenburg, der andere auf der Landstrasse nach Tübingen.

2) Eine nähere röm. Strasse (Verbindungsstrasse) zieht fast schnurgerade auf der Herrenberger Landstrasse an Nufringen vorbei nach Herrenberg (s. OA. Böblingen). Sie läuft zum Theil neben der Herrenberger Landstrasse her.

3) Die von Dagersheim über Ehningen (OA. Böblingen) herkommende röm. Strasse, genannt „Rheinstrasse", „Heuweg", führte durch Hildrizhausen und weiter auf den höchsten Punkt des Schönbuchs.

4) Eine röm. Strasse, „Hochsträss", „steinerner Weg", ging über Aidlingen nach Gärtringen, und bei Nufringen in die dortige röm. Strasse, ad 2.

5) Von Herrenberg aus, eine südliche Verlängerung von Nr. 4, geht eine römische Strasse auf der Herrenberg-Horber Landstrasse, verlässt dieselbe ½ Stunde südlich von Nebringen und geht als „Heerstrasse" durch Bondorf und weiter nach Wolfenhausen und Obernau.

6) und 7) Als „Heerstrasse" zieht eine röm. Strasse von Ergenzingen (OA. Rottenburg) in den Bezirk, zwischen Bondorf und Nieder-Reuthin durch, zum unteren Theil von Oeschelbronn, von da westlich an Haslach vorüber nach Kuppingen, Ober-Iesingen und Deckenpfronn (OA. Calw). Etwa ½ Stunde westlich von Bondorf lief eine von Baisingen (OA. Horb) herkommende Römerstrasse in die erstere ein.

8) Von Hochdorf (OA. Horb) kommt eine röm. Strasse „Hochsträss" westlich von Mötzingen auf die Bezirksgrenze, läuft an dieser fort und etwa ½ Stunde westlich an Ober- und Unter-Jettingen vorbei gegen Wildberg (OA. Calw).

9) Von Herrenberg eine röm. Strasse als „alte Strasse" östlich an Kuppingen vorüber nach Ober-Iesingen.

10) Als „Langerweg", „Langweg", „Brandsteig" führt eine röm. Strasse von Mötzingen nach Oeschelbronn, Nebringen, südlich an Gültstein vorüber, zwischen Mönchberg und dem abgegangenen Ort „Benzingen" durch, die „alte Steige" hinauf auf die Höhe des Schönbuchs, auf der sie unfern der Burg Meneck vorbeizieht, und weiter durch das Goldersbachthal nach Bebenhausen.

Niederlassungen.

Herrenberg. Etwa ½ Stunde südlich von der Stadt, an der Stelle des abgegangenen Ortes „Mühlhausen", entdeckte man im Jahre 1835 namhafte Grundreste röm. Gebäude mit Hypokausten und Fussböden, zum Theil mit schön gemodelten Thonplättchen belegt etc.

Affstätt. Auf den „Schlossäckern", ½ Stunde nordöstlich vom Ort, ausgedehnte Grundmauern röm. Gebäude, Ziegel, Heizröhren, Gefässfragmente, Säulentrümmer.

Bondorf. Eine halbe Stunde südlich vom Ort, in der Flur „auf Mauren", an der von Bondorf nach Ergenzingen führenden Römerstrasse bedeutende römische Mauerreste. Die Gebäude hatten zum Theil eine Länge von fünfzig Fuss, dabei eine Menge röm. Ziegel, Fragmente von Heizröhren, Amphoren, Siegelerdegefässen, von Estrichböden und bemalten Wänden, — Säulentrümmer, verschiedene Bronzesachen, Münzen und Reste einer Wasserleitung.

Dann etwa ½ Stunde nördlich von Bondorf, auf der Flur „im Weiler", entschiedene Grundreste von Gebäuden etc. Ferner ½ Stunde südöstlich von der eben genannten Stelle, im „Hüttstall", oben am Abhang, künstlich angelegte Terrassen, auf denen man in ziemlicher Ausdehnung röm. Mauerreste, Ziegel, Estrichböden findet.

Endlich auf den Fluren „Ober- und Unter-Weihdorf", ¹/₂ Stunde nördlich von Bondorf, stösst man aller Orten auf röm. Gebäudereste und Gebäudeschutt. Auch bei dem in der Nähe gelegenen „Schimmelesbrünnle" namhafte Spuren eines röm. Wohnplatzes, dabei Reste einer gepflasterten Strasse, und auf der Flur „Breite" an der Römerstrasse nach Oeschelbronn entschiedene Spuren röm. Gebäude.

Entringen. Bei der sog. Kapelle, ¹/₂ Stunde nordwestlich vom Ort, auf dem Flachrücken zwischen den Thälchen des Rohrbachs und des Hungerbrunnenbachs, Grundreste mehrerer röm. Gebäude mit einer grossen Anzahl von behauenen Steinen, Ziegeln, Heizröhren, Fragmenten von Sigelerdegefässen etc.; ganz in der Nähe führt die alte, von Reusten auf den Schönbuch ziehende Strasse vorüber.

Gültstein. In der Nähe des „Metzenbrunnens", ¹/₂ Stunde westlich vom Ort, auf einer hoch gelegenen Stelle, von der man eine freundliche Aussicht geniesst, soll ein Schloss gestanden sein; man fand Grundmauern röm. Gebäude sammt Ziegeln und vielen Gefässfragmenten, auch eine röm. Goldmünze.

Kuppingen. Südlich vom Ort, auf der Flur „Hinter Weingärten", ausgedehnte Spuren eines röm. Wohnplatzes. Sodann auf den „Hofstätten" und beim „Bernhardsköppele", ¹/₂ Stunde südwestlich vom Ort, Mauerreste und behauene Staffeln röm. Gebäude. Endlich beim Ort auf den sogenannten „Stütze" und beim „Kalköfen" röm. Gebäudeschutt. — Ausser diesen angegebenen Stellen stösst man allerseits zunächst bei Kuppingen auf röm. Gebäudereste, daher die Volkssage, Kuppingen sei früher viel grösser und eine Stadt gewesen. Im Ort selbst fand man beim Gasthaus zum Ochsen eine zwölf Fuss breite gepflasterte Strasse.

Nebringen. Auf den „Weilerwiesen", eine kleine halbe Stunde nordwestlich vom Ort, wo der Sage nach ein Schloss gestanden sein soll, stösst man bei der von Oeschelbronn nach Kuppingen führenden Römerstrasse auf röm. Gebäudereste, zunächst dieser Stelle heisst ein kleiner Raum der „Rosengarten", hier sei der „Schlossgarten" gewesen.

Oberndorf. Westlich vom Ort, beim „Steinmäuerle", röm. Gebäudereste.

Oeschelbronn. Auf den „Kapellenwiesen", zunächst südlich am Ort, wo eine Kapelle gestanden sein soll, röm. Wohnplatz mit verschiedenen Resten, darunter noch ganz erhaltene röm. Gefässe.

Poltringen. Auf den „Steinäckern", auch „Enderleshaus" genannt, ¹/₂ Stunde nordöstlich vom Ort, in der Nähe der von Herrenberg nach Tübingen führenden Römerstrasse, ziemlich ausgedehnte röm. Niederlassung mit terrassenförmiger Anlage; in grosser Anzahl röm. Ziegel, Heizröhren, Gefässfragmente, Bruchstück einer Säule.

Thailfingen. Westlich vom Ort auf den „Maueräckern" weithin ziehende Grundreste röm. Gebäude, Estrichböden, Erdgeschosse, Heizröhren etc.; auch wurde hier eine röm. Schnellwage aus Bronze gefunden.

G. K.

Affstätt. Im Gemeindewald 5 Grabhügel, sie enthielten in der Mitte zusammengesetzte Stein- und Brandplatten.

Altingen. Im Walddistrikt „Hardt" 10 Grabhügel.

Kuppingen. Im Gemeindewald 3 Hügel.

Ober-Iettingen. Im Staatswald „Herrenplatte" 10 Grabhügel.

A. F.

Reihengräber mit Eisenwaffen fanden sich:
in Gültstein,
bei Kuppingen, ¼ Stunde nordwestlich vom Ort,
bei Mötzingen, an der Westseite des Dorfes,
bei Oeschelbronn, südlich vom Ort, auf der Flur „Schiebel",
bei Reusten, am Fusse des Kirchbergs.

OA. Horb.

R.

Strassen. 1) Die röm. Consularstrasse, von Rottenburg herkommend, erreicht die östliche Grenze des Bezirks auf der Markung Rohrdorf, zieht noch gut erhalten als „alte Strasse" nach Eutingen, von da über die Höhe östlich von Altheim, „Brand" genannt; wendet sich hier gegen das Seehaus und erreicht dort die Horb-Freudenstadter Landstrasse, führt auf dieser weiter gegen Schopfloch (OA. Freudenstadt.

2) Von der Consularstrasse geht auf dem „Brand" eine röm. Strasse ab, zieht als „Hochsträss" auf der Wasserscheide zwischen dem Neckar und der Steinach nach Hochdorf, Vollmaringen und weiter auf der Wasserscheide zwischen Nagold und Ammer gegen Wildberg; an manchen Stellen noch gut erkennbar.

3) Von dieser Strasse geht ¾ Stunden nordöstlich von Altheim eine röm. Strasse „Hochsträss" nach Altheim ab und von da in westlicher Richtung weiter.

4) Von Altheim führt als „Heerstrasse", „Hochsträss", „Hardtweg" eine röm. Strasse in beinahe nördlicher Richtung, verlässt bald den Bezirk und zieht auf der Wasserscheide zwischen Waldach und Steinach weiter im OA. Nagold.

5) Von der röm. Consularstrasse geht bei Eutingen eine röm. Verbindungsstrasse in Nr. 2.

6) Als „Heerstrasse" kommt in gerader Linie (an mehreren Stellen noch gut erkennbar) eine röm. Strasse von Ergenzingen her, zieht über den Neckar bei Börstingen, und weiter an Bierlingen und Neuhaus vorbei gegen Kremensee im Hohenzollern'schen.

Niederlassungen.

Horb. In einem Gartenhaus, unfern der Burg, war ein röm. Januskopf eingemauert, kam später nach Rottenburg (Württemb. Jahrb. 1835, S. 53).

Altheim. Auf der Markung standen zwei röm. Wohnplätze: auf dem „Thalberg", nahe am Ort, Grundmauern röm. Gebäude, Bruchstücke römischer Gefässe, Ziegel etc., ebenso auf der andern (rechten) Seite des Thals, in den „Halden". Ferner wurden an der Westseite des Dorfes und im Orte selbst an verschiedenen Stellen in einer Tiefe von 2—6 Fuss bauchige 8—10 Zoll hohe mit Deckeln versehene Thongefässe, ohne Zweifel röm. Aschenurnen, ausgegraben.

Baisingen. Auf der Flur „Laiber" Grundreste röm. Gebäude.

Bierlingen. Südlich bei Neuhaus, im ausgestockten Wald „Grossholz", röm. Niederlassung, 8 Morgen umfassend und von Freiherrn von Ow-Wachendorf sorgfältig ausgegraben. Man fand die Grundreste eines grossartigen viereckigen Gebäudes, von dem jede Seite 112 Fuss hält; sowie noch deutlich die innere Eintheilung. Die aus Muschelkalk und Kalktuff aufgeführten Mauern haben bei einer Dicke von 2—3 Fuss noch immer eine Höhe von 6—8 Fuss; südlich von diesem

Gebäude stand ein zweites von je 70 Fuss Seitenlänge. Das Ganze war mit einer im Viereck angelegten Mauer umfasst, die von den vier Seiten des Hauptgebäudes je 100 Fuss entfernt ist. Man fand Sandsteinsäulen, Gussböden, Ziegel, Heizröhren, Gefässe, theilweise von Siegelerde, dann schöne Broncegegenstände, darunter eine Statuette des Merkur. Westlich von dieser Fundstelle sind noch einige z. Th. sehr tiefe Schanzgräben sichtbar, und nördlich zieht die röm. Heerstrasse von Hochmössingen nach Rottenburg vorüber; 10 Minuten westlich liegt an ihr ein künstlich aufgeworfener Hügel.

Im „Weilergraben", ¼ Stunde südlich von Bierlingen, ebenfalls Grundreste röm. Gebäude.

Börstingen. Auf der Flur „Zuckenhausen", ¼ Stunde südöstlich vom Ort, röm. Grundmauern mit Estrichböden etc.

Eutingen. Auf der Markung wurden drei Punkte entdeckt, wo röm. Gebäude standen, und zwar: nahe am Ort (südwestlich) auf dem „Häuslesgraben", hier noch ein ausgemauerter Schöpfbrunnen, dann eine ¼ Stunde südwestlich vom Ort am „Burgweg" (steinerne Thürgestelle) etc., und ½ Stunde westlich vom Ort, im Walde „Witthau".

Grünmettstetten. Auf den „Burgäckern" beim Seehaus, ¼ Stunde südlich vom Ort, stand ein röm. Gebäude.

Hochdorf. An zwei Stellen der Markung, auf dem „Hörle", westlich vom Ort, und im Hopfengarten, südlich vom Ort, röm. Niederlassungen, wo schon verschiedene röm. Alterthümer gefunden wurden.

Rohrdorf. Etwa ¼ Stunde nordöstlich vom Ort, zunächst der röm. Consularstrasse, auf der Flur „Steinmauren" in einer Ausdehnung von etwa 6 Morgen Grundreste röm. Gebäude, röm. Wasserleitung etc.

Wachendorf. Bei der Flur „Blechhausen" röm. Mauerreste und Ziegel.

G. K.

Ahldorf. Im Wald „Kalkofen" ein Grabhügel, in der Nähe der alten Strasse, die von Taberwasen nach Mühlen und Ahldorf führt.

Baisingen. Auf der Flur „Krieger", ½ Stunde nördlich vom Ort, ein Grabhügel; dann ¼ Stunde östlich vom Ort auf hochgelegenem Flachrücken ein grosser künstlich aufgeworfener Hügel, der „Bühl", von dem die Volkssage erzählt, dass hier nach einer Schlacht der in derselben gefallene Feldherr von den Soldaten bestattet worden sei, indem jeder Krieger eine Kopfbedeckung voll Erde auf das Grab des Gefallenen geschüttet habe. Auf dem Hügel steht eine grosse Linde und darunter ein altes steinernes Kreuz.

Eutingen. Im Wald „Witthäule" ein Grabhügel.

Göttelfingen. Im Gemeindewald „Mark", ½ Stunde nördlich vom Ort, ein Grabhügel.

Hochdorf. Im Walde Bahnbühl 4 Grabhügel, mit Erzringen, und in dem ¼ Stunde nordöstlich vom Ort gelegenen Wald ein weiterer Hügel.

A. P.

Altheim. Auf der Flur „Laiber", südlich vom Ort, Reihengräber mit Eisenwaffen, (Schwerter, Speere, Pfeilspitzen) und Thonperlen.

Baisingen. Zunächst am Ort Reihengräber.

Bieringen. Beim alten Fahrweg nach Obernau fand man ein Reihengrab mit einem Schwert.

Grünmettstetten. Unfern des Orts, in der „Grub", Reihengräber mit Eisenwaffen.

Gündringen. Im Ort Reihengräber mit Eisenwaffen.

Hochdorf. Oestlich vom Ort Reihengräber mit Eisenwaffen, Glas- und Thon-Perlen. Weitere Reihengräber im Steinachthal, gefunden beim Eisenbahnbau, am Abhang der Dachsburg beim Tunneleingang; sehr sorgfältig umfriedigt; einige Gräber mit zugerichteten Kalksteinen und Mörtel aufgemauert, oben Plattendeckel.

Mühringen. Beim Schulgebäude Reihengräber mit Eisenwaffen und Schmucksachen.

OA. Nagold.

B.

Strassen. 1) Eine zum Theil noch wohl erhaltene röm. Strasse führt als „Heerstrasse", „Hochsträss" auf der Anhöhe zwischen dem Haiterbach- und dem Steinachthal in den Bezirk, zieht gegen Iselshausen und vermuthlich nach Nagold.

2) Eine wohlerhaltene röm. Strasse führt als „Hochsträss" auf der Hochebene östlich von Nagold in den Bezirk auf den Wald Bühlkopf, zieht an der Markungsgrenze zwischen Nagold und Ober-Jettingen hin, weiter an der Markungsgrenze zwischen Emmingen und Ober-Jettingen beinahe schnurgerade fort bis zum „Kühlenberg", hier wendet sie sich gegen den „Heiligenwald", dann durch den „Fleckenlaubwald" auf die Markung von Salz und zieht die „alte Steige" hinab in das Agenbachthal, überschreitet dasselbe unterhalb Salz und geht zwischen den Fluren „Kalkofen" und „Hesel" durchführend beim Walde „Wagrein" aus dem Bezirke.

3) Eine röm. Strasse, die „Weinstrasse", führt nordwestlich von Warth in den Bezirk, zwischen Warth und Wenden durch, ¼ Stunde westlich von Rothfelden vorüber nach Mindersbach, von da durch den Wald Brennofen, wo auf lange Strecken das alte Strassenpflaster noch sichtbar ist, nach Nagold.

4) Eine röm. Strasse führt als „Langweg" von Schönbuch her über Mötzingen (s. OA. Herrenberg) nach Iselshausen.

5) Eine röm. Strasse läuft auf der gegenwärtigen Landstrasse von Pfalzgrafenweiler nach Altensteig, überschreitet hier das Nagoldthal und führt auf den Höhen zwischen dem Nagold- und Kollbachthale nach Simmersfeld.

Niederlassungen.

Nagold. Beim „Heidenbühl", jetzt gewöhnlich „Krautbühl" genannt, einem grossen künstlichen Hügel, Bruchstücke röm. Gefässe, darunter eines von Siegelerde mit Töpferstempel; römische Münzen wurden in der Stadt und auf dem Schlossberg gefunden.

Auf dem „Hesel", wo die Landstrasse nach Emmingen das Rothenbachthälchen überschreitet, liegt eine künstlich angelegte Terrasse, auf der man eine Menge röm. Ziegel, Heizröhren, Bodenplättchen, Gefässe nebst Mauerresten und eine in Stein gefasste Wasserleitung findet. Etwa ¼ Stunde nördlich von dieser Stelle, auf der Flur „Mauren", stösst man ebenfalls auf röm. Ueberreste.

Mindersbach. Auf den Fluren „Mauren" und „Zimmerle" Spuren von Gebäuden, die wohl den Römern zuzuschreiben sind.

Pfrondorf. Oestlich vom Ort röm. Mauerreste und röm. Münzen.

Schönbronn. Im Bühlerwald, wo eine Stadt gestanden sein soll, beim „Kalköfele" Spuren römischer Gebäude.

Salz. Auf den Fluren „Weiler" und „Kalkofen" wahrscheinlich ein röm. Wohnplatz.

Wildberg. Bei der Stadt wurde schon im Jahre 1583 ein römischer Altar, auf den vier Seiten mit Diana, Apollo, Victoria und Silvan, (jetzt im Lap.), aufgefunden. Ferner entdeckte man im Jahre 1868 am Lettenberg, beim Abräumen eines längst verlassenen Steinbruchs einen stark versilberten röm. Erzhelm von vortrefflicher Arbeit, er stellt den schönen Kopf eines jungen Mannes dar. (s. Abbildung in Schriften des Württemb. Alterthumsvereins B. II. H. 1.)

G. K.

Nagold. Der „Heidenbühl" ist ohne Zweifel ein grossartiger Grabhügel.

Haiterbach. Eine Viertelstunde westlich vom Weiler Alt-Nuifra im Wald mehrere Grabhügel; einer geöffnet, Bronceringe, namentlich ein Leibring, Glas- und Thonperlen.

Wildberg. Das über 7 Fuss hohe roh gearbeitete Steinbild eines Priesters, stand auf einer Gartenmauer und wurde schon im Jahre 1698 ins Antiquarium zu Stuttgart gebracht, jetzt im Lapidarium; schon von Sattler, Allgem. Geschichte Württembergs, abgebildet.

A. F.

Nagold. Reihengräber fanden sich am Wolfsberg, schon einigemal mit Skeletten und Eisenwaffen, auch fand man Pferdsknochen, einen Beinkamm und rohe Gefässe.

Ebhausen. Am südlichen Ende des Orts wurden im Jahr 1834 Reihengräber mit Waffen und einem Gefäss, ebenso bei der Kirche und dem Schulhaus, gefunden.

Emmingen. Beim Eisenbahnbau fand man i. J. 1869 auf dem rechten Nagoldufer im Gewand „Haslach", unterhalb des Orts, Reihengräber mit Eisenwaffen und tauschirten Gegenständen.

Gältlingen. Unter dem Wohnhaus des Schultheissen Haug Reihengräber mit Eisenwaffen und Bronceschmuck.

Ober-Schwandorf. Zunächst am Ort ein Reihengrab mit Skelet und Schwert.

Pfrondorf. Im oberen Theil des Dorfes steht eine alte grosse Linde, in deren Nähe in den Jahren 1776 und 1839 Reihengräber mit Skeletten, Waffen, Thonperlen, eisernen Nägeln etc. aufgedeckt wurden.

OA. Neuenbürg.

R.

Strassen. 1) Von Pforzheim führt, z. Th. noch wohl erkennbar, eine röm. Strasse, der „alte Pforzheimer Weg", beim „Katzensteig", ¼ Stunde nordöstlich von Birkenfeld, in den Bezirk, zieht südlich an Obernhausen vorüber nach Schwann, von da als „Reutweg" durch den Gräfenhauser Gemeindewald „Hardtberg", über Neusatz nach Herrenalb und über das Käppele die alte Steige hinunter nach Loffenau, Gernsbach, Baden-Baden.

2) Von dieser röm. Strasse geht (ziemlich erhalten) eine bei Obernhausen ab, nördlich an Arnbach vorüber nach Feldrennach, von da gegen Pfinzweiler und, dieses einige hundert Schritte südlich lassend, weiter in's Badische.

3) Von Gernsbach geht eine röm. Strasse als „alte Weinstrasse" über die Teufelsmühle und auf den badischen Schwarzwaldhöhen fort gegen Besenfeld (OA. Freudenstadt).

4) Von letzterer Strasse scheint auf dem Langmartskopf, 1½ Stunde südlich von Herrenalb, eine Strasse abgelenkt und über Dobel und Dennach, in deren Nähe man Spuren von ihr hat, in die Strasse Nro. 1. nordöstlich von Schwann eingelenkt zu haben. Sie war ohne Zweifel der auf dominirenden Höhen geführte röm. Militärweg von Pforzheim nach Gernsbach etc., während die bei 1) beschriebene röm. Strasse („Reutweg") nur die nähere Verbindung zwischen Pforzheim und Gernsbach herstellte, und den Umweg, den die Militärstrasse des Terrains wegen machte, abschnitt.

5) Eine römische Strasse führt bei Igelsloch in den Bezirk, von da östlich an Schömberg vorüber, durch das „Eulenloch" nach Salmbach und weiter nach Pforzheim. An vielen Stellen noch erhalten, man sieht auf grosse Strecken noch das wohlgefügte Pflaster.

Niederlassungen.

Birkenfeld. Zunächst am Ort Grundmauern röm. Gebäude, Ziegel- und Gefässfragmente.

Conweiler. Im Ort wurde ein röm. Reliefbild, eine Opferscene mit Apollo und Merkur, aufgefunden; jetzt im Lapidarium.

Gräfenhausen. Auf der Markung an mehreren Stellen Spuren röm. Wohnplätze. Zunächst südöstlich am Ort auf dem „Endelbach" Grundreste röm. Gebäude, röm. Ziegel. In dem östlich vom Ort gelegenen Wäldchen „Hegnach" ausgedehnte Reste einer röm. Niederlassung, von der man neben Anderem mit Figuren gezierte Werksteine ausgrub. Ohne Zweifel wurden auch die am Kirchthurm und in der Kirche in Gräfenhausen eingemauerten röm. Bildwerke, Herkules und Minerva, drei Fuss hoch, sodann eine kleinere weibliche Figur (s. OA.Beschr. v. Neuenbürg S. 158) hier aufgefunden. In der Nähe dieser Stelle zog eine röm. Strasse nach dem badischen Ort Dietlingen, wo ebenfalls röm. Alterthümer sich vorfanden, und an demselben Weg liegen nur einige hundert Schritte von Hegnach in Wiesenthal Spuren eines röm. Gebäudes. Etwa ¼ Stunde nordwestlich von Hegnach, zunächst der Landesgrenze am Saum des Waldes „hoher Frondelrain", die Grundmauern eines röm. Gebäudes, das ein Viereck von je 20 Schritten Seitenlänge bildete. Man fand daran auch einen 7 Fuss hohen steinernen Thürpfosten und dabei neben Bruchstücken von Gefässen, Bronce- und Eisengeräthen einen schönen röm. Erzhelm, jetzt wie der bei Wildberg (OA. Nagold) gefundene im K. Antiquarium in Stuttgart.

Ottenhausen. Im Giebel des Pfarrhauses war das Bildwerk einer Diana eingemauert; jetzt im Lapidarium.

OA. Nürtingen.

R.

Strassen. 1) Von der grossen römischen Niederlassung bei Köngen (OA. Esslingen) zieht eine römische Strasse über Wolfschlugen und Hardthausen gegen den Uhlberg (s. OA. Stuttgart).

2) Von Köngen geht eine römische Strasse als „Heerweg", „alter Heerweg", „Alterzweg" westlich an Unterensingen vorbei (hier schon öfter das wohlerhaltene Strassenpflaster 1—2 Fuss unter dem Boden aufgefunden), bei Oberensingen über die Aich und gegen Nürtingen.

3) Von Köngen zieht ferner eine römische Strasse, „Heerweg", über den Neckar an Unter- und Ober-Boihingen vorbei nach Nürtingen, von da über Raidwangen und Altdorf gegen Neckartenzlingen.

4) Von Nürtingen läuft eine z. Th. noch wohl erkennbare, sehr wichtige römische Strasse, „Heerweg", „Heerstrasse", weiterhin „Hochstrasse" genannt, auf dem Bergrücken zwischen Neckar und Aich gegen Schlaitdorf (OA. Tübingen); rückwärts läuft diese Strasse über Rendern nach Kirchheim.

5) Von Nürtingen geht eine weitere römische Strasse als „Heerweg", „Heerstaig" auf der Höhe östlich von Frickenhausen und Linsenhofen nach Beuren und Erkenbrechtsweiler.

6) Von Nürtingen geht als „Heerweg" eine römische Strasse ab, östlich an Grossbettlingen und Grafenberg vorüber nach Riederich und weiter nach Metzingen.

7) Die römische Strasse, „hohe Strasse", von Owen nach Metzingen, führt an Beuren und Balzholz und südlich an Kohlberg vorüber; an vielen Stellen noch wohl erkennbar.

Niederlassungen.

Nürtingen. Da hier verschiedene Römerstrassen zusammenlaufen, so mag auf der Stelle der jetzigen Stadt schon eine röm. Niederlassung bestanden haben. Auf der Flur „Rossdorf", südlich von der Stadt, zwischen dem Hampfenbach und der Steinach, auf dem sog. „Neuhäuser", sei ein Ort gestanden; man findet Gemäuer, Ziegel etc., vermuthlich römisch.

Beuren. Oestlich vom Engelberg, auf den „Weileräckern", an der Kirchheimer Oberamtsgrenze, in der Nähe der Römerstrasse, soll ein Ort abgegangen sein, wahrscheinlich römisch.

Grafenberg. In der Nähe des Orts, an der röm. Strasse, „hohen Strasse", Spuren röm. Gebäude.

Grötzingen. In der Nähe der jetzigen Stadt soll „Altgrötzingen" gestanden sein.

Kleinbettlingen. In der Nähe des Orts Grundreste röm. Gebäude; der Ort sei früher grösser gewesen.

Neckarhausen. Im „Schlossgarten", gegenüber dem Ort, auf der rechten Neckarseite, Reste röm. Gebäude mit gemalten Wänden etc.

Neckarthailfingen. Auf der Höhe westlich vom Ort, bei der Römerstrasse, wo früher ein Ort gestanden sein soll, röm. Niederlassung.

Neuenhaus. Beim Ort wurde ein römischer Altar aufgefunden, jetzt im Lapidarium.

Oberensingen. Nördlich vom Ort, in den „Burggärten", an der nach Köngen führenden Römerstrasse, „Heerweg", hier auch „grasiger Weg" genannt, Grundreste röm. Gebäude.

Raidwangen. Eine Viertelstunde südwestlich vom Dorf röm. Reste, Erdgeschosse mit Staffeln.

Unterboihingen. Eine halbe Viertelstunde südlich vom Ort, „im Steig", Grundmauern röm. Gebäude mit Estrichböden, Heizröhren (s. Württ. Jahrb. 1843, 2).

Wolfschlugen. Oestlich vom Ort, im Walddistrikt „Waldhausen", fand man röm. Ueberreste, Mauern, Säulen, Ziegel etc.

G. K.

Erkenbrechtsweiler. Beim „Burrenhof" zahlreiche Grabhügel mit Skeletten und Eisenwaffen. Ueber die Verschanzungen „Heidengraben" daselbst siehe OA. Urach, Grabenstetten.

Neuenhaus. In den Waldungen westlich vom Ort Grabhügel.

A. F.

Reihengräber bei Nürtingen mit reichen Beigaben, und bei Unterensingen, am „Heerweg", mit schönen Eisenwaffen; in einem Grab ein 1½ Fuss im Durchmesser haltendes Erzgefäss.

OA. Oberndorf.

R.

Strassen. 1) Die von Rottweil herkommende römische Consularstrasse, „Hochstrasse", erreicht ¼ Stunde südöstlich von Seedorf den Bezirk, führt ziemlich gut erhalten östlich an Seedorf vorüber auf die „Burghalde", ½ Stunde nordöstlich von Waldmössingen, von da zwischen Fluorn und Hochmössingen durch, einige hundert Schritte östlich an Hardtwald, vorüber und weiter gegen Dornhan (Oberamt Sulz).

2) Vom kleinen Heuberg her führt eine röm. Strasse als „Hardtweg", „Dietweg", „Heusteig", „Heerstrasse", südlich von Harthausen vorüber nach Epfendorf und von da zu der römischen Niederlassung bei Waldmössingen, weiter zum „Schänzle" bei Röthenberg und von da die „Brandsteige" hinab in das Kinzigthal. Mit bewunderungswürdiger Terrainkenntnis haben hier die Römer den besten Weg durch den Schwarzwald gefunden, indem das Kinzigthal von der Rheinthalebene aus am tiefsten in den Schwarzwald einbricht und ihn beinahe in seiner ganzen Breite durchschneidet, so dass es von der Hochebene am östlichen Saum des Schwarzwaldes nur der Anlage der „Brandsteige" bedurfte, um in das Kinzigthal zu gelangen, in dem alsdann die Strasse vollends eben bis zum Rhein fortgeführt werden konnte. Bei jeder anderen Führung hätte man mit weit grösseren, z. Th. fast unüberwindlichen Terrainschwierigkeiten zu kämpfen gehabt.

3) Von Lossburg (OA. Freudenstadt) führt eine röm. Strasse über die 24 Höfe östlich an Peterzell vorüber durch den Fluorner Wald, den Wald „Götzenstrut" und über die sog. „alte Brücke", südlich von Röthenberg, und weiter ebenfalls auf das „Schänzle".

4) Von Rottenburg kommt eine röm. Strasse über den Bergrücken zwischen Neckar und Glatt, östlich an Hochmössingen vorüber bis zur röm. Niederlassung bei Waldmössingen, von da über Sulgen, Sulgau, Hardt gegen Villingen (Stadt).

5) Die römische Strasse, welche von Rottweil nach dem römischen Wohnplatz bei Sulz und weiter nach dem bei Unter-Iflingen führte, berührt ½ Stunde östlich von Alt-Oberndorf den Bezirk, zieht sich am Fuss des Ranbergs ¼ Stunde östlich an Bochingen vorüber, verlässt den Bezirk nördlich von der „Schelmenhecke" und geht von da schnurgerade nach Sulz.

Alle diese Strassen sind meist noch gut erkennbar, zeigen häufig noch das Pflaster und Spuren ihrer dammartigen Anlage.

Niederlassungen.

Bochingen. Auf der Flur „Breite", ¼ Stunde südöstlich vom Ort, röm. Grundmauern mit Resten eines Hypocaustums und schön behauenen verzierten Steinen, von denen noch zwei im Ort eingemauert sind.

Epfendorf. Südlich vom Rindenhof röm. Niederlassung, eine Menge von röm. Ziegeln, Bruchstücken von Gefässen und Heizröhren. — Dieser Stelle gegenüber, „über der Käppeleshalde", standen ebenfalls röm. Gebäude; zwischen beiden Ansiedlungen führte die Römerstrasse von Epfendorf nach dem „Schänzle" hindurch.

Röthenberg. Auf dem „Schänzle", ¹/₂ Stunde westlich vom Ort, oben am Steilabhang gegen das Kinzigthal gelegen, von dem aus man eine herrliche Aussicht geniesst, bedeutende röm. Niederlassung, röm. Säulen, einige noch als Stützen an Backöfen in Röthenberg benützt, sowie sehr schöne röm. Säulenbasen in der dortigen Kirche; Eisen- und Broncegegenstände, darunter Thierfiguren und hübsche Statuetten (Württ. Jahrb. 1834, II). Höchst interessanter der Abnoba geweihter Altar (jetzt im Lapidarium).

Seedorf. Auf der hart an der röm. Consularstrasse liegenden Flur „Altdorf", ¹/₄ Stunde östlich vom Ort, röm. Gebäudesubstruktionen etc., ebenso auf der Flur „Weiler", westlich vom Ort.

Waldmössingen. Auf der „Burghalde" beim Ort, wo sich mehrere Römerstrassen kreuzen, stand auf einem ziemlich steil gegen das Heimbachthal abfallenden Terrainvorsprung, von dem man eine ausgebreitete Rundsicht geniesst, eine ohne Zweifel wohl befestigte röm. Niederlassung; am Fusse des Terrainvorsprungs lagen zwei grosse, nun trocken gelegte (vielleicht schon von den Römern herrührende) Weiher, zwischen denen die jetzt noch sichtbare Römerstrasse nach dem „Schänzle" durchführte. Auf der „Burghalde" fand man eine Menge Ziegel, Heizröhren, Gefässfragmente, dann einen zierlichen schlangenförmig gewundenen Goldring, ferner ein ausgemauertes Grab mit Skelet und Siegelerdegefässen. — Südlich der Burghalde stiess man auf die Reste eines röm. Töpferofens, und es scheint, dass die Römer die an der Burghalde vorkommende Thonerde, die jetzt für die Porzellanfabrik in Schramberg gewonnen wird, schon gekannt und benützt haben. — Die Burghalde liegt gerade auf der Wasserscheide zwischen dem Neckar und der Kinzig und zugleich auf der zwischen dem Heimbach und der Eschach.

Ferner auf der Flur „Weiler", ¹/₄ Stunde südwestlich vom Ort, ziemlich ausgedehnter röm. Wohnplatz, viele Grundmauern, Gefässbruchstücke etc.; derselbe diente, wie es scheint, mehr bürgerlichen Zwecken, während die Burghalde selbst hauptsächlich zur Ueberwachung der Heerstrasse diente.

Winzeln. Im Wald „Götzenstrut", in der Nähe der vom Schänzle gegen Peterzell führenden Römerstrasse, Spuren eines röm. Wohnplatzes. — Dann ¹/₄ Stunde südlich vom Ort, auf der Flur „Weiler", röm. Gebäudeschutt; ebenso auf der Flur „Kalkofen". Ueberdies kommen auf der Markung die Benennungen „Römlichen", „Heidenwäldle", „Wehrstein" vor.

Ausserdem lassen sich röm. Niederlassungen vermuthen bei Hochmössingen, bei Röthenberg auf der Flur „Römlichen" und bei Römlinsdorf auf der Flur „Kalköfele".

G. K.

Grabhügel wurden im Bezirk noch keine gefunden.

A. F.

Reihengräber fanden sich bei

Fluorn, in- und ausserhalb des Orts, mit Eisenwaffen und Goldschmuck.
Hochmössingen, bei der Agathakapelle, mit einem Schwert,
Peterzell, auf den „Fichtenäckern", ¹/₄ Stunde südlich vom Ort.
Römlinsdorf. Auf der westlich vom Ort gelegenen Flur „Kalköfele" ein ausgemauertes gewölbtes Grab; vermuthlich römisch.

OA. Reutlingen.

R.

Strassen. 1) Eine römische Strasse, „Heerweg", „Dietweg", kommt von Wankheim her (s. OA. Tübingen) und läuft nach Betzingen; zwischen hier und Wankheim wurde schon im Jahr 1787 das alte Pflaster aufgefunden. Von Betzingen läuft die Strasse südlich an Sondelfingen vorbei ins OA. Urach.

2) Von Betzingen läuft eine römische Strasse, „Heerweg", „Heerstrasse", über Reutlingen, Pfullingen, das Honauer Thal hinauf zur Hochfläche der Alb bei Gross-Engstingen, geht westlich von diesem Ort als „Steinweg" gerade südlich an der Heidkapelle vorüber gegen Steinhülben. In Pfullingen selbst heisst diese Strasse „Heergässle" und soll auf ihr das Mootesheer ziehen.

3) Zwischen Reutlingen und Pfullingen geht von der letztgenannten eine römische Strasse ab gegen Südosten, läuft südlich von Eningen über die Flur „Heerstrassäcker" und „beim hohen Bild", weiter als „Heersteig" auf die Alb und nach Münsingen.

4) Eine röm. Strasse führt von Mössingen (OA. Rottenburg) her als „Heerweg" an Genkingen vorbei über die Flur „Bürg", an Gross-Engstingen vorüber und weiter gegen Münsingen.

5) In der Nähe von Gross-Engstingen zweigt eine röm. Strasse in südöstlicher Richtung ab als „Gaugstetter Weg" und zieht am „Judenstein" vorbei gegen Bernloch (OA. Münsingen).

6) Eine weitere röm. Strasse zweigt ½ Stunde östlich von Genkingen von dem „Heerweg" (ad 4) ab und zieht als „Heergasse", „Heergässle" an Undingen und Willmandingen (hier „Heerstrass") vorbei gegen Salmendingen im Preussischen.

7) Eine röm. Strasse läuft endlich von Gross-Engstingen her als „Heerstrasse", „Heidsteig", „Heuweg" an Erpfingen vorbei gegen Hausen an der Lauchart (hier „Heerweg") und weiter nach Gamertingen (Preussen).

Niederlassungen.

Bis jetzt wurden im Oberamt nur wenige röm. Niederlassungen sicher festgestellt, doch ist bei den zahlreichen Römerstrassen und den vielen auf röm. Ansiedelungen hinweisenden Flurnamen ausser Zweifel, dass im Bezirk sich mehrere röm. Niederlassungen befunden haben.

Erpfingen. Hier wurden in der Erpfinger Höhle Fragmente von röm. Gefässen etc. gefunden. Auf der Markung, ½ Stunde östlich vom Ort, die Flur „Weiler".

Gross-Engstingen, wo in der Nähe des Orts mehrere röm. Strassen zusammenlaufen, ¼ Stunde nördlich vom Ort die Flur „Burgäcker", ¼ Stunde südlich vom Ort ebenfalls „Burgäcker".

Pfullingen. In der Stadt heisst eine Häuserreihe an der Römerstrasse (s. o.) „auf Wiel" (Weil); hier soll man schon auf röm. Alterthümer gestossen sein, wofür auch Name und Lage spricht. Auf dem „Katzenbühl" wurde das röm. Steinbild (Basrelief) eines Vulkan gefunden. (s. C. Fr. von Gock, die röm. Alterthümer und Heerstrassen etc. Stuttgart. 1846. S. 86 u. 166.)

Willmandingen. Auf der „Betburg", nahe am Ort, röm. Wohnplatz.

G. K.

Gross-Engstingen. Auf der Engstinger Heide, südlich vom Ort, sehr zahlreiche Grabhügel, wovon verschiedene geöffnet wurden; man fand Leichenbrand und viele Broncegegenstände, besonders schöne Fibeln, Ringe, eiserne Wagenräder, Pferdsgeschirre etc. Die Funde sind grösstentheils in der herzoglichen Sammlung auf dem nahen Schloss Lichtenstein. Weitere Grabhügel bei Holzelfingen und beim Lichtenstein, im Wald gegen Gross-Engstingen.

Willmandingen. Westlich vom Ort liegt auf dem Riedenberg die „Heidenburg", und auf dem „Bolbei", nordwestlich vom Ort, sind weitere Verschanzungen. In der Erpfinger Höhle fand man Bronceringe und Gefässfragmente.

F. A.

Reutlingen. In einer Kiesgrube in der Nähe der Stadt fand man ein grosses sitzendes Skelet mit Bronceringen und eisernen Speerspitzen. (Theophil Rapp, Aus der Vorzeit Reutlingens und seiner Umgebung, S. 94.) Südwestlich der Stadt, am „Heerweg", der schon 1382 urkundlich genannt wird, 3 ausgemauerte Gräber mit Skeletten und Waffen (s. Gock a. a. O. 1846. S. 85).

Mägerkingen. Reihengräber mit den gewöhnlichen Inlagen.

Pfullingen. Reihengräber mit sehr reichen Inlagen, Gold, Silber, Bronze, Eisen, sehr schöne tauschirte Arbeiten, sowie Glas- und Thonperlen und prächtige Sachen aus Bergkrystall (z. B. eine Fibel aus diesem Gestein etc.); grösstentheils in der Sammlung auf dem nahen Schloss Lichtenstein.

OA. Rottenburg.

R.

Strassen. 1) Die röm. Consularstrasse tritt von Entingen (OA. Horb) herkommend südlich von Ergenzingen in den Bezirk, läuft genau östlich und beinahe gerade als „alte Strasse", „Hochgesträss", „Heerstrasse", und häufig gut erkennbar, über Remingsheim südlich am „Kesselbrunnen" vorbei nach Rottenburg; von da geht sie in nordöstlicher Richtung über „Sülchen", westlich an Wurmlingen vorbei, weiter durch die Lücke zwischen dem Pfaffenberg und dem Berg, worauf die Wurmlinger Kapelle steht, und bald darauf in's Oberamt Herrenberg.

2) Von ihr geht südöstlich von Ergenzingen eine röm. Strasse, „alte Strasse" genannt, direkt und mit unbedeutenden Krümmungen nach Tübingen; sie läuft südlich an Seebronn vorbei, durch Wendelsheim, weiter am Ammerhof und Schwärzloch hin. Das Pflaster ist zum Theil noch vorhanden.

3) Von Rottenburg aus geht eine röm. Strasse in westlicher Richtung über Seebronn, südlich an Bondorf vorüber gegen Mötzingen (OA. Herrenberg).

4) Eine röm. Strasse in nördlicher Richtung von Rottenburg über die Theodorichskapelle und an der Wendelsheimer Kapelle vorbei und bald ins OA. Herrenberg.

5) Eine weitere röm. Strasse im Neckarthal über Hirschau nach Tübingen.

6) Von Rottenburg über „Kalchweil" nach Obernau.

7) Von Rottenburg-Ehingen geht eine röm. Strasse „Dezweg" noch ziemlich wohl erhalten über Kiebingen und Bühl nach Kilchberg (s. OA. Tübingen).

8) Von Rottenburg-Ehingen eine röm. Strasse als „Heerweg", „Häfelesweg" über den Rammert nach Dettingen, Ofterdingen, Mössingen, Oeschingen.

9) Von Altstadt (s. u.) geht eine röm. Strasse westlich an Weiler und Hem-

mendorf vorbei und verlässt als „alter Weg", „Hochweg", südlich von Herrlingen den Bezirk.

10) Von Rottenburg-Ehingen läuft über die Höhe eine röm. Strasse als „grasiger Weg" ins Niedernauer Bad.

11) Eine röm. Strasse „Heerweg" lief von Tübingen das Steinlachthal hinauf an Ofterdingen und Sebastiansweiler vorbei (s. auch OA. Tübingen).

12) Von ihr geht an der südlichen Oberamtsgrenze eine röm. Strasse ab, zieht an Bodelshausen, Hemmendorf (hier „grasiger Weg") Schwalldorf (hier „welscher Weg") vorbei, dort über den Neckar nach Obernau und weiter gegen Wolfenhausen und Bondorf (OA. Herrenberg).

Niederlassungen.

Rottenburg mit Ehingen. Das Sumlocenne der Peutinger'schen Tafel, Hauptstadt des römischen Zehentlandes. Auf beiden Seiten des Neckars sehr ausgedehnte Ueberreste. Die eigentliche Stadt lag auf der Stelle der jetzigen und noch weit darüber hinaus. Neben zahlreichen Gebäudesubstruktionen mit Hypocausten etc. fand man eine grosse Menge röm. Denksteine mit Inschriften und Bildwerken, reich verzierte Gefässe von Siegelerde mit Stempeln oder eingeritzten Inschriften, Ziegel mit Legionsstempeln (Leg. VIII. und XXII.), Säulen, Säulenkapitelle und Gesimse; Münzen, geschnittene Steine, Statuetten von Bronce, und andere Gegenstände von Gold und Bronce u. s. w. Um die Römerstadt selbst reihte sich dann ein Kranz von Villen und anderen Gebäuden, deren Grundreste noch häufig in der Umgebung der jetzigen Stadt aufgefunden werden; so auf dem linken Ufer gegen Nordosten und Norden über die Sülchenkapelle, die Theodorichskapelle und die Zangenhalde, — auf dem rechten Ufer über die Hügel am Ziegelstadel bis hinauf zur „Altstadt", woselbst ohne Zweifel ein röm. Kastell sich befand.

„Der Umfang der Römerstadt," sagt Jaumann, „war viel grösser als der der jetzigen; es dürften jedoch ausserhalb des jetzigen Umfangs der Stadt auf dem rechten Ufer mehr militärische Gebäude zwischen den dortausgebreiteten Verschanzungen und Lagern, am linken Ufer ausserhalb der jetzigen Stadt mehr öffentliche Gebäude, auch Tempel und Landhäuser auf den Anhöhen umher, und bis gegen „Sülchen" hinab gestanden haben". — So zeigte sich nicht weit von der Theodorichskapelle abwärts gegen das „Lindele" am „Todtenweg" ein grösseres Gebäude mit Halbzirkeln, mehrere hundert Fuss in der Ausdehnung; nicht fern von Sülchen am „grasigen Weg" auf dem „alten Markt" fand man den Unterbau eines im Halbkreis geführten Theaters oder Forums von 380 Fuss Gesamtlänge. Ferner hinter dem Erath'schen Garten Züge und Grundmauern in grösseren und kleineren Kreisen, wovon sich einer beim Eröffnen als Töpferofen, noch mit gebrannten Geschirren erfüllt, ergab; auf dem östlichen Abhang der Zangenhalde, gegen Wurmlingen, Säulentrümmer und Gesimsstücke von gewaltiger Grösse; die Säulen hatten mehr als 4 Fuss Durchmesser, was immerhin auf eine Gesamtsäulenhöhe von 40 Fuss schliessen lässt.

Am „Lindele" bei der Sandgrube fand man steinerne Särge.

Ferner hatte die Römerstadt mehrere Wasserleitungen, die bedeutendste, auf grosse Strecken noch erhaltene lief auf dem linken Flussufer, sie war bis zum sogenannten „Rommelstall" bei der Thalmühle in ein bei Obernau in das Neckarthal mündendes enges Seitenthal geführt, um das bessere Wasser aus dem Lettenkohlensandstein zu bekommen; lief, die Krümmungen mit gerechnet, gegen drei Stunden lang meist unterirdisch und mündete in ein grosses Bassin, das sich innerhalb der jetzigen Stadt befand. Ihr Fall beträgt 334 Fuss. Sie besteht aus einem, aus langen Gussementplatten zusammengefügten, 1 Fuss breiten, 1½ Fuss hohen Kanal, der auf einem 6 Fuss breiten netzartigen Gussmauerwerk (opus reticulatum) aufruhte, an beiden Seiten gemauert und oben mit Keilsteinen überwölbt war. — Ausserdem bestanden auf beiden Seiten des Neckars noch einige minder bedeutende Wasserleitungen. Von Befestigungen waren die beträchtlichsten, auf dem rechten Ufer die „Altstadt," durch die senkrechten Felsenwände des Neckarthals und eine Nebenschlucht derselben auf zwei Seiten natürlich fest, ausserdem lief rings um die 15 württ. Morgen umfassende Hochfläche eine 3½ Fuss dicke Mauer und, wo es nöthig war, ein Graben; im Innern fliesst eine Quelle und fanden sich Grundreste röm. Gebäude.

Zwischen Altstadt und Ehingen zeigen sich auf der „Kesselhalde" Reste ausgedehnter Verschanzungen, dabei Grundreste röm. Gebände und eine altgefasste Quelle. Auf dem linken Ufer ebenso Reste bedeutender Befestigungen, besonders im „Rempfer", ohne Zweifel ein befestigtes Lager.

Ausserdem fanden sich auf der Markung Rottenburg Grundreste römischer Gebäude auf der Flur „Kalchweil", ½ Stunde westlich der Stadt über dem linken Neckarabhang, und auf dem sog. „Boll", einem schön gelegenen Hügel, ½ Stunde südöstlich von der Stadt. (Vergl. für Rottenburg das von dem unermüdlichen, für die Alterthumskunde hochverdienten Forscher, Domdekan von Jaumann, verfasste Werk „Colonia Sumlocenne" etc. Stuttgart und Tübingen 1840. Erster Nachtrag, Stuttgart, 1855. Zweiter Nachtrag, ebendaselbst 1857).

Bodelshausen. Zunächst am Ort „Kalkofen" und „Steinäcker", was, da die Römerstrasse am Ort vorbeizieht, auf einen röm. Wohnplatz schliessen lässt.

Dettingen. Eine Viertelstunde östlich vom Ort auf der „Ziegelstaig" im Rammertwald an der Römerstrasse röm. Brennöfen etc.

Ergenzingen. Auf der Flur „zu Weil", südlich vom Ort, Reste eines röm. Gehöftes (s. auch Rohrdorf, OA. Horb).

Eine weitere Benennung auf der Markung, „Rommelstall", deutet ebenfalls auf eine ehemalige röm. Anlage.

Hailfingen. Eine halbe Stunde nordwestlich vom Ort Reste röm. Gebäude.

Hirrlingen. Südlich vom Ort beim Ziegelstadel „auf den Steinmauern" röm. Wohnplatz mit röm. Säulen etc.

Mössingen. In der frühromanischen Kirche zu Belsen sind röm. Steinskulpturen eingemauert; bei Sebastiansweiler „Scherbenäcker"; in der Nähe der Kirche von Belsen, da wo sich früher der Weg auf den Farrenberg hinaufzog, wurden im Jahre 1797 viele mit Backsteinen übermauerte Gräben, wahrscheinlich römische, aufgefunden. (Oberamtsbeschr. von Rottenburg S. 35, Anm.)

Niedernau. Bei den Grabarbeiten in der Quelle (jetzt „Römerquelle" genannt) im Katzenbachthal im Jahr 1836 stiess man auf etwa 300 röm. Münzen aus den Jahren 74—364, und einen Denkstein des Apollo Grannus, der noch daselbst befindlich. (s. Württemb. Jahrb., Jahrg. 1839. I. S. 213.)

Auf der Flur „Raithe", gegenüber „Kalchweil", röm. Gebäudereste, röm. Münzen, Heizröhren und verschiedene Sachen von Erz.

Obernau. Röm. Wasserleitung (s. o.). Auf den „Ziegeläckern", südwestlich vom Ort, beträchtliche Spuren röm. Gebäude mit vielen Scherben, Glasstücken, Ziegeln und Wandvertünchungen. Auch scheint der untere Theil des alten Thurms am Ort röm. Ursprungs zu sein.

Oeschingen. Am röm. „Heerweg", ¼ Stunde südlich vom Ort, liegen die „Steinäcker"; mag auf röm. Reste deuten.

Ofterdingen. Hier kreuzen sich zwei Römerstrassen. Im Jahr 1876 wurde in der Steinlach das Bildwerk eines Merkur aufgefunden, jetzt im k. Lapidarium in Stuttgart. Ausserdem kommen auf der Markung Benennungen vor, wie ¹/₄ Stunde westlich vom Ort „Steinäcker" und „Birkenhecke".

Remmingsheim. „Auf der Burg", nordöstlich vom Ort, über dem „Kesselbrunnen" Spuren von Verschanzungen und röm. Gebäuden; — Grundmauern von beträchtlichem Umfang mit bemalten Wänden, römische Ziegel mit dem Stempel der XXII. Legion und der dritten Cohorte der Helvetier, Scherben mit Aufschriften etc.

Wendelsheim. Bei der Kapelle, wo sich zwei Römerstrassen kreuzen, auf der Flur „Weiler", röm. Gehöfte.

Wolfenhausen. Im „Schlösslesgraben" altes Kastell, vielleicht schon vorrömischen Ursprungs, ferner am Wolfenhauser Wald, am „Lausberg", Reste röm. Gebäude.

G K.

Rottenburg. Am Eingang zum „grasigen Weg" ein Grab in Form eines eiförmigen Rings aus ungeheuren 40—50 Centner schweren unbehauenen Steinblöcken; es fanden sich darin zerstreute Gebeine von Erwachsenen und Kindern. Weiter aufwärts gegen das „Lindele" wurden ähnliche Gräber aufgedeckt mit kleinen Broncenägelchen und glasirten Thonperlen (s. Jaumann, Colonia Sumlocenne. I. Nachtrag).

Hirschau. Ein Grabhügel, „der Bussen", am Spitzberg auf dem „Hexenbuckel" (s. Württemb. Jahrbücher. 1829. I. S. 28): Leichenbestattung und Steinkreis; rohe Gefässe, Eisenreste, röm. Broncemünze des Trajan. In der Nähe noch einige Hügel. Südlich vom Ort in den Wiesen am Neckar ein weiteres Hügelgrab.

Oeschingen. Auf dem „Filsenberg" und auf benachbarten Felsvorsprüngen der Alb bedeutende Verschanzungen.

Seebronn. Im Walde beim Glückerhof zwei Grabhügel.

Wolfenhausen. Auf der „Burg" ein grosser Grabhügel, man fand darin nichts als einen Steinkreis, südlich im Wald weitere, davon das „Zigeunerbückele", geöffnet. Man fand einen Steinkreis, Skelette und zahlreiche Bronzeringe (s. Jaumann, Colonia Sumlocenne. I. Nachtrag).

A. F.

Frommenhausen. Zwischen hier und Schwallbach Reihengräber, darunter ein Steinsarg mit Skelet und grossem eisernem Schwert.

Wurmlingen. Nördlich vom Ort, am Weg nach Unter-Iesingen, entdeckte man im Jahr 1852 Reihengräber bei den Gipsbrüchen; man fand in ihnen Skelette von Menschen und Pferden und viele Sachen von Bronze; in einem Grab sodann einen Goldring mit der eingesetzten Münze des Kaisers Libius Severus (461—465), dann eine Münze des Kaisers Tiberius Constantinus (578—582), einen goldenen Knopf mit schwarzem Schmelz, ein Kreuz formend, Riemenzeug mit goldenen Knöpfen etc.; jedenfalls das Grab eines Vornehmen (s. Jaumann, Colonia Sumlocenne. I. Nachtrag).

OA. Rottweil.

R.

Strassen. 1) Die von Windisch (Vindonissa) über Donaueschingen herkommende röm. Consularstrasse erreicht eine Stunde südwestlich von Schwenningen den Bezirk, läuft als „Hochstrasse" oder „Heerstrasse" am östlichen Saum des Waldes „Dickenbühl" hin bis zur Schwenninger Ziegelhütte, von da nördlich an Schwenningen vorüber bis zur Einmündung des Wiesenbachs in den Neckar; übersetzte hier, das günstige Terrain benützend, den noch ganz unbedeutenden Fluss und lief beinahe schnurgerade am westlichen Fuss des „Scheibenbühls", unfern Deisslingen, vorüber, weiter, östlich an Lauffen vorbei, machte dann eine kleine Wendung bis zum östlichen Fuss des „Stallbergs" und zog von da wieder schnurgerade nach „Hochmauren". Hier an der röm. Niederlassung angekommen, lief sie über „Altstadt" an der neuen Rottweiler Ziegelhütte vorüber bis zur Scheerers-Kapelle, zieht auf der Landstrasse von Rottweil nach Dunningen fort, verlässt diese erst beim Walde Kallenberg wieder und zieht als „Heidenweg" nördlich an Dunningen vorbei, und weiter gegen Hochmössingen (O.A. Oberndorf). Die Strasse ist an vielen Stellen auf längere Strecken noch ganz leicht erkennbar.

2) Etwa ¹⁄₄ Stunde nördlich von Schwenningen ging von der Consularstrasse auf der Flur „Steingen", wo ein röm. Wohnplatz stand, ein röm. Weg „Hochsträssle" ab und lief gegen Nordstetten im Grossherzogthum Baden.

3) Von Hochmauren ging ein Römerweg ab nach Neufra und weiter gegen Spaichingen.

4) Wieder von Hochmauren geht in der Verlängerung der bei Altstadt sich wendenden Consularstrasse eine röm. Strasse „Heerstrasse" weiter, überschritt zunächst der Einmündung der Prim in den Neckar das Primthal und lief schnurgerade bis an die Feldkapelle, östlich von Thierstein, von da ist die Vicinalstrasse von Rottweil über Dietingen nach Böhringen bis zur Feldkapelle, ¹⁄₄ Stunde südlich von Böhringen, darauf gegründet, ihr weiterer Zug geht, das Schlichenthal überschreitend, westlich an Böhringen vorüber und bald ins O.A. Oberndorf. Die Strasse ist auf lange Strecken noch ganz gut erkennbar und übersetzte die Prim bei Göllsdorf mit dem sog. „Schelmenbrückle", einer römischen Anlage, deren Quader beim Eisenbahnbau zum Theil ausgegraben wurden.

5) Von der letzteren Strasse zweigte eine noch ziemlich gut erkennbare röm. Strasse bei der Kapelle, östlich von Thierstein, ab, lief ¹⁄₄ Stunde westlich an Dietingen vorüber, weiter an dem westlichen Saum des Waldes „Thann" hin, über die Flur „Steingen", ¹⁄₄ Stunde westlich von Irslingen, dann nach Epfendorf (O.A. Oberndorf), überschreitet dort das Neckarthal und weiter gegen Hochmössingen.

6) Von der röm. Strasse 4) zweigt noch ein Römerweg zwischen Dietingen und Böhringen ab, zieht an Gössingen vorbei auf die Hochebene bei Jungholz, weiter als „alte Heerstrasse" über die „Schelmenwiesen" nach Dautmergen und von da gegen Erlaheim (O.A. Balingen); auf sie ist grösstentheils die Vicinalstrasse von Jungholz bis gegen den Waldhof gegründet.

7) Eine röm. Strasse ging von Nr. 3) zwischen Altstadt und Neufra ab, als „Altweg" nach Wellendingen, von da die „Katzensteig" hinauf nach Gosheim und weiter als „Steinweg" nach Wehingen.

Niederlassungen.

Rottweil. Südöstlich der jetzigen Stadt grosse röm. Niederlassung auf beiden Seiten des Neckars.

Auf der linken Neckarseite, wo jetzt „Altstadt" und die Flur „Mittelstadt" sich ausbreitet, stand die Militärkolonie samt dem mit hohem Erdwall umgebenen Castrum.

Auf der rechten Neckarseite auf „Hochmauren" lagen die Villen und Häuser der Vornehmen, es wurden eine Menge herrlicher Trümmer, darunter zwei Mosaikböden aufgedekt; der erste schon im Jahre 1784 (s. Nachricht von den unfern der Stadt Rottweil im Jahre 1784 entdeckten römischen Alterthümern. Rottweil, Herder'sche Buchhandlung) aufgefunden, besteht nur noch in der Zeichnung (jetzt im Besitz des Rottweiler Alterthumsvereins), der andere mit der Darstellung des Orpheus etc. wurde im Jahr 1834 vom Rottweiler Alterthumsverein entdeckt, und ist jetzt in die St. Lorenzkapelle in Rottweil versetzt; abgebildet in den Jahresheften des Württemb. Alterthumsvereins, Band I, Heft IV und in der Oberamtsbeschreibung von Rottweil.

Die meisten bei Hochmauren und Altstadt gemachten Funde, goldener Siegelring, Broncestatuetten, Gemmen, auffallend schöne Glasfabrikate, prächtige figurirte Siegelerdegefässe etc., sind jetzt in der Antikensammlung des Rottweiler Alterthumsvereins im Gymnasiumgebäude aufgestellt. Noch jetzt findet man auf den Aeckern bei Hochmauren eine grosse Anzahl von Gefässfragmenten, Ziegeln, Estrichstücken etc. Auch fand man sehr viele Töpferstempel, eine Ziegelinschrift mit Leg. XI C. P. F. — (Legio XI Claudia Pia Fidelis), zusammengestellt von Professor Lauchert in den Mittheilungen des archäologischen Vereins zu Rottweil, Jahrgang 1845.

Beim Hochthurm, über der jetzigen Stadt, fand man einen den Wegegöttern geweihten Altar, jetzt auch in der Antikensammlung des Rottweiler Alterthumsvereins aufbewahrt.

Böhringen. Auf dem „Klösterlesbühl", ¼ Stunde südöstlich vom Ort, mit herrlicher Aussicht, ganz entschiedene Spuren eines ansehnlichen röm. Gebäudes, mit einer grossen Zahl von röm. Ziegeln, Heizröhren, Gefässfragmenten. Ein weiterer röm. Wohnplatz, ½ Stunde nordwestlich vom Ort, auf den „Füllbachäckern" an der Römerstrasse.

Dietingen. Auf dem ¼ Stunde südöstlich vom Ort gelegenen „Heidenbühl" beträchtliche Reste einer röm. Villa.

Göllsdorf. Bei der Kirche, auf den „Maueräckern", untrügliche Spuren einer röm. Niederlassung.

Irslingen. Kaum ¼ Stunde südöstlich vom Ort, auf den „Krummenäckern", röm. Wohnplatz; ein zweiter nur einige hundert Schritte südöstlich vom Ort, auf der „Kirchhalde". An beiden Stellen noch Reste von Grundgemäuer, Ziegel etc.

Lauffen. Da wo die röm. Consularstrasse ein Thälchen überschreitet, ¼ Stunde nördlich vom Ort, Spuren eines röm. Wohnplatzes.

Schwenningen. Auf der Flur „Steingen", ¼ Stunde nordöstlich vom Ort, an der Consularstrasse und gegenüber, auf der Flur „Steinkirch", röm. Gehöfte. In der Nähe des letzteren Platzes eine für heilkräftig geltende Quelle.

G. K.

Dautmergen. Im „Härdtle", ½ Stunde nordöstlich vom Ort, 4 Grabhügel, einer geöffnet; man fand nichts ausser einigen Stückchen Bernstein.

Dormettingen. Im Hardtwald und im Eisenloch je ein Grabhügel; der im Hardtwald 12 Fuss hoch, flüchtig geöffnet, enthielt Tuffsteine und grobkörnige Kempersandsteine; in der Nähe, bei der Geislinger Markungsgrenze, der sogenannte „Schanzgraben", ein 300 Schritt langer, 3 Fuss hoher Wall, an dessen Ostseite ein 2—3 Fuss tiefer Graben hinzieht.

Deisslingen. In den Vorderwiesen, und da wo die Weigheimer Vicinalstrasse von der Landstrasse abzweigt, Grabhügel.

Dotternhausen. Westlich vom Ort, auf den Wiesen, 3 Grabhügel, ferner auf der herrschaftlichen sogenannten grossen Wiese ein Grabhügel; man fand in ihm schöne Broncegegenstände, jetzt im dortigen Schloss aufbewahrt. Auch der künstlich aufgeworfene Hügel, auf dem die St. Annakapelle steht, scheint ein grosser Grabhügel zu sein.

Dunningen. Im „Heckenwald", ¼ Stunde südwestlich vom Ort, 3 Grabhügel, sie enthielten Kohlen und Gefässfragmente.

Flözlingen. Im „hintern Hänle" ein Grabhügel, im Jahr 1857 geöffnet; man fand unter schief zusammengestellten Steinplatten zwei übereinander liegende Skelette, mit dem Kopf gegen Süden, Kohlen, Bruchstücke von Gefässen und einen Broncering.

Hausen am Thann. Der Schafberg ist an der Nordseite, wo er am schmalsten ist, verschanzt.

Hausen ob Rottweil. Im Wald Ober-Hospach, ¼ Stunde östlich vom Ort, 2 Grabhügel.

Lackendorf. Im Händelbrunner Harzwald 2 Grabhügel, beide geöffnet: Skelette, Gefässfragmente und Bronceringe.

Neufra. Bei der Flur „Schiltegg" lag ein Grabhügel, enthielt nur 3 Sandsteine.

Schömberg. Auf dem sog. Berg, ¼ Stunde nordwestlich von der Stadt, 12 Grabhügel, zwei davon angegraben, man fand schräg zusammengestellte Schieferplatten und Gebeine; ferner im Witthau 2, im Hochwald 1, im Bitzwäldchen 1, und an der Strasse nach Wellendingen wieder einige Grabhügel; in einem der letzteren fand man ein Schwert.

Schwenningen. Etwa 400 Fuss südöstlich vom Neckarursprung 6 grosse Grabhügel; einer geöffnet: Skelet mit Fragment einer grossen Urne (s. Württemb. Jahrb. Jahrg. 1825. I.).

Tübingen. Im Gemeindewald „Witthau" ein Grabhügel, man fand in ihm ein von regelmässigem Steinsatz umgebenes Schwert. Im Hardtwald einige Grabhügel.

Zepfenhan. Im Bitzwäldchen, in der Nähe des Sonthofes, mehrere Grabhügel.

Zimmern unter der Burg. Zwischen dem Thalhof und der Flur Bonland, ¼ Stunde südlich vom Ort, ein Grabhügel, das „Lerchenbühle" genannt.

A. F,

Rottweil. Auf Hochmauren Reihengräber, ohne Inlagen und umfasst mit rauhen Kalksteinplatten; bei Bühlingen am „Reitweg", mit reicher Ausbeute, Eisenwaffen, schöne Schmucksachen aus Silber und Gold, zum Theil mit edlen Steinen besetzt, auch in Kreuzesform, Perlen von Thon mit Schmelz, von gefärbtem Glas, Amethyst und Bernstein; dann viele Gegenstände, darunter Pferdeschmuck, aus messingartigem Metall, ein rohes Thongefäss und eine röm. Broncemünze von Kaiser Probus als Anhänger (s. Württemb. Jahrb. 1832. II. S. 417 ff.).

Deisslingen. Reihengräber mit Eisenwaffen und sonstigen reichen Inlagen.

Flözlingen. Auf dem sog. „Schlossgarten" 2 Reihengräber mit Eisenwaffen und röm. Münzen.

Göllsdorf, am Weg von hier nach Altstadt am „Lehrstich" Reihengräber mit Steinplatten umfasst, mit Skeletten, Silber- und Bronceringen, Glas- und Bernsteinperlen, schönen Fibeln und tauschirten Schnallen (s. Württ. Jahrbücher, Jahrgang 1838, I. 170 ff.)

Neufra. Bei der abgegangenen Kirche Reihengräber mit Gefässen und Thonperlen.

Neukirch. Bei der Sebastianskapelle mit Waffen und Schmucksachen; beim Vaihinger Hof Gräber ohne Beigaben.

Stetten ob Rottweil. Auf dem Rammertsbühl, östlich vom Ort, an der Vizinalstrasse nach Zimmern zwei mit Steinplatten umfriedigte Reihengräber.

Schwenningen. Reihengräber, mit schön tauschirten Beschlägen etc.

OA. Spaichingen.

B.

Strassen. 1) Die von Rottweil das Primthal heraufkommende röm. Strasse kommt nordöstlich von Aixheim als „Hochstrasse" in den Bezirk, geht östlich an Aixheim vorüber nach Aldingen, westlich an Spaichingen und Balgheim vorbei, „Landweg" genannt, und weiter nach Tuttlingen.

2) Von ihr geht bei Aixheim eine röm. Strasse ab, und über den „Heidenbühl" nach Trossingen, Thuningen etc.

3) Vermuthlich war auch der alte „Postweg" von Aldingen nach Trossingen ursprünglich eine röm. Anlage.

4) Die Strasse von Spaichingen nach Hausen ob Verena ist auf eine röm. gegründet, sie führt von Hausen als „Heerweg" weiter nach Seitingen und von da nach Möhringen in Baden.

5) Von Schömberg (OA. Rottweil) läuft eine röm. Strasse am Heidenschlösschen" (Mark. Deilingen) vorüber, ¼ Stunde westlich an Deilingen vorbei, über die Flur „Weiler" nach Wehingen und über den Steighof nach Böttingen, von da über den „Wachtbühl" westlich am Risihof vorüber nach Tuttlingen.

6) Von letzterer Strasse ging bei Böttingen eine röm. Strasse ab und als „alter Postweg" zwischen Mahlstetten und Aggenhausen durch an Kraftstein vorüber nach Nendingen (OA. Tuttlingen).

7) Eine von Rottweil herkommende röm. Strasse führt über Gosheim und als „Steinstrasse" südlich an Wehingen vorüber das Beerathal hinunter.

8) Von ihr aus zweigt im Beerathal bei Egesheim eine röm. Strasse ab und läuft über Königsheim, Kolbingen nach „Altstadt", bedeutende röm. Niederlassung an der Donau, im OA. Tuttlingen.

Niederlassungen.

Spaichingen. Auf den ¼ Stunde südlich von der Stadt gelegenen Fluren „Steinweiler" und „Stockingen" fand man schon Gebäudereste und die Sage geht, dass hier ein Ort gestanden sei, daselbst kreuzt die von Hausen ob Verena herkommende röm. Strasse die von Rottweil nach Tuttlingen führende; auch entspringt hier eine sehr starke frische Quelle.

Aixheim. Im Eichhofwald eine quadratisch angelegte Schanze; vielleicht römisch.

Aldingen. Beim Ort wurden in neuester Zeit Spuren eines röm. Wohnplatzes entdeckt.

Böttingen. Der Ort verdankt ohne Zweifel seine erste Anlage den Römern, hier trennen sich zwei röm. Strassen und ist zugleich die einzige Stelle auf dem Heuberg, wo reichliche Quellen fliessen.

Deilingen. Etwa ½ Stunde nordwestlich vom Ort, bei der Vereinigung zweier röm. Strassen, heisst eine Stelle „das Heidenschlösschen", in der Nähe wird ein durch einen Graben vom übrigen Terrain abgeschnittener Felsvorsprung der „Burgstall" geheissen.

Nusplingen. Eine halbe Stunde östlich vom Ort die „Heidenstadt", wo man schon Grundmauern und röm. Münzen fand; dabei eine im Viereck angelegte, erst in neuester Zeit eingeebnete Schanze.

Schörzingen. Südlich vom Ort, auf der Flur „auf Haus", röm. Gebäudeschutt.

Römische Münzen werden häufig im Bezirk, namentlich auf dem Heuberg, gefunden.

G. K.

Balgheim. In der Nähe der Primquelle ein mit Tannen bewachsener Grabhügel.

Denkingen. Auf der Flur „Lehr" ein Grabhügel.

Frittlingen. An der Strasse nach Aldingen, ¼ Stunde südwestlich vom Ort, 3 Grabhügel.

Königsheim. Auf dem „Scheibenbühl", ½ Stunde südwestlich vom Ort, 3 Hügel.

Mahlstetten. Auf dem ¼ Stunde südlich vom Ort gelegenen „Riegertsbohl" 3 Grabhügel; in der Nähe ein vierter, mit einem Skelet und Armspangen aus Bronce.

Wehingen. Der 15 Fuss hohe, künstlich aufgeworfene „Beutenbühl" ist wohl auch ein Hügelgrab.

A. F.

Spaichingen. Auf dem „Steidenwasen" Reihengräber mit Skeletten und langen Eisenschwertern.

Aixheim. Auf den „Krenzäckern", ½ Stunde östlich vom Ort Reihengräber.

Balgheim. Nördlich am Ort Reihengräber mit Eisenwaffen.

Bubsheim. An der Südwestseite des Dorfes, Reihengräber mit Eisenwaffen, Glas- und Thonperlen.

Deilingen. Oestlich von Delkofen, Reihengräber mit Eisenwaffen.

Denkingen. Am südlichen Ortsende Reihengräber mit Eisenwaffen und Perlen.

Dürbheim. Am neu angelegten Begräbnisplatz Reihengräber mit eisernen Speerspitzen.

Egesheim. Beim Ort Reihengräber, gemauert und mit Eisenschwertern.

Nusplingen. An zwei Stellen zunächst des Orts Reihengräber mit Eisenwaffen, Perlen, Bronceringen und Gefässen.

Wehingen. Südlich vom Ort, an der „Steinstrasse", Reihengräber mit Eisenwaffen, goldener Stecknadel, Gefässen, Glas- und Thonperlen.

OA. Sulz.

R.

Strassen. 1. Die römische Consularstrasse erreicht als „Hochstrasse", „Heerweg", „Heidenweg" den Bezirk ½ Stunde westl. von Marschalkenzimmern, läuft ganz nahe westlich an Dornhan vorüber, geht bei Bettenhausen über das Glattthal und weiter ins OA. Freudenstadt. Die wohlgepflasterte Strasse ist an vielen Stellen noch gut erhalten.

2) Von ihr zweigt in der Nähe von Hochmössingen eine röm. Strasse ab, kommt südwestlich von Weiden in den Bezirk, führt gegen das Sulzer Viehhaus, wendet dort gegen Nordosten, läuft ¼ Stunde nördlich an Sulz vorüber bis in die Nähe des Schnaithofs, von da nach Empfingen in Preussischen und weiter über Empfingen nach Rottenburg; sie zeigt noch häufig die kunstmässige gepflasterte Anlage, heisst „Hochstrasse" und in der Nähe der Landesgrenze „Strässle".

3) Von Rottweil herkommend führt eine röm. Strasse ⅛ Stunde westlich an Wittershausen vorüber schnurgerade auf die südlich von Sulz gelegene Anhöhe, die „Weiherwiese," (s. u.); von da nach Sulz und auf die nördliche Anhöhe, wo sie die bei 2) beschriebene Strasse kreuzt, von da führt sie ¼ Stunde nördlich von Dürrenmettstetten als „Strässle" vorbei und zu der bei Unter-Iflingen gestandenen röm. Niederlassung; sie war ohne Zweifel wegen der Salzquellen bei Sulz angelegt und diente kommerziellen Zwecken.

4) Dieselbe Bestimmung hatte wohl auch die röm. Strasse, die von der röm. Niederlassung bei Sulz nach Vöhringen, von da durch das Beurener Thal zu der bei Binsdorf gelegenen röm. Niederlassung führte; sie heisst noch stellenweise „Heerweg" und bei Anlage der neuen Strasse durch das Beurener Thal stiess man auf ihr wohlgefügtes Pflaster.

Niederlassungen.

Sulz. Südlich der Stadt auf den Weiherwiesen eine über 10 Morgen ausgedehnte röm. Niederlassung mit Hypocausten, Bruchstücken von Ziegeln (Amphoren, Siegelerdgefässen, Heizröhren; zwei Römerstrassen, eine von Rottweil, die andere von Vöhringen herkommend, kreuzen sich hier. In der Nähe der alt gefasste „Herrenbrunnen" und ein abgegangener Weiher.

Binsdorf. Auf den zwischen hier und Erlaheim gelegenen „Saibswiesen" röm. Wohnplatz, wo im Jahre 1808 ein Hypocaustum aufgedeckt wurde.

Trichtingen. Etwa ¼ Stunde westlich vom Ort, auf der Flur „Weil", über die eine röm. Strasse führt, wurden Grundreste röm. Gebäude mit noch wohl erhaltenen röm. Gefässen gefunden.

G. K.

Sulz. Im Walde „Glockenthurm" Grabhügel.

A. F.

Sulz. Reihengräber in der Stadt, am Fuss der neuen Hopfauer Steige, mit Eisenwaffen, Bronceringen, Thon- und Glasperlen, einer mit Silber tauschirten Gürtelschnalle etc.

Bergfelden. Bei der Brücke ein Reihengrab mit Eisenschwert und Bronzegefäss.

Hopfau. Reihengräber mit schönen Inlagen.

OA. Tübingen.

B.

Strassen. 1) Eine röm. Strasse führt als „Heerweg", „Höllenweg" von Rottenburg her durch den südlichen Ortstheil von Kilchberg, östlich an Weilheim vorüber nach Derendingen, von da die „Bergsteig" (Mark. Tübingen) hinauf, als

„Heerstrasse" am Südende von Kusterdingen vorüber, weiter über die Höhe zwischen der Echaz und dem Ramsbach bis an die Echaz, welche sie bei der Kirchentellinsfurther Mühle überschreitet, und zog von da über Kirchentellinsfurth, Altenburg nach Ofterdingen. Oestlich an diesem Ort läuft sie über das Reichenbach-Thälchen und theilte sich dort, wie es scheint, in zwei Arme, wovon der eine gegen Mittelstadt, der andere nach Riederich führt.

2) Von 1) zweigt bei Derendingen eine röm. Strasse ab und läuft als „Steinstrasse", „Heerweg", „Weglang", „Dietweg" über den Bläsiberg nach Wankheim und ½ Stunde südlich an Iettenburg vorüber nach Betzingen.

3) Von Pforzheim her kommt eine röm. Strasse, der „Rheinweg" oder das „Rheinsträssle", das schon in der Bebenhauser Urkunde von 1191—1193 (Wirtemb. Urkundenbuch 2, 271—296) als „via Rheni" aufgeführt wird, bei der Stöffelskohlklinge in den Bezirk, zieht nach Bebenhausen, von da als „Heerweg" das Goldersbachthal herunter nach Lustnau und weiter im Ammerthal, oder, wie vermuthet wird, über den Oesterberg nach Tübingen; von da geht sie das Steinlachthal hinauf, wo die gegenwärtige Landstrasse meist auf die alte Strasse gegründet ist, dann östlich an Dusslingen vorbei gegen Hechingen.

4) Von dieser Strasse scheint bei Lustnau ein röm. Weg, der „Höhweg", „Lausweg", abgegangen zu sein und ½ Stunde westlich von Pfrondorf vorüber gegen Walddorf geführt zu haben.

5) Von der röm. Consularstrasse, die von Rottenburg nach Cannstatt führte, ging eine röm. Strasse oberhalb Iesingen ab, und das Ammerthal herunter nach Tübingen.

6) Von Tübingen ging eine röm. Strasse das Ammerthal hinauf an Schwärzloch und Ammern vorüber nach Wendelsheim.

7) Von Tübingen eine römische Strasse das Neckarthal hinauf über Hirschau nach Rottenburg.

8) Als „Hochstrasse", „Hochsträss", „Heergesträss", „Mönchweg", „Ludlenweg" kommt von der röm. Niederlassung bei Sindelfingen eine röm. Strasse auf dem Eckberg (südlich von Dettenhausen) in den Bezirk und zieht auf dem höchsten Rücken zwischen der Schaich und dem Neckar über den Fuchswasen, ½ Stunde nördlich an Häslach und Schlaitdorf vorüber nach Nürtingen.

9) Vor letzterer Strasse geht eine röm. Strasse als „Heerweg", „Heerstrasse", „Ennweg" nordöstlich von Häslach ab, führt am südlichen Ende von Walddorf vorüber nach Gniebel und weiter zur röm. Niederlassung bei Altenburg.

Niederlassungen.

Tübingen. Die Stadt bildet den Schlüssel einerseits zum Neckarthal mit Rottenburg, andererseits zum Ammerthal und dem an röm. Niederlassungen so reichen oberen Gäu; zugleich bedeutender röm. Strassenknoten. Röm. Denkstein hier gefunden, leider verloren gegangen, doch die Inschrift erhalten. (s. Württemb. Jahrb. 1835, Seite 109).

Altenburg. Auf der „Madenburg", westlich vom Ort, röm. Mauerreste in ziemlicher Ausdehnung mit Ziegeln, Bruchstücken von Heizröhren, Siegelerdegefässen etc.

Bebenhausen. Nördlich beim Ort wurden an der „Rheinstrasse" bei Anlage eines Hopfengartens röm. Münzen und Bruchstücke von röm. Gefässen gefunden.

Derendingen. Auf dem Ackerfeld zunächst der Kirche Spuren eines röm. Wohnplatzes, mit Urnen.

Dörnach. Westlich vom Ort röm. Niederlassung mit Resten einer röm. Wasserleitung.

Dusslingen. Auf der Flur „Aspen", ¹/₄ Stunde westlich vom Ort, Spuren eines abgegangenen Römerorts, Mauerreste und röm. Gebäudeschutt. Auch auf der Flur „Bürgen", worüber die alte „Staudachstrasse" in der Richtung gegen den Rammert und Rottenburg führt, stand vermuthlich ein röm. Wohnplatz.

Iettenburg. Auf der Markung bestanden zwei röm. Niederlassungen, eine beim „Maulbrunnen" ¹/₂ Stunde westlich vom Ort, die andere ¹/₄ Stunde südöstlich vom Ort, in der Nähe der Flur „Wasserstall", zunächst der Römerstrasse, hier „alte Strasse", Strässle", „Weglang", „Pflasterrain" geheissen.

Kilchberg. Oestlich vom Ort, an der Römerstrasse, die Flur „Kästle".

Kirchentellinsfurth. In dem Bett der Echaz, wo bei der Mühle die von Kusterdingen herkommende Römerstrasse („Heerstrasse") die Echaz überschreitet, fand man das Steinbild einer Victoria (jetzt im Lap.). Ferner fand man in der Nähe von Einsiedel im Jahre 1859 einen Topf mit nahezu 900 röm. Silbermünzen, einem kleinsten Theile nach aus der letzten Zeit der Republik, die meisten aus der röm. Kaiserzeit bis zu Severus Alexander († 235) herab (s. Württemb. Jahrb. Jahrg. 1858, II, S. 217). Ueberdies wurden in der Nähe von Einsiedel folgende jetzt im Lapidarium befindliche römische Denkmale aufgefunden: ein Steinbild des Merkur auf den „Dachswiesen" (Markung Pfrondorf), das Steinbild einer Dea Maira bei der ¹/₄ Stunde nordöstlich von Einsiedel gelegenen viereckigen Schanze, und unweit derselben im Staatswald „Süssenwasen" (Markung Rübgarten) den Sockel eines röm. Altars mit den Füssen von vier verschiedenen Gottheiten. Sodann steinerne Löwenbilder (Schr. d. W. Alterth. Ver. B. II. H. 2. S. 90 f.) Diese Entdeckungen verdankt man hauptsächlich dem um die Erforschung der Alterthümer des Schönbuchs so sehr verdienten Forstrath Tscherning in Bebenhausen.

Kusterdingen. An der Kirche steht am südlichen Eingang ein römischer Altar mit Inschrift. Im Ort wurden schon röm. Münzen aus der Zeit der Kaiser Hadrian und Antoninus Pius gefunden.

Pliezhausen. An der Kirche ist eine römische Steinplatte eingemauert, worauf Merkur in flach erhabener Arbeit dargestellt. Auch fand man oberhalb des Orts im Neckarthale röm. Skulpturfragmente eines jugendlichen Kämpfers (Lap.)

Rommelsbach. Im „Römerwäldchen", nordöstlich vom Ort, liegt ein mit Wall umgebenes Viereck, hier sollen nach der Sage die Römer ein festes Lager gehabt haben.

Schlaitdorf. Im Wald „Haierlanden" wurde ein Topf voll römischer Münzen gefunden.

Walddorf. Etwa ¹/₄ Stunde südöstlich vom Ort, auf der Flur „auf dem Hof", soll ein Hof oder ein Schloss gestanden sein, man findet röm. Gebäudeschutt.

Weilheim. Oberhalb (südlich) des Orts, in der „alten Gasse", röm. Wohnplatz mit röm. Ziegeln etc.

Endlich seien noch einige Verschanzungen erwähnt, die vermuthlich röm. Ursprungs sind, wie im „Burgholz" (Markung Tübingen) und im „Grossholz (Markung Kusterdingen); sie bestehen aus Gräben und Wällen, die einzelne Bergvorsprünge auf der von Natur allein zugänglichen Seite vertheidigten, und gehörten ohne Zweifel in die röm. Vertheidigungslinie auf der rechten Neckarseite, auf der auch die röm. Niederlassung auf der Madenburg etc. lag.

Auch auf dem Rossberg (Markung Gönningen), einem der mächtigsten Berge der schwäbischen Alb, zieht eine 600 Schritte lange Schanze quer über den Bergrücken, östlich vom eigentlichen Rossberg; der gegen Osten gerichtete Graben ist noch 3½ Fuss tief, 3 Fuss breit und zeigt in seinem Rücken eine wallartige Erhöhung; wahrscheinlich schon vor den Römern aufgeworfen.

G. K.

Tübingen. Im Spitalwald 1, im Tübinger Stadtwald, nordöstlich von Hagelloch, 3 Grabhügel.

Bebenhausen. Im Staatswald Kirnberg-Ebene 3, bei der Mauterswiese 2 und südöstlich von Waldhausen etwa 30 Grabhügel.

In der Umgegend von Bebenhausen öffnete im Jahre 1821 Revierförster Bechtner von Weil im Schönbuch sieben Hügel und fand reiche Ausbeute. Die Hügel enthielten Aschenurnen mit Asche und angebrannten Knochen gefüllt (auch kleinen Scherben), alle roh und schlecht gebrannt. 1—1½ Fuss hoch, einige derselben waren mit dünnen metallenen Platten bedeckt. Ausserdem fand man viele Bronceringe, zum Theil geknotet oder sonst verziert, dann hohle Ringe und Ovalringe, verschiedene Eisenwaffen und 3 Ringe aus Goldblech, darunter 2 Ohrringe als Schlangen, die sich in den Schwanz beissen; endlich Perlen aus Gagat und verschiedene Verzierungen, Ringchen, Knöpfe, Drähte etc. von Bronce (s. Württemb. Jahrb. 1823. I. S. 30 ff.).

Dettenhausen. Eine Viertelstunde südlich vom Ort fand man unfern der Landstrasse einen Steinkeil.

Gönningen. Schanze auf dem Rossberg s. o.

Häslach. Im Gemeindewald, zunächst am „Hochsträss", 2 Grabhügel.

Lustnau. Im Staatswald Kirnberg 1 Grabhügel.

Nehren. ½ Stunde nordöstlich vom Ort 5, früher gegen 20 Grabhügel.

Pfrondorf. Im Staatswald „Dreispitz" 3 Grabhügel, im Staatswald „Eichenfirst" zwei Gruppen mit je 6 Hügeln und überdies noch einzeln stehende, dann im Staatswald „Brand" beim Fichtengärtle 4, und an diese schlossen sich etwa 15 weitere Hügel an, die auf den angrenzenden Feldern des Hofdomänenguts Einsiedel lagen und erst in neuerer Zeit eingeebnet wurden.

Rommelsbach. Auf dem ¼ Stunde südlich vom Ort gelegenen „Bühlen" 7 Grabhügel, von denen der grösste in einem alten Lagerbuch die „hohe Burg" genannt wird. Schultheiss Schäfer von hier liess 6 der Hügel in den Jahren 1824 und 1826 aufgraben (s. Württemb. Jahrb. 1825, I. und 1827, I.). Man fand sehr viele zum Theil verzierte Bronceringe verschiedenster Grösse, Steinsätze, Bernsteinkorallen, in zwei Hügeln kleine goldene Ringe, in einem 8 solcher Ringe, Broncedrähte, -Nägel und -Verzierungen etc., eine geschliffene Steinaxt, Bruchstücke von groben schwarzen schlechtgebrannten Gefässen, Holzkohlen und Menschenknochen. Gar nichts von Eisen. In einem der Hügel eine ziemlich regelmässige gleich einer Mauer im Kreis geführte Einfassung von 2—3 Fuss Höhe und 1½—2 Fuss Dicke aus Lehm, der durch Feuer geröthet und zum Theil hart gebrannt war.

Rübgarten. Im Staatswald „Süssenwasen" 3 auffallend grosse Grabhügel.

Schlaitdorf. Oestlich vom Ort, auf einem sehr hohen Punkt, zunächst der Römerstrasse (Hochsträss), ein 18 Fuss hoher Grabhügel.

Sickenhausen. Im Sickenhauser und Altenburger Gemeindewald sechs Grabhügel.

Walddorf. Am „Nonnenhäule" ein Grabhügel.

Wankheim. Im „Aspenwald", ½ Stunde westlich vom Ort, 1 Grabhügel

A. F.

Gönningen. Nordöstlich vom Ort, auf der Flur „Unterhof", Reihengräber mit Skeletten und Eisenwaffen.

Immenhausen. Auf dem ursprünglichen Kirchhof wurden schon Reihengräber mit Eisenwaffen und Perlen gefunden.

Kusterdingen. Im Jahre 1840 stiess man bei Erbauung des Gemeindebackhauses auf Reihengräber.

Nehren. Der südöstliche Theil des Dorfes heisst „in der Kappel", hier fand man im vorigen Jahrhundert in den Liasschiefer eingehauene Reihengräber.

Walddorf. Im Jahre 1866 fand man an der Westseite der Kirche 3 Todtenbäume mit Skeletten, die leider sofort wieder zugedeckt wurden.

Weilheim. Etwa ¼ Stunde nördlich vom Ort, auf der Flur „Kirchhof", wo nach der Volkssage Soldaten begraben liegen sollen, befinden sich ohne Zweifel Reihengräber.

OA. Tuttlingen.

B.

Strassen. 1) Von Rottweil zieht eine röm. Strasse das Primthal herauf, als „Hochstrasse" bei Aldingen, bei Spaichingen „alter Landweg", geht im Oberamtsbezirk westlich an Weilheim und Wurmlingen vorbei, als „alte Strasse", und nach Tuttlingen, von da über den Witthoh als „Heerstrasse", zum Theil auf der jetzigen Landstrasse, und weiter ins Badische.

2) Von Böttingen (OA. Spaichingen) kommt eine röm. Strasse als „alte Strasse" auf der Wasserscheide zwischen dem Faulenbachthal und dem Ursenthal über den „Wachtbühl", Markung Dürbheim, am Rusberg vorbei und unter der Benennung „in den alten Wegen", nördlich der Stadt, nach Tuttlingen; an vielen Stellen noch leicht erkennbar.

3) Von Böttingen läuft eine röm. Strasse, noch wohl ersichtlich, als „alter Postweg" zwischen Mahlstetten und Aggenhausen durch, als „Soldatenweg" an Kraftstein vorüber nach Neudingen, von hier an „Dietweg" genannt, und weiter zum „Heidenkapf" (s. u.).

4) Eine röm. Strasse zieht von Egesheim (OA. Spaichingen) her über den Hungerberg und eine Viertelstunde westlich von Renquishausen am „Höllenstein" vorüber durch Kolbingen und als „alte Mühlheimer Strasse" über die „Burghalde" hinab nach Altstadt (röm. Niederlassung im Donauthal), von da über Mühlheim und den Ettenberg am „Heidenkapf" vorbei, über die Flur Haldorf, eine Viertelstunde westlich an Neuhausen ob Eck vorüber nach Liptingen. In sie läuft die vorige (ad 3) in der Nähe des „Heidenkapfs" ein.

5) Eine röm. Strasse zieht als „Hochstrasse" von Messstetten (OA. Balingen) her östlich an „Heidenstadt" bei Nusplingen vorbei, über die „Hardt", die Fluren „Sulgen" und „Butzenäcker", westlich an Irrendorf vorbei und auf dem schmalen Rücken zwischen dem Donauthal und Beerathal, der an seiner schmalsten Stelle durch eine noch wohl erhaltene Schanze, Graben und Wall, vertheidigt wird, nach Fridingen.

6) Von Tuttlingen geht eine röm. Strasse am westlichen Fuss der Honburg hinauf, als „Hochstrasse" nach Neuhausen ob Eck (hier wurde eine Strecke weit das alte Pflaster aufgedeckt) und weiter nach Messkirch im Badischen. Von ihr

geht eine röm. Strasse, als „Hochsträss", bei Webstetten ab und führt direkt nach Liptingen.

7) Von Tuttlingen läuft eine röm. Strasse das Eltathal hinauf über die Flur „Dietfurt", am Konzenberg hin, als „Ikerweg" nach Oberflacht, über die Flur „Hagen", westlich am Lupfen vorbei, über „Brantenwäldle" und „Heidelburg" durch den „Heerwald" nach Thuningen und weiter gegen Schwenningen (O.A. Rottweil).

8) Von Spaichingen her läuft eine röm. Strasse, „Heerweg", an Hausen ob Verena vorbei über die „Heeräcker" nach Seitingen und weiter nach Möhringen (Baden).

9) Von Aixheim läuft eine röm. Strasse über die Fluren „Heidenbühl", „Remplex", „Vor-Singen", „Bürgen" an Trossingen vorbei als „grüner Weg", an Schura vorüber nach dem Lupfen.

10) Eine römische Strasse geht von der Consularstrasse, eine halbe Stunde nordwestlich von Schwenningen ab über die Flur „Stalleck" an der Weigheimer Kapelle (wo man eine herrliche Aussicht hat), vorbei, über die Flur „Türnen" als „Heerstrasse" an Thuningen vorbei, weiter als „Schelmengässle" an Sunthausen vorüber und nach Baldingen in Baden.

11) Endlich kommt eine röm. Strasse, „die Steinstrasse", von Rottweil über Wehingen herkommend, das Beerathal hinab nach Fridingen.

12) Von Hohen-Fridingen im Badischen läuft eine röm. Strasse, der „ungeheure Weg", zum Theil noch wohl erkennbar, in westlicher Richtung über die Fluren „Steinäcker", „im Hohen-Dorf", „im Römerziel", am Bruderhof und südlich vom Remishof vorbei. Eine weitere Römerstrasse ist der vom Bruderhof über Rielasingen und Ramsen nach Stein a. Rh. ziehende „Steiner-" oder „Kriegerweg".

Niederlassungen.

Tuttlingen. An der Westseite der Stadt wurden röm. Gefässe von Siegelerde ausgegraben, an der Südseite eine röm. Broncelampe etc. Auf dem Honberg, woselbst ohne Zweifel ein röm. Kastell stand, fand man schon viele röm. Münzen. Die alte Brücke über die Donau, vermuthlich schon die Stelle des römischen Uebergangs, weil er hier am günstigsten, war etwas unterhalb der jetzigen Brücke.

Hohentwiel. Zweifellos war der Hohentwiel von den Römern und auch von den ihnen vorausgegangenen Völkern besetzt und befestigt.

Ganz in der Nähe des zu Württemberg gehörigen Bruderhofes, östlich davon „im Römerziel" röm. Niederlassung mit Mauerresten, röm. Ziegeln etc.; ebenso, schon auf badischem Gebiet nördlich von Singen, „auf der Burg", wo früher Singen gestanden sein soll, und beim nahen „Remishof".

Durchhausen. Südlich vom Ort, am Fuss des Lupfen, auf den Fluren „vor Weilen" und „beim Fürstenbrunnen" röm. Wohnplatz. Der Lupfen selbst war ohne Zweifel von den Römern besetzt.

Hausen ob Verena. Eine gute Viertelstunde südlich vom Ort, in der Nähe der Heeräcker und der Römerstrasse (s. o.), auf einem Hügel mit schöner Aussicht, „Schildbühl" genannt, gegenüber dem Hohen-Karpfen, Trümmer eines röm. Gebäudes. Auf dem Hohen-Karpfen röm. Münzen, auch ein Broncemesser.

Mühlheim. Eine Viertelstunde nördlich der Stadt, auf dem linken Donauufer, auf der Flur „Altstadt", wo der Sage nach eine Stadt stand, zwischen dem Lippach und dem Wulfbach, lag eine bedeutende römische Niederlassung, von der schon viel Gebäudeschutt, röm. Gefässe, Münzen etc. aufgefunden wurden.

Nendingen. Nördlich vom Ort, bei der Kapelle, an der Quelle des Kesselbrunnenbaches und unfern der Römerstrasse, stand wahrscheinlich ein röm. Wohnplatz; hier soll nach der Sage früher der Ort gestanden sein.

Neuhausen ob Eck. Eine halbe Stunde östlich vom Ort, an der Landesgrenze, „auf Weil" röm. Wohnplatz.
Oberflacht. Eine Achtelstunde westlich vom Ort „auf Weil", wo ein Schloss gestanden sein soll, Trümmer römischer Gebäude mit Ziegeln, Heizröhren, Amphorenbruchstücken etc., dabei eine starke vortreffliche Quelle.
Thuningen. Zwischen hier und Sunthausen an der Römerstrasse, auf der Flur „Weil", Spuren röm. Ansiedlung.

G. K.

Tuttlingen. Auf dem Witthoh zwei Gruppen von Grabhügeln.
Hohentwiel. Im Wald südöstlich vom Bruderhof etwa 15 Grabhügel, einer eröffnet: Leichenbestattung von Steinen umsetzt, rohe Gefässfragmente; weiter schon auf badischem Gebiet, am „Kriegerweg", der vom Bruderhof nach Rielasingen führt, eine Gruppe von Grabhügeln. Endlich südlich vom Hohentwiel, im „Heidenloh" und „Katzenthal", zahlreiche Grabhügel, einer geöffnet: dünne Bronceringe.
Irrendorf. Am Dorf Steinhügel mit Erzringen. Nördlich vom Ort, in den Butzenäckern an der „alten Heerstrasse", Erdhügel mit Steinen darüber, Leichenbrand, zahlreiche Thongefässe, Steinmeisel. Noch weiter nördlich, „in der Hardt", ebenfalls „an der alten Heerstrasse", wieder ein Grabhügel.
Kolbingen. Nördlich vom Ort ein Grabhügel, der „Bürglebühl", mit Skeletten und Eisenwaffen.
Mühlheim. Auf dem linken Donauufer ein Grabhügel.
Neuhausen ob Eck. Oestlich vom Ort, an der Landesgrenze, beim Schafhaus, an der röm. „Heerstrasse" gegen 30 Grabhügel; einer geöffnet: Leichenbestattung, Eisenschwert.
Trossingen. Beim Ort zwei grosse Grabhügel.
Bei Fridingen auf „Alt-Fridingen" Verschanzungen, hier soll eine Stadt gestanden sein.

A. F.

Tuttlingen. An der Ostseite der Stadt, beim Armenhaus und dem Friedhofe, Reihengräber mit Eisenwaffen. Weitere an der Südwestseite mit schönen Eisenwaffen, Thonperlen, Bronceschmuck, Elfenbeinkämmen und tauschirten Waffen. (Schriften d. württ. Alterth.-Vereins Bd. II, H. 2.)
Fridingen. In der Nähe des Orts Reihengräber mit Silberplättchen.
Kolbingen. Am Ort Reihengräber, ebenso bei Nendingen (östlich vom Ort, auf der Flur „Haselstein"), bei Thuningen und Trossingen, mit den gewöhnlichen Inlagen.
Mühlheim. Auf „Altstadt" bei der uralten Pelaginskirche Reihengräber mit Schmuck und Waffen, in den hier anstehenden Kalktuff eingehauen.
Oberflacht. Auf dem Kreuzbühl fand man die bekannten Todtenbäume, die sich zunächst an die Reihengräber anschliessen. (Vergleiche oben unsere Einleitung Seite 23 fgde.) Dieselben sind samt den darin gefundenen Gegenständen aufgestellt in der K. Sammlung vaterländischer Alterthümer in Stuttgart.
Stetten. Nördlich am Ort Reihengräber, mit Eisenwaffen und Elfenbeinkamm. (Württ. Jahrb. 1830 I. S. 43.)
Wurmlingen. Am West- und am Ostende des Dorfes Reihengräber mit Eisenwaffen, prächtigem Gold- und Silberschmuck mit eingesetzten Steinen und Glasflüssen, Elfenbeinkämmen, Pferdsgeschirren etc., tauschirten Schnallen und Beschlä-

gen, sehr schönen Glas-, Thon- und Bernsteinperlen (ebenfalls in der K. Sammlung vaterl. Alterthümer); sodann viele z. Th. reich ornamentirte Thongefässe, ein Erzgefäss (Schüssel) und ein prächtiges grosses kelchförmiges Glasgefäss.

OA. Urach.

R.

Strassen. 1) Eine römische Strasse, das sog. „Nellinger Hochsträss", zieht z. Th. noch gut sichtbar als „Hochgesträss" und „Höhweg" an Zainingen und Hengen vorüber nach Urach und weiter im Thal nach Metzingen. Die Anhöhe zwischen Zainingen, Dornstetten und Böhringen heisst „auf dem Römersteine".

2) Von Zainingen führt ein röm. Weg südlich an Böhringen vorbei, der „alte Weg", über Grabenstetten, hier „Heerweg", und Erkenbrechtsweiler hinab nach Beuren und Nürtingen; ohne Zweifel zum Theil auf einen vorrömischen Weg (s. u.) gegründet.

3) Von Münsingen herkommend, zieht eine Römerstrasse, der „Heerweg", „Heerstrasse", durch die Markungen von Gächingen, Bleichstetten und Würtingen und weiter hin, als Feldweg, „die Strasse" genannt, gegen Eningen und dort, oberhalb der Arbachmühle, über die „Heerstrassäcker". Von Gächingen ging ohne Zweifel ein Arm („Heerstrass") gegen Ohnastetten und Holzelfingen.

4) Eine Verlängerung des Nellinger „Hochsträss" läuft östlich an Gruorn und Trailfingen vorbei und als „Hochsträss", z. Th. noch sichtbar, nach Münsingen.

5) Von Metzingen geht eine römische Strasse als „Heiligenweg", „Heerstrasse", „Hohe Strasse" über Kohlberg nach Beuren.

6) Endlich lief jedenfalls eine römische Strasse von Münsingen das Seeburger Thal hinab nach Urach, Dettingen (hier „Heerweg") und Metzingen.

Niederlassungen.

Bempflingen. Oestlich am Ort, „auf Mauern", standen römische Gebäude; auch fand man in der Nähe des Orts die Statue eines Merkur.

Metzingen. Bedeutende römische Niederlassung, besonders östlich von der Stadt „auf Mauern", wo schon vielfache Spuren sich zeigten; auch wurden schon früher bei der grossen Ermsüberschwemmung im Jahr 1789 an dieser Stelle 10 Steine (von einem Tempel) mit Skulpturen und Inschriften, darunter eine mit „Contanenses Armisses" (Tempelgenossenschaft an der Erms) von den Wassern der Erms herausgewühlt (s. OA.-Beschr. v. Urach S. 75 ff. und Württ. Jahrb. Jahrg. 1835 I, S. 111 ff.).

Mittelstadt. An der Kirche röm. Steine, darunter ein Theil einer jonischen Säule, eingemauert; hier soll ein röm. Tempel gestanden sein, wofür auch die Lage spricht.

Wittlingen. Eine halbe Stunde südlich vom Ort „Stadtäcker".

Zainingen. Auf der Flur „Mäuerle" Spuren röm. Gebäude.

G. K.

Urach. Am Schlossberg, worauf die Burgruine Urach steht, 2 Grabhügel. Im Stadtwald „Büchelbronn" fand man eine sehr schöne Broncelanze.

Gächingen. Grabhügel; aus einem eine elegante Broncefibel.

Hengen. Im Staatswald „Henger Kohlhau" ein Hügel.

Grabenstetten. Grossartige Verschanzungen „Heidengraben" (s. Württ. Jahrb. 1824, S. 414 ff.) südlich, westlich und nordwestlich vom Ort, der hievon seinen Namen erhalten hat. Er besteht aus sehr tiefem Graben und mächtigem Wall, der bei der Schlattstallerschlucht (im Süden) beginnend, bis an den Felsentrauf des Neuffener Thals zieht und auf seinem Zug zweimal von einer jähen Schlucht unterbrochen wird; er besteht also aus 3 Theilen: der erste ist 748 Schritte lang, bricht sich in einem stumpfen Winkel und hat beim Bruch einen Thoreingang mit zwei gegen 45 Schritte langen, nach innen laufenden, aus Erde aufgeworfenen Thorflügeln; von diesem Thor aus läuft schnurgerade der „Heerweg" bis zur „Burg" hinter Erkenbrechtsweiler (s. u.). Der zweite Theil ist 1510 Schritte lang und zwar ebenfalls mit einem Eingang versehen; der dritte Theil misst 1308 Schritte, bricht sich auch in einem stumpfen Winkel und hat einen schön erhaltenen Eingang beim „Burrenhof", der seinen Namen von den dort gelegenen Grabhügeln bekam. Hinter dieser sehr weit ausgedehnten Verschanzungslinie führen hinter Erkenbrechtsweiler über den engen Hals, (die „Grabenäcker" genannt), in welchen sich dort das Bergplateau zusammenzieht, zwei sehr breite Gräben mit Wällen von Schlucht zu Schlucht, jetzt z. Th. eingeebnet; die dahinter liegende Bergfläche heisst die „Burg", und von hier aus führt ein ganz schmaler Sattel, nur für einen Fussweg breit genug und an der schmalsten Stelle ebenfalls einst durch Graben und Wall geschützt, auf das äusserste noch immer ausgedehnte Bergplateau, das mit dem bekannten Beurener Felsen endigt; hier soll eine „Stadt" versunken sein und geht des Nachts ein Geist um. Dieses letzte, rings von thurmhohen Felsen umfasste Bergplateau war der letzte und sicherste Zufluchtsort gewesen. Innerhalb des Heidengrabens fand man schon goldene Regenbogenschüsselchen, Broncewaffen und Bronceschmuck; der Heidengraben wird schon im Jahre 1551 erwähnt.

Ohnastetten. Grabhügelfund mit Skelet, Bronceblechen und Riemenzungen von Bronce.

Trailfingen. Im Ort fand man ein sehr schönes Schwert, eine Lanzenspitze und eine Kette von Bronce.

Würtingen. Bei Sankt Johann zahlreiche Grabhügel, darunter zwei sehr grosse; in einem Hügel fand man ein Skelet mit herrlichen Bronceringen, ein Messer von Bronce etc.; die Umgegend von Würtingen ist überhaupt Fundort von Broncewaffen.

Zainingen. Im Walde „Kohlhau" viele Grabhügel.

A. P.

Urach. Zwischen der Stadtmauer und dem Hirschsee Reihengräber mit Eisenresten; am Thiergartenberg beim Bahnhof fand man ebenfalls Eisenwaffen aus der Reihengräberzeit.

Dettingen. Am Nordende des Orts Reihengräber mit Eisenwaffen und schönen silbernen Fibeln, die Erde über den Skeletten mit vielen Kohlen und Thonscherben vermischt.

Glems. Reihengräber mit Thonperlen und einem broncenen Anhänger.

Metzingen. Ein Reihengrab mit hübschem broncenem Anhänger.

Rietheim. Südlich vom Ort Reihengräber.

Anmerkung. Werthvolle Beiträge über die Alterthümer des OA. Urach und der angrenzenden Oberämter verdanken wir der Güte des Herrn Forstrath Freiherrn von Hügel in Urach.

III. Jagstkreis.

OA. Aalen.

R.

Die römische Grenze, limes transdanubianus, eine wallartig geführte, sehr fest mit Mörtelverband aufgebaute Strasse, die sich womöglich auf den beherrschenden Höhen hält, so lang es die Terrainverhältnisse gestatten, gerade läuft und bei Wendungen immer in (stumpfen) Winkeln, nicht in Bögen, bricht, tritt vom OA. Gmünd her beim Stöckachhof in den Bezirk und zieht, an vielen Stellen noch wohl erkennbar, als „Hohe Strasse". „Teufelshecke" gerade auf der Wasserscheide, überschreitet dann bei Hüttlingen das Kocherthal und läuft von da gegen Schwabsberg. Bis gegen den Hof Vogelsang, früher Birkhof, „Bürghof" (Markung Unter-Rombach), zieht sie in östlicher und von da schnurgerade bis Schwabsberg in nordöstlicher Richtung. Den Limes entlang standen an geeigneten Stellen Wachthürme und Wachhäuser, von denen sich noch Spuren erhielten: so auf den Onolzfelder Aeckern, bei Seitzberg, auf der südwestlichen Höhe vor Hüttlingen, hier ein Wachthurm, dann auf Lengenfelder Markung, nahe der Oberamtsgrenze, endlich die grosse quadratische Schanze beim Heissenberg (Markung Wasseralfingen).

Strassen. 1) Von der Limesstrasse aus zweigt die römische Consularstrasse beim Stöckachhof ab, geht gerade östlich nach Aalen und als „Hochstrasse", „alte Heerstrasse" noch wohl erkennbar bei Simmisweiler auf das Herdtsfeld und weiter gegen Michelfeld (OA. Neresheim).

2) Eine röm. Strasse zieht von Aalen nach Heidenheim im Thal.

3) Von ihr zweigt bei Unterkochen eine röm. Strasse ab und geht als „grasiger Weg" über das Herdtsfeld (s. OA. Neresheim) nach der alten Römerstadt bei Faimingen unweit Lauingen. An vielen Stellen noch sichtbar.

4) Von Aalen geht in nordwestlicher Richtung über Nesslau eine röm. Strasse „Rennbrücke" schnurgerade an den Limes.

Von Aalen nach Essingen zieht der „Heerweg".

Niederlassungen.

Aalen. Westlich von der Stadt auf den „Maueräckern" namhafte röm. Niederlassung mit Hypocausten, schön marmorirten Estrichböden, einer Wasserleitung, vielen Münzen, Siegelring mit Gemme, Backsteinplatten mit dem Stempel der leg. VIII. Aug. Ohne Zweifel stand das alte Castrum auf der Stelle der jetzigen Stadt, wofür neben der Lage die quadratische Form der Stadt spricht. Bei Erbauung des Dekanathauses wurde ein röm. Kapitell von gebranntem Thon ausgegraben. Auf dem „Burgstall", eine Viertelstunde südlich der Stadt auf einem Ausläufer der Alb, standen röm. Gebäude, von denen noch Mauerreste und Siegelerdescherben sich vorfanden.

Hüttlingen. Hier ging der Limes über den Kocher und stand ohne Zweifel eine röm. Niederlassung, auf die auch die daselbst gemachten Münzfunde hinweisen.

Unterkochen. Auf der Stelle der jetzigen Kirche stand höchst wahrscheinlich ein röm. Tempel, von dem noch ein umfangreiches römisches Säulenkapitell mit Widderköpfen und ein grosser Pinienzapfen aus marmorartigem Jurakalk sich erhielten.

Wasseralfingen. Beim Weiler Treppach stand auf dem „Burgstall", einem Hügel zunächst des Limes, ein röm. Gebäude (Thurm).

Eine Schanze am Braunen-Berg auf den „Burgäckern" bei Röthhard mag römischen Ursprungs sein.

G. K.

Heuchlingen. Nördlich vom Ort und südlich, beim Hof Brackwang, Grabhügel.

Hofen. Auf der früheren „Heide" und hinter dem Hof „Wagenrain" Grabhügel.

Neubronn. Rings auf den Höhen Grabhügel; von den südlichen einer geöffnet: Leichenbestattung, Eisenwaffen, sehr grosse schwarze Urne.

Schechingen. Beim Zeirenhof und im Hagwald zahlreiche Grabhügel. Man fand in einigen Reste von Eisenwaffen.

Wasseralfingen. Im Walde „Appenwang" eine Gruppe von Grabhügeln; man fand in ihnen viele Gefässe: Urnen und (rothbemalte) Teller.

Verschanzungen finden sich auf dem Stürzel und auf den „Schanzäckern" bei Essingen, ferner an der „Winkenhalde", südlich vom Braunen-Berg, ein Ringwall mit einer trichterförmigen Vertiefung in der Mitte, worin man zahlreiche Kohlen und rohe Scherben fand.

A. F.

Essingen. Unterhalb des Stürzels an der „Schelmengasse" Reihengräber mit Eisenwaffen.

OA. Crailsheim.

R.

Der Bezirk befindet sich ganz ausserhalb der röm. Grenze; bis jetzt keine Spuren der Römer.

G. K.

Crailsheim. Südöstlich der Stadt, im Spitalwald, Grabhügel.

Ober-Speltach. Auf dem „Burgberg" alte Umwallung, ohne Zweifel aus der Zeit der in der Nähe gelegenen Grabhügel.

Stimpfach. Oestlich vom Ort, in den Waldungen, Grabhügel.

Triensbach. Ueber die noch auf die hiesige Markung fallenden so zahlreichen Grabhügel bei Weilershof etc. s. u. bei Kirchberg, Oberamt Gerabronn. Im „Heinkenbusch", südlich vom Ort, einige grosse Grabhügel. (Siehe auch Zeitschrift des fränk. Vereins, Jahrg. 1864, Bd. VI., Heft 3.)

A. F.

Crailsheim. An der Strasse von hier nach Dinkelsbühl, eine halbe Stunde südöstlich der Stadt, bedeutendes Reihengräberfeld mit sehr reichen Inlagen.

Schmuckgegenständen, darunter eine Goldfibel in Scheibenform, Eisenwaffen und Thongefässen. (Siehe auch Zeitschr. des Fr. Ver. a. a. O.)

OA. Ellwangen.

B.

Die römische Grenzstrasse (limes transdanubianus) tritt, von Hüttlingen, OA. Aalen, herkommend, westlich von Buch in den Bezirk und zwar in schnurgerader nordöstlicher Richtung, welche sie bis Schwabsberg beibehält; hier macht sie eine Ecke, zieht genau gegen Osten an Dalkingen vorüber und nimmt hinter demselben die frühere nordöstliche Richtung wieder auf, die sie mit ganz geringer Abweichung bis zur Landesgrenze einhält. Zwischen Strambach und Eck überschreitet sie die Grenze, um im Königreich Bayern an Weiltingen vorbei fortzusetzen. Von Dalkingen an läuft sie nördlich an den Orten Röhlingen (dort über's „Pfahlfeld") und Pfahlheim, sowie an Hahlheim und Dambach vorbei, und ist an sehr vielen Stellen noch ganz gut erhalten und erkennbar; sie bildet einen gepflasterten, aus Steinen mit Mörtel verbundenen Strassendamm, der, wo sie Vertiefungen und Thälchen überschreitet, oft eine ansehnliche Höhe gewinnt, und wird zum Theil heute noch als Strasse benützt.

Am Grenzwall, hier „Teufelsmauer" oder „Pfahl" genannt, findet man noch Reste von vereinzelt stehenden Befestigungen, meist „Burstel" (d. i. Burgstall) genannt, künstlich aufgeworfene, theils runde, theils viereckige, z. Th. sehr ansehnliche, ursprünglich mit einem Graben umgebene Hügel; so der „Burstel" bei Buch, auf dem nach der Sage der Thurm von jener Stadt stand, die sich im Süden des Dorfes auf den Anhöhen ausgebreitet haben soll (s. u.). Der Burstel im Ort Röhlingen wurde abgetragen, während der zwischen hier und Pfahlheim im Thal am Osterberg gelegene, ebenso genannte Hügel noch vorhanden ist. Weitere Befestigungen zeigen sich am Ort Pfahlheim und bei Hahlheim, dann der „Burstel" bei den Freihöfen.

Strassen. Ausser der verschanzten Grenzstrasse führt eine röm. Strasse, „Hochstrasse", von ersterer bei Dalkingen abzweigend, an Killingen, Zöbingen, Unterschneidheim und Nordhausen vorbei in's Bayrische. In ihrer Nähe erheben sich ebenfalls röm. Burgställe, die „Burstel" bei Unter-Schneidheim und Nordhausen. Ferner ist zu nennen die römische Strasse von Bopfingen, gerade nördlich als „alte Heerstrasse" an Kerkingen vorbeiziehend, wo sie noch ziemlich erhalten ist; sie geht über Unter-Schneidheim, eine halbe Stunde westlich an Tannhausen vorbei und in die Limesstrasse bei Willburgstetten im Bayrischen. Von ihr zweigt eine römische Strasse „Heerweg" nördlich von Unter-Schneidheim ab und läuft an Wessingen vorbei nach Trochtelfingen, OA. Neresheim.

Niederlassungen.

Benzenzimmern. Nordwestlich vom Ort römischer Wohnplatz.

Buch. Auf der „alten Burg", südöstlich vom Ort, namhafte Niederlassung, wovon noch Gebäudeschutt und Grundmauern zu finden sind. Zahlreiche römische Münzen.

Killingen. Südlich vom Ort Spuren eines römischen Wohnplatzes.

Nordhausen. Südlich vom Ort Grundreste römischer Gebäude.

Pfahlheim. Südlich vom Ort wurden im Jahr 1876 Reste eines römischen Hauses ausgegraben mit Hypocausten und einem Fussboden mit Solnhofer Platten.

Röhlingen. Bei Heisterhofen Spuren römischer Ansiedlung.
Endlich wäre noch zu erwähnen bei
Lippach eine langhinziehende Schanze und auf dem „Königsbühl" bei Lauchheim eine Schanze, bei der römische Münzen gefunden wurden. In der Nähe des letzteren Orts Spuren römischer Gebäude.

G. K.

Benzenzimmern. Auf der Anhöhe, nordwestlich vom Ort, zahlreiche Grabhügel.
Jagstzell. Nordöstlich vom Ort in den Waldungen Grabhügel.
Lauchheim. Beim Weiler Hettelsberg Grabhügel.
Lippach. Beim Weiler Lindorf einige Grabhügel nördlich im Wald.
Pfahlheim. Auf dem Ihnberg oder Ihlenberg, südlich vom Ort, zahlreiche Grabhügel. Einige geöffnet, mit Gefässen und Eisenwaffen.
Röhlingen. Auf der Heide, östlich vom Ort, zwischen dem Osterberg und dem Osterholz, viele Grabhügel; zwei geöffnet: in einem 6 Bronceringe und mehrere Urnen, im andern 4 Aschentöpfe und ein sehr schön gearbeitetes ehernes Schwert (s. Württ. Jahrb., Jahrg. 1823 I, S. 36 ff.).
Bei Dettenroden ein Grabhügel.
Auf der Heisterhofer Heide am Limes einzeln stehender Grabhügel, darin Gefässe und Leichenbestattung.
Schwabsberg. Auf der Waldhöhe, nordöstlich vom Ort, 30 Grabhügel. Zwei angegraben: Gefässe und Eisenwaffen.
Südlich von Buch Grabhügel.
Stödtlen. Beim Weiler Eck Grabhügel.
Westhausen. Südwestlich vom Ort grosser Grabhügel.
Zöbingen. In der Nähe des Orts zahlreiche Grabhügel.

A. F.

Pfahlheim. Beim „Rennweg", eine Viertelstunde südöstlich vom Ort, machte man im Sommer 1876 einen räthselhaften Fund: ziemlich tief im Boden, in einem Verschlag von eichenen Dielen fanden sich Theile eines schön gearbeiteten hölzernen Kastens mit hübschen antikisirenden Ornamenten und sehr zerstörten menschlichen Figuren gleichen Stils, dabei Reste eines Kästchens mit Schlüsselloch mit zwei eingeritzten Gestalten, die sich die Hand reichen, auch Fragmente eines schwarzen Gefässes und mehrere in Holz gedrehte Gegenstände; wahrscheinlich römisch.
Schrezheim. Beim Weiler Eggenroth Reihengräber.
Zöbingen. Beim Ort wurde ein Todtenbaum aufgefunden, der jetzt in der Kirche zur h. Maria daselbst aufbewahrt wird.

OA. Gaildorf.

Der römische Grenzwall (limes transrhenanus) zieht durch das westliche Ende des Bezirks (Markung Hütten), als „Schweingraben" von Grab (OA. Backnang) herkommend, überschreitet auf der Oberamtsgrenze den Schönthaler Bach, führt in schnurgerader nordwestlicher Richtung 150 Schritte westlich an der Haukertsmühle vorbei, läuft sodann über die unterste Spitze des Bergrückens, worauf Münchsberg steht, setzt im Walde zwischen Münchsberg und dem Württemberger Hof fort und erreicht bald die Grenze zwischen unserem Oberamt und dem von Weinsberg. Er führt eine Strecke weit auf der Oberamtsgrenze und verlässt dann dieselbe etwa 250 Schritte östlich vom Neuwirthshaus. Der Wall und der an seiner Ostseite hinziehende Graben ist noch an vielen Stellen sichtbar. In seinem Rücken findet man noch die Spuren von Wachhäusern und zwar: auf der Höhe zwischen dem Schönthaler Bach und dem Mönchsbergerbach, im Walde „dicker Busch", im Walde „wüste Aecker" und auf der Flur „Brand".

Ausserhalb des Limes finden sich unter den Benennungen „Landgraben", „Schweingraben" zahlreiche Befestigungen auf den gestreckten schmalen Bergrücken, wie bei Wahlenheim, Hinter-Steinenberg, Vorder-Steinenberg, Hinter-Linthal, Ruppertshofen, Eschach, Horuberg, Hinter-Langert, Rupphof, Wolfenbrück, welche ohne Zweifel auf die Römer zurückzuführen sind und als Vorschanzen des Limes zu betrachten sein werden. Weitere Schanzen, vielleicht auch römischen Ursprungs, finden sich auf den Höhen zwischen Roth und Kocher.

Strassen. Eine römische Strasse, die des Terrains wegen ausserhalb des Limes führte und die Grenzniederlassungen bei Welzheim und bei Grab mit einander verband, berührt als „alte Strasse" den Bezirk bei Wolfenbrück.

Ferner gehen durch den Bezirk mehrere alte Strassen, die aus dem Innern des römischen Zehntlandes über den Limes hinaus fortsetzten. Eine römische Strasse, von Cannstatt herkommend, führt in der Nähe von Ebni (OA. Welzheim) über den Limes, tritt bei Altersberg in den Bezirk, in welchem sie über Altersberg, Horlachen, Wasserhof, Buchhof etc. nach Laufen zieht, wo sie als „Heerstrasse" über den Kocher geht, und verlässt bei Wegstetten den Bezirk.

Ausserdem wäre noch anzuführen eine alte Strasse, die bei Adelstetten (O.A. Welzheim) von der römischen Consularstrasse abzweigt; sie geht südlich von Kapf in den Bezirk, führt über dem Gebirgsrücken fort an Vorder-Steinenberg, über die „Gassenäcker", und Hinter-Steinenberg vorüber, westlich an Nordenheim vorbei über die „Strassenäcker" nach Seelach, hier „Hochsträss" genannt, und weiter gegen Horlachen, wo sie in die zuletzt beschriebene Strasse einlief.

G. K.

Zwischen Kocher und Fischach auf den Limpurger Bergen beträchtliche Verschanzungen, die wahrscheinlich von den Deutschen Völkerschaften angelegt wurden.

Altersberg. Beim Weiler Eichenkirnberg wurde unter einer grossen Eiche ein ehernes Götterbild gefunden (vielleicht auch römisch). Siehe Gräter, Idunna und Hermode 1814.

Eschach. Bei der Götzenmühle liegt das „Götzenloch", eine Höhle im weissen Stubensandstein, in der nach der Volkssage ein heidnischer Götze verehrt wurde.

Gschwend. Beim Weiler Steinenforst fand Prescher im Jahre 1813 auf der Höhe einen grossen Hammer von Bronce. (Gräter, Idunna und Hermode 1814.)

Oberroth. Beim Weiler Frankenberg das „Frankenbergle", ein grosser Grabhügel.

OA. Gerabronn.

B.

Der Bezirk liegt ganz ausserhalb der römischen Grenze; keine Spuren der Römer.

G. K.

Brettheim. Im „Bauernholz" Grabhügel; ferner bei Herbertshausen, hier „Heidengräber" genannt, und bei Hilgartshausen der „Centbuckel", worauf Gericht gehalten wurde.

Kirchberg. Rings auf den Höhen um Kirchberg und das nahe Lendsiedel liegen auffallend viele Grabhügel, von denen eine grosse Anzahl von Hofrath Hammer geöffnet wurden (s. Württ. Jahrb. Jahrg. 1837 II, S. 421 ff.; Jahrg. 1838 II, S. 221 ff. und Jahrg. 1840 II, S. 414 ff.; sowie Keller, Vicus Aurelii, Bonn 1871, S. 49 ff. mit zahlreichen Abbildungen). Im Wallhäuser Holz 3 Hügel; in einem derselben fanden sich mehrere Skelette mit Bronceringen, Fibeln und Thongefässen, in der Mitte ein 8 Fuss langer Steinkern.

Im Hochhölzle zwei Hügel.

Im „Weilersholz" 26 Hügel, mehrere geöffnet, Skelette, Bronce- und Eisengegenstände, Fragmente grosser Gefässe.

Im Gaisholz 13 Hügel, 5 geöffnet, Leichenbrand, Bronceringe und Gefässe.

Im Birkenlohle 2 Hügel.

Im Katzenbusch 6 Hügel, 3 geöffnet, Leichenbrand, zahlreiche Gefässe.

Im Wald „Buch" ein Hügel mit Skelet, Bronceringen, Eisenwaffen, wenig Gefässen, in der Mitte ein Steinsatz.

Im „Erlach" 8 Hügel, in einem derselben fanden sich sehr viele Gefässe, (oft 3 in einander) und einige Bronceringe, Leichenbrand.

Im „Bühl" und „Dornlöhle" je 1 Hügel. In einem davon eine sehr grosse Urne und eine harzige Masse, die angezündet einen Wohlgeruch verbreitete.

Im „Streitwald" 22 Hügel, 12 geöffnet; Skelette, Bronceringe, eiserne Speerspitzen, Bruchstücke von Gefässen.

Ebendaselbst befindet sich

Der „Fuchspörzel", mit 150 Fuss unterem Durchmesser bei 8 Fuss Höhe; in ihm war ein Steinkern von 20—25 Fuss Durchmesser, 8 Fuss Höhe; mitten in demselben ein Skelet; aussen umher fand man Gegenstände von Bronce, 6 weitere Gerippe, wenige Gefässstücke, Eisenwaffen, Theile eines Wagens.

Im „Espich" 29 Hügel, 4 geöffnet, Gefässe, Leichenbrand.

Im „Heucher" 14 Hügel, 2 geöffnet, Gefässe, Leichenbrand.

Im Eichwald grosse Zahl von Hügeln, in einigen zwei und mehr Skelette.

Im „kleinen Weilersholz" mehrere Hügel, einer mit Steinsatz, Skeletten, Gefässen und Bronceringen.

Langenburg. Zahlreiche Grabhügel.

Wiesenbach. Beim Weiler Engelhardshausen Grabhügel.

Verschanzungen, die zwar „Schwedenschanzen" heissen, aber ohne Zweifel in die Zeit der Grabhügel zurückreichen, finden sich auf einem Bergvorsprung am Brettachthal zwischen Rückershagen und Amlishagen, ebenso gegenüber von Amlishagen.

OA. Gmünd.

B.

Die römische Grenzstrasse (limes transdaunbianus) tritt, vom OA. Welzheim herabkommend, eine halbe Stunde nordwestlich von Muthlangen als „Hochstrasse" in den Bezirk, läuft fast ganz gerade und immer auf der Wasserscheide zwischen Rems und Lein, eine Viertelstunde nördlich von Lindach, einige 100 Schritte nördlich vom Herlikofer Schafhaus, etwa 200 Schritte südlich an Brainkofen vorbei; dann gegen das Schafhäusle, am nördlichen Saume des Waldes Grubenholz hin und verlässt beim Walde Stöckach den Bezirk, um im OA. Aalen fortzusetzen. Sie ist an manchen Stellen noch sichtbar, häufig zeigt sich noch das Strassenpflaster, zuweilen ist selbst der Mörtelverband desselben noch wohl zu erkennen. Zur Deckung der Strasse waren Vorschanzen angelegt, die häufig für den Limes selbst gehalten werden, heute noch „Landgraben", „Teufelsgraben", „Schanzgraben" genannt, und zwar südlich und nördlich vom Limes auf den Hochebenen, in welche Thäler und Schluchten tief eingreifen, an schmalen Stellen von einem Thalrande zum andern; so bei Zimmerbach von einer Seitenschlucht des Leinthals bis zu einer Seitenschlucht des Roththals, dann südlich von Herlikofen und bei Muthlangen, unweit des Rehnenhofes (s. Welzheim).

Strassen. 1) Am westlichen Ende des Waldes Grubenholz geht von der Limesstrasse eine römische Strasse ab, läuft wohlerhalten über den „rothen Sturz" unterhalb Unter-Böbingen in das Remsthal und hier weiter bis Gmünd; die Sage geht, die uralte Heerstrasse sei im jetzigen Flussbett der Rems gezogen; von Gmünd geht sie über den Salvator auf die Anhöhe, südlich von Wüstenrieth, von da im Wald noch wohl erkennbar in's Röthenbachthal und weiter gegen Klein-Deinbach (OA. Welzheim).

2) Vom Hohenstaufen her lief eine römische Strasse „Frankengasse" auf dem schmalen Gebirgsrücken (Aasrücken) bis nach Rechberg-Hinterweiler, am südlichen Fuss des Stuifens vorüber auf den Kuhberg, überschreitet südlich von Degenfeld das Lauterthal und geht die „Schweinsteige" hinauf auf den Aalbuch. An einigen Stellen ist die Pflasterung noch sichtbar.

3) Von Stanfeneck zieht eine römische Strasse über den schmalen Rücken des Rehgebirges als „alte Heerstrasse" nach Rechberg-Vorderweiler, kreuzt hier die eben beschriebene Strasse und läuft über „Strassdorf" gerade nach Gmünd. An manchen Stellen noch zu erkennen.

4) Am nördlichen Ende von Strassdorf zweigt von der letzteren Strasse ein römischer Weg, der „Ramsennestweg", ab, führt über das „Kriegshäusle" nach der röm. Niederlassung beim Sebierenhof und weiter über das Remsthal auf die Höhe von Wetzgau und über die Flur Bühl an Muthlangen vorbei an den Limes.

5) Von Heidenheim her führt eine vermuthlich römische Strasse, „alte Strasse", über Bartholomä, Lauterburg, Lautern nach Mögglingen, hier „Hochsträss", und schnurgerade an den Limes; noch im Mittelalter ging die Hauptstrasse von Augsburg nach Strassburg vom Remsthal aus durch Lautern, Lauterburg nach Heidenheim. Am Eingang in's Lauterthal, eine Achtelstunde östlich von Lautern, liegt eine Schanze, wahrscheinlich schon von den Römern aufgeworfen.

Niederlassungen.

Gmünd. Ohne Zweifel lag auf der Stelle der jetzigen Stadt, am Kreuzungspunkt zweier Römerstrassen, ein römischer Wohnplatz; die Lage war hiezu ausserordentlich günstig. Nur eine kleine halbe Stunde unterhalb der Stadt stand auf einem künstlich terrassirten Terrainausläufer zunächst beim Schierenhof eine röm. Niederlassung, wo man schon ansehnliche Gebäudesubstruktionen mit Hypocausten, eine Menge von Bruchstücken röm. Ziegel, Gefässe, Heizröhren, einen Stein mit Inschrift (leider zerschlagen), Münzen etc. auffand. Die Stelle heisst das „Ramsennest".

Rechberg. Im Burggraben des Schlosses fand man schon öfter röm. Münzen und es ist ausser Zweifel, dass die Römer diesen so wichtigen Punkt, an dem eine Römerstrasse vorbeizieht, besetzt hatten.

Unter-Böbingen. Auf dem „Bürgle" namhafte röm. Niederlassung, von der schon viele Reste aufgedeckt wurden.

G. K.

Mögglingen. In dem eine halbe Stunde nördlich vom Ort gelegenen Walde „Grubenholz" 14 Grabhügel, einige geöffnet: Leichenbrand, Gefässe und Reste von Bronce- und Eisengegenständen; in einem der Hügel eine Lanzenspitze von Hornstein, 5 Zoll lang, 2 Zoll breit. — Im „Hegleswald", eine Viertelstunde südlich vom Ort, 7 Hügel. Der grosse künstlich aufgeworfene Hügel bei der Kirche ist ursprünglich wohl auch ein grossartiger Grabhügel, auf dem im Mittelalter ein „Steinhaus" errichtet wurde.

Verschanzungen, wohl aus vorrömischer Zeit stammend, welche wohl auch z. Th. von den Römern benützt wurden, ziehen sich oben am Steilrande der Alb hin und zwar bei

Degenfeld. Am Galgenberg, wo auch schon röm. Münzen gefunden wurden, grossartige Verschanzungen.

Heubach. Der „Hochberg", auf dem nach der Sage die alte Stadt Heubach, „Hochstatt", gestanden sein soll, wird von dem vor ihm liegenden Bergzug „Heidenburren" durch zwei bedeutende Wälle mit Gräben getrennt. Ebenso wird die weit ausgedehnte, rings von Felsen umgebene Hochfläche des Rosensteinberges an ihrer einzig zugänglichen, ganz schmalen Stelle beim Finsterloch durch 5 hintereinander herlaufende Wälle mit Gräben auf das wirksamste verschanzt.

Lautern. Auch über den Rücken des Mittelberges läuft ein Schanzgraben, „Teufelsmauer" genannt.

A. F.

Reihengräber fanden sich beim Weiler Zimmern, Markung Ober-Böbingen, und bei Unter-Böbingen, beim jetzigen Begräbnissplatz.

OA. Hall.

R.

Eine vermuthliche Römerstrasse, „alte Strasse" genannt, läuft von der röm. Grenzniederlassung bei Grab ausserhalb des Limes über Sittenhardt und Bibersfeld nach Hall.

Eine zweite scheint von der röm. Grenzniederlassung bei Mainhardt ebendahin über Bubenorbis gezogen zu sein.

G. K.

Hall. In der Stadt wurden schon uralte, jedenfalls vorrömische Gefässfragmente gefunden.

Gross-Allmerspann. Nordwestlich vom Ort, bei der „Schelmenklinge" im Walde mehrere Grabhügel.

Ilshofen. Im Walde „Buchholz", westlich von der Stadt, und im Walde „Erlach", nordwestlich der Stadt, Grabhügel.

Michelfeld. Auf dem nördlich vom Ort gelegenen freistehenden „Streitlesberg" bedeutende Verschanzungen.

A. F.

Michelfeld. Reihengräber mit hübschen Inlagen.

OA. Heidenheim.

R.

Strassen. Von Heidenheim aus gingen folgende röm. Strassen: 1) Eine wohlerhaltene röm. Strasse „Heerstrasse", „Hochstrasse", „Steinstrasse" „Steinweg" nach der Römerstadt bei Faimingen am Einfluss der Brenz in die Donau; sie beginnt am Todtenberg und läuft beinahe ganz östlich über den Starkenberg und Suppenkopf, den Wald Brandhau, südwestlich am Schratenhof vorbei und von da schnurgerade in südöstlicher Richtung, eine Zeitlang die Landesgrenze bildend, nach Faimingen.

2) Die zum Theil noch gut erhaltene röm. Strasse, die Rückwärtsverlängerung von 1, zieht als „Heerstrasse" das Stubenthal hinauf, südlich an Sontheim und Söhnstetten vorbei gegen Böhmenkirch (OA. Geislingen); bei Söhnstetten geht sodann ein Arm „Heerstrasse", „Hochstrasse" noch wohl erhalten gegen Amstetten.

3) Eine röm. Strasse läuft anfänglich in der Richtung der jetzigen Nattheimer Strasse, dann das Läudlethal hinauf, wo ihr hoher Strassendamm noch vorhanden ist, an Nattheim vorbei und weiter ins OA. Neresheim.

4) Eine röm. Strasse über den Galgenberg an Zang vorbei gegen Bartholomä, sie war noch im Mittelalter im Gebrauch „als die Landstrazz geht für Zang" (Urk. v. J. 1356); schon im ältesten Heidenheimer Salbuch heisst sie die „alte Strasse".

5) Eine röm. Strasse geht an Mergelstetten und Herbrechtingen vorbei gegen Niederstotzingen OA. Ulm. Von ihr geht bei Herbrechtingen eine röm. Strasse ab. „Heergässle" oder „Heerstrass", über Hermaringen und gegen Gundelfingen in Bayern.

6) Eine weitere röm. Strasse, ebenfalls „Heersträssle" auch „Heerweg" genannt, geht von Heidenheim über Dettingen nach Hausen ob Lonthal.

7) Endlich ging von Heidenheim jedenfalls eine röm. Strasse das Brenz- und Kocherthal entlang über Königsbronn, Oberkochen etc. nach Aalen.

8) Ausserdem kommt von Bartholomä über Gnannenweiler das noch wohl sichtbare „Zigeunersträsschen", ohne Zweifel eine röm. Strasse; sie läuft bei Söhnstetten in die von Heidenheim herkommende röm. Strasse.

9) Von Hausen ob L. her zieht eine alte Strasse „Höhweg", „Heerstrasse" an Heuchlingen, Heldenfingen und Gerstetten vorbei gegen Gussenstadt und Böhmenkirch; vielleicht auch röm. Ursprungs.

Niederlassungen.

Heidenheim. Sehr bedeutende röm. Niederlassung mit Denksteinen und verschiedenen röm. Alterthümern, Münzen, namentlich auch sehr schönen Gefässen; am Fusse des Todtenberges im „Todtengarten" ausgedehntes röm. Leichenfeld mit schönen Urnen auch von Glas, zierlichen Thonlampen mit vielen Töpferstempeln, Resten eines grossen steinernen Grabmals. (Schriften des Württemb. Alterth. Ver. B. II. H. 2.)

Unweit der Stadt an der röm. Hauptheerstrasse nach Faimingen Grundreste röm. Gebäude. In der Nähe fand man einen röm. Denkstein (O.A.-Beschr. von Heidenheim S. 117.)

Brenz. In der Kirche ist ein röm. Denkstein eingemauert.

Hausen ob Lonthal. Beim Abbruch des Kirchthurms im Jahr 1835 fand man zwei fragmentirte röm. Inschriftsteine; beide verkehrt wieder eingemauert.

Mergelstetten. Beim Ort fand man i. J. 1839 ein $3^1/_2$ Zoll hohes Brustbild eines Fauns von gebrannter Erde. (Württemb. Jahrb. 1840. S. 354). Ausserdem fand man noch zahlreiche röm. Münzen bei Brenz, Burgberg, Herbrechtingen, Hermaringen, Sontheim. Vermuthlich weist auch die „Heidenburg" bei Gerstetten auf röm. Ansiedlung.

G. K.

Bergenweiler. Oestlich vom Ort, im Walde „Weidenloch", Grabhügel.

Brenz. Im Walde „Graskopf" Hügelgräber.

Fleinheim. Nordöstlich vom Ort eine Verschanzung, „Burg", dabei beim „Höllbrunnen" Grabhügel, von denen aber schon einige ins Oberamt Neresheim fallen.

Herbrechtingen. Auf dem Buigenberg im Brenzthal, bei der Eselsburg, bedeutende Verschanzungen mit hohen Steinwällen, ihnen gegenüber auf demselben Berg, näher bei Herbrechtingen, ein befestigtes römisches Lager mit Vorschanzen, die gegen jene Steinwälle gerichtet sind.

Mergelstetten. Westlich im Wald, „Burren" oder „Scheithau" genannt, 19 Grabhügel, fast alle geöffnet; man fand Thongefässe, schöne Gegenstände von Bronce und Eisen, einen goldenen Ohrring, farbige Glasringe, zahlreiche schwarze Gagatkorallen, ein Trinkhorn und einen Harzkuchen. — Leichenbestattung. (s. Württemb. Jahrb. 1833. II. und Jahreshefte des W. A. Ver. B. I. Heft 5. samt Abbildungen).

Nattheim. In der Richtung gegen Oggenhausen lagen im Walde 8 Grabhügel, von denen einige bei Anlage der Vizinalstrasse abgetragen wurden, man fand Gefässe und Eisenwaffen.

Im Walde „Buchen", nördlich vom Ort, ebenfalls Grabhügel; östlich vom Ort, im Wald „Kirchberg" beim „Sachsenbrunnen" die „Sachsenschanze", ein unregelmässiges ziemlich ausgedehntes Rechteck; vielleicht noch aus der Grabhügelzeit.

Steinheim. Westlich vom Ort im Walde „Grothau" zahlreiche Grabhügel; ebenso südlich von Küpfendorf im Walde, hier fand man in einem Hügel 7 Armringe und einen Gürtel von Bronce, vielleicht ein Kindergrab. (s. Jahreshefte des W. A. V. am a. O.), und nördlich von Gnannenweiler am „Zigeunerweg" ein grosser Hügel.

A. F.

Heidenheim. Am Fuss des Todtenbergs, im „Todtengarten", anschliessend an das röm. Gräberfeld ein Reihengräberfeld mit sehr reichen Inlagen, Silber, Bronce, Elfenbein und sehr schönen Eisenwaffen. (s. Schriften des W. Alt. Ver. B. II. H. 2.

Betzenweiler. Beim Eisenbahnbau fand man Reihengräber mit Eisenwaffen.

Hermaringen. Reihengräber mit sehr schönen Beigaben, silbernen Fibeln in Scheibenform, Bronceschnallen, sehr schönen und zahlreichen Glas- und Thonperlen. Drei Schädel mit furchtbaren Schwerthieben; in einem Grab Mann, Frau und Pferd.

OA. Künzelsau.

R.

Der röm. Grenzwall (limes transrhenanus) zieht durch den westlichen Theil unseres Bezirks: nördlich von Jagsthausen bildet er streckenweise die Grenze zwischen diesem (Mark. Berlichingen) und dem OA. Neckarsulm, zieht immer als Ackerrain über das „Götzenschänzle". (Spuren eines Wachhauses), die Flur „Sauhaus", wo wieder ein Wachhaus stand, und über den Glossenberg, (Spuren eines Wachhauses); der Wall noch an einzelnen Stellen sichtbar. Weiter überschreitet er das Kessachthal und geht über die „Bronnenhalde", wo ein Wachhaus stand, zum Walde Denzer, an dessen westlichem Saume er wohl erhalten hinzieht, die Landesgrenze zwischen Württemberg und Baden bildend. Am nördlichen Ende des Waldes tritt er wieder ganz in unseren Bezirk, ist aber durch den Ackerbau eingeebnet; er läuft über die Fluren „Höhe", „unterer Weigenthaler Weg", und 400 Schritte an Hopfengarten (Mark. Ober-Kessach) vorüber in den Wald „Bronnen", wo er wieder sichtbar wird; (am Saum des Waldes Trümmer eines Wachhauses), und weiter in das Grossherzogthum Baden.

Strassen. Von röm. Strassen wird der Bezirk nur in seinem westlichsten Theil durch die von Widdern nach Osterburken ziehende röm. Strasse berührt.

G. K.

Künzelsau. Westlich der Stadt, im Künzelsauer „Stadtwald", zwischen der sog. „Weinstrasse" und dem Fussweg nach Niedernhall, 2 Grabhügel. Beide geöffnet: Gerippe und Gefässe; im grösseren ein Steinkreis (s. Zeitschrift des Fränk. Vereins B. V. H. 1. Jahrg. 1859 S. 121 ff.)

Dörrenzimmern. Bei Stachenhausen 3 Grabhügel, 2 geöffnet, Leichenbrand, Gefässe. (Zeitschr. des Fr. Ver. 1862. S. 106 f.)

Hohebach. Südlich vom Ort, bei Weldingsfelden und Wendischenhof im Rippertsholze 3 Grabhügel: alle geöffnet: in einem nur viele Gefässe, in einem zweiten viele Gegenstände von Bronce, in einem dritten Broncesachen und Gefässe; in allen Steinkreise oder Steinkerne; Leichenbrand. (siehe Zeitschrift des Fränk. Ver. Jahrgang 1848. S. 82 ff. und besonders Hanselmann, „Beweiss wie weit der Römer Macht" etc. Hall. 1768. B. I. S. 94 ff., dann Keller, Vicus Aurelii, S. 53 f.) Beim Heslachhof weitere Grabhügel.

Ingelfingen. Beim „Bühlhof" waren nach Hanselmann an der „hohen Strasse" über 30 Hügel, in der Nähe „Steinmauern" oder die „alte Mauer" (s. Hanselmann ebenda).

Jungholzhausen. Nordwestlich vom Ort zahlreiche Grabhügel.

Niedernhall. Auf dem „Hermersberg" und „Herrgottsberg" bedeutende Grabhügelgruppen, mit Thongefässen, Skeletten, vielen Gegenständen aus Bronce; im grössten zwei Skelette, ungewöhnlich grosse Zahl von Bronceringen, keine Gefässe.

Weisbach. Nordwestlich vom Ort Grabhügel.

Westernhausen. Südlich vom Ort im Wald Grabhügel.

OA. Mergentheim.

G. K.

Mergentheim. In der Umgegend fand man schon öfter Steinwaffen. (Zeitschrift des Fränk. Ver. Jahrg. 1859 S. 125.) Sodann fanden sich bei Aufgrabung der Mergentheimer Mineralquelle uralte Gefässfragmente (Zeitschr. des Fränkischen Vereins. Jahrg. 1852. S. 67.)

Althausen. Im Gemeindewald „Trompeterholz" 2 grosse Grabhügel.

Berusfelden, südlich vom Ort im Walde „Lindach" über 12 Grabhügel, darunter ein sehr grosser, in seiner Nähe ein Erdwall.

Blumweiler. In der Nähe die „Hundskirche", künstlich in die Felsen gehauene Gänge.

Edelfingen. Westlich vom Ort, auf dem „Birkisberg", ein Grabhügel.

Finsterlohr. Beim Weiler „Burgstall" eine der grossartigsten Verschanzungen: das ganze zwischen dem schroffeinbrechenden Taubertal und zwei in dasselbe herabziehenden tiefen Schluchten aufsteigende Bergplateau ist gegen die vierte ebene Seite durch einen doppelten Zug von Graben und Wall in grössten Dimensionen geschützt, der zweite innere Wall zieht sich, zum Theil aus Steinblöcken, wo der Graben aufhört, noch lange oben am Rande des Taubertales hin; an der Südwest-Ecke Reste eines besonderen viereckigen Kastells. - Burgstall sei früher eine Stadt gewesen, habe eine grosse Kirche gehabt und „Burgstadt" geheissen.

Neubronn. Beim Weiler Oberndorf im Walde „Struet" 10 Grabhügel.

Nieder-Rimbach. Bei Standorf im „Leschehölzle" Grabhügel, einer geöffnet; man fand 3 Gerippe und viele Gefässe.

Stuppach. Auf dem „Edelberg" südwestlich vom Ort 4 Grabhügel.

Unweit der Landesgrenze (schon in Bayern) gegenüber von Rothenburg a. d. T. liegt die „Engelsburg", ein grossartiger Steinwall, von Schlucht zu Schlucht ziehend; seine äussern Steine alle durch Feuer verändert.

A. F.

Edelfingen. In der Lehmgrube Reihengräber, mit Eisenwaffen und Broncegegenständen. (s. Zeitschrift des Fränk. Vereins. Jahrg. 1856. S. 135.)

OA. Neresheim.

R.

1) Die röm. Consularstrasse, „alte Heerstrasse", kommt von Aalen her, zieht wohl erhalten zwischen Simmisweiler und Brastelburg durch, am „Hundsbühl" vorbei nach Michelfeld, von da die Schlucht hinab nach Aufhausen, über Oberdorf und weiter auf der Landstrasse nach Kerkingen, von da als „Heerweg" „Fremdenweg" nördlich bis an den Limes im OA. Ellwangen.

2) Die auf grossen Strecken noch gut sichtbare und erhaltene, von Heidenheim über Nattheim herkommende Römerstrasse, „Fremdensträssle" genannt, zieht schnurgerade gegen Norden, östlich von Steinweiler, westlich von Stetten und östlich von Elchingen vorüber; hier wendet sie sich gegen Nord-Nord-Ost und läuft fast ganz gerade nach Michelfeld, wo sie sich mit der oben genannten vereinigt.

3) Die von Faimingen herkommende röm. Strasse, „Frankenstrasse", die nach der Sage der Teufel gepflastert haben soll, läuft, sehr gut erhalten, von Faimingen gerade nordwärts und beinahe schnurgerade bis Dunstelkingen, wendet sich hier ein wenig gegen Nordwest, zieht westlich von Dehlingen über das „Gassenthal" und an Hohenberg vorbei durch eine Seitenschlucht ebenfalls nach Aufhausen; sie ist fast überall noch erkennbar.

4) Von ihr geht, die nördliche Richtung fortsetzend, eine röm. Strasse, der „Rennweg" (die gerade Verbindung von der Römerstadt bei Faimingen an den Limes), westlich an Kösingen vorbei, nach Trochtelfingen und von da an Heerhof und Kirchheim vorüber, weiter an Wessingen vorüber ins OA. Ellwangen und hier in Strasse 1.)

5) Die „alte Strasse", wahrscheinlich auch römisch, läuft von Steinweiler nach Dossingen, östlich an Weilermerkingen und Dehlingen vorüber gegen Utzmemmingen; es ist dies die frühere Heidenheim-Nürnberger Strasse.

6) Von Faimingen läuft eine alte Strasse, „grasiger Weg", wahrscheinlich auch römisch, an Hohenmemmingen vorbei über Niesitz und Ebnat gegen Aalen.

7) Eine weitere wahrscheinliche Römerstrasse läuft als „Heerweg" über Stetten nach Dossingen, kreuzt beim „Hungerbuck" die von Faimingen herkommende „Frankenstrasse" und geht in der Nähe der „Altenburg" vorbei, wo nach der Sage ein röm. Tempel gestanden sein soll, und zur röm. Niederlassung auf der Markung Utzmemmingen (s. u.)

8) Eine röm. Strasse „Heerstrasse" zieht noch erkennbar von Bopfingen übers Osterholz nach Pflaumloch und Nördlingen.

9) Von Aufhausen zog ohne Zweifel ein röm. Seitenweg nach Baldern.

Niederlassungen.

Auernheim. Auf der „Burg", südlich vom Ort, fand man schon röm. Münzen. Die hier noch bestehende Verschanzung mag ursprünglich eine römische Anlage sein, später sassen hier die Herren von Auernheim.

Baldern. Am südlichen Fusse des Berges „Hohenbaldern" auf der vorderen Heide röm. Wohnplatz mit Grundmauern und Resten eines Hypocaustums; beim Blankenhof, noch näher am südlichen Fusse des Berges, fand man ein röm. Bildwerk, ebenso auf dem „Mailänder Feld", ¹/₄ Stunde westlich von Baldern, und endlich auf der langen Wiese, ¹/₄ Stunde östlich vom Ort, wurden mehrere röm. Bildwerke entdeckt, hier war ohne Zweifel auch ein Wohnplatz. Die Kuppe des Berges mag, gleich wie der nachbarliche Ipf, schon vor den Römern befestigt gewesen sein.

Ballmertshofen. In den Mauern des Kirchhofs, wo ein heidnischer Tempel gestanden sein soll, fand man ein röm. Bildwerk, eine Opferhandlung, jetzt im Lapidarium in Stuttgart.

Bopfingen mit Oberdorf, hier am Fusse des Ipfs namhafte Spuren der Römer, röm. Gebäudeschutt, röm. Gefässe, Münzen, Wasserleitung, am nördl. Fusse des Ipfs fand man Grundmauern mehrerer röm. Gebäude, die Broncestatuette eines Merkur etc.; bei Oberdorf einen röm. Meilenstein. Ohne Zweifel war auch der südlich an der Stadt gelegene, von einem Wassergraben umzogene „Burgstall", worauf später die Herren von Bopfingen sassen, ursprünglich eine röm. Anlage. (S. auch OA.-Beschr. v. Neresheim. S. 225). Im Osterholz an der „Heerstrasse" eine Schanze.

Dirgenheim. Auf der Flur „Flecken", beim „Eulen-" oder „Eigelstein", vermuthlich ein röm. Wohnplatz.

Dorfmerkingen. In der Nähe des Weilers Hohenlohe, ¹/₄ Stunde nordwestlich vom Ort, stand auf den „Kelleräckern", wo das „Frankenschloss" gewesen sei, eine röm. Niederlassung; man fand u. A. ein Hypocaustum.

Elchingen. Auf der „Bürg", östlich vom Ort, röm. Niederlassung mit Grundresten röm. Gebäude.

Kerkingen. Auf den „Hofstätten", südlich der Kirche, röm. Kastell, wo schon öfter röm. Münzen gefunden wurden. Auf dem „Hausenfeldle", auf Meisterstaller Markung an der Römerstrasse, Grundreste röm. Gebäude.

Kirchheim. Auf der Höhe, wo der evangelische Kirchhof liegt, war ohne Zweifel eine röm. Niederlassung, in dem Kirchlein desselben fand sich ein röm. Denkstein eingemauert, (jetzt im Lapid.) Der am Chor der Klosterkirche eingemauerte Widderkopf ist wohl auch römisch.

Kösingen. Einige hundert Schritte westlich vom Ort, nahe der Römerstrasse, auf den „Schlossäckern" röm. Niederlassung mit beträchtlichen Resten.

Pflaumloch. Südwestlich vom Ort im Goldbachthal Spuren römischer Gebäude.

Röttingen. Die 3 mittelalterlichen Wasserschlösser im Ort mögen auch auf die Römer zurückzuführen sein. Am Eingang zum Kirchhof liegt die Flachskulptur eines Löwen (wahrscheinlich antik). An der Stelle der jetzigen Wendelinskapelle soll ein röm. Tempel gestanden sein; auf dem Erbisberg eine langhinziehende Schanze.

Trochtelfingen. In und um den Ort Spuren röm. Befestigungen und Ansiedlung. (S. OA.-Beschr. v. Neresheim Seite 417–419).

Trugenhofen. Auf den „Ziparthöfen", nordöstlich vom Ort, römischer Wohnplatz, mit Mauerresten, Heizröhren etc. Ebenso südlich vom Ort in den „Mauerackern".

Utzmemmingen. Südlich vom Ort auf der Flur „Ofnet" Spuren einer nicht unbedeutenden röm. Niederlassung mit Grundmauern, Siegelerdegefässen etc. Hier soll nach der Sage eine Stadt gestanden sein und heisst die Stelle in Urkunden vom Jahr 1274 und 1280 „urbs antiqua".

Ausser den schon oben angeführten wahrscheinlich röm. Schanzen erwähnen wir noch die viereckige Schanze im Wald bei Jagstheim, wo schon röm. Münzen gefunden wurden, auf dem Buchberg bei Dunstelkingen, der Schelmengraben genannt; ebenso war wohl auch Kapfenburg wegen seiner ausserordentlich günstigen Lage von den Römern besetzt; auch hier fand man schon röm. Münzen.

G. K.

Neresheim. Bei Stetten 8 Grabhügel.

Auernheim. Im Gemeindewald „Höllbuck", südwestlich vom Ort, mehrere Grabhügel, mit Leichenbrand und Gefässen.

Bopfingen. Im Seethalthal bei der Edelmühle lag ein Grabhügel, jetzt abgetragen; man fand darin ein künstlich aufgesetztes Steinlager mit viel Asche und Kohlen. Der nördlich an der Stadt sich ganz frei erhebende steile baumlose Berg „Ipf" trägt grossartige Verschanzungen aus vorrömischer Zeit, Ringwall und Vorschanzen, (s. OA.-Beschr. von Neresheim und Schriften des württemb. Alterthumsv. B. II. H. 2). Man fand auf seiner Kuppe eine Menge Fragmente von Gefässen, wie sie in den benachbarten Grabhügeln vorkommen.

Demmingen. Im „Birkhäule" bei Duttenstein ein Grabhügel.

Dischingen. Eine halbe Stunde nordöstlich vom Ort, im oberen Gemeindewald. 10 Grabhügel; einer geöffnet: Gefässfragmente, Kohlen und Asche.

Dorfmerkingen. Auf der Höhe, westlich von Dossingen, ein Grabhügel.

Dunstelkingen. Am Buchberg, südöstlich vom Ort, ein Grabhügel.

Ebnat. In den „Badhäulen" bei Niesitz 15 Grabhügel, einige geöffnet: Leichenbrand, Gefässe, Ringe, Halsschmuck und Schälchen von Bronce, Eisenwaffen, eisernen Reitzaum etc. (s. OA.-Beschr. von Neresheim). Im Walde „Dachsbau" ein grosser Hügel angegraben, Bruchstücke von Vasen. Ein weiterer westlich von Ebnat, an der OAmtsgrenze, und bei Diepertsbuch 3 Hügel.

Elchingen. Im Heiligenwald, nördlich vom Ort, 3 Grabhügel; einer geöffnet: Gefässe; wahrscheinlich ist auch der sehr grosse beinahe abgetragene Hügel im Ort ein Hügelgrab. Auch lagen einige Grabhügel am Ort, jetzt abgetragen.

Goldburghausen. Auf dem Goldberg Reste von Verschanzungen, wo schon eine grosse Menge rohgearbeiteter kaum gebrannter Gefässe, eine Fibel und ein Ring von Bronce (s. OA.-Beschr. von Neresheim) gefunden wurden.

Grosskuchen. Im Wald „Badhäule", östlich vom Ort, 10 Grabhügel, einer geöffnet, Gefässfragmente, Leichenbrand. In dem eine Viertelstunde westlich von Kleinkuchen gelegenen Wald „Gschellteich" mehrere Grabhügel, auf dem „Zigeunerbuck" zwischen Gross- und Kleinkuchen zwei; auf der Heide bei Nietheim einer und mehrere im Wald „Buchen", südlich von Kleinkuchen; zum Theil schon im OA. Heidenheim.

Kerkingen. Bei Meisterstall auf dem „Bäckelesban" oder dem „Sighardt" gegen 60 Grabhügel; mehrere geöffnet: Leichenbrand, grosser Reichthum an Gefässen, oft 3 ineinander (s. OA.-Beschr. von Neresheim); sonst durchaus keine Waffen oder Schmuckgegenstände.

Trochtelfingen. Im Thal beim Ort zwei Grabhügel.

Unter-Riffingen. Auf der „blossen Gmeind" 2, und im anstossenden Wald „Kohlhau" 9 Grabhügel. „Im Teich", östlich vom Ort, ein Grabhügel. Südlich von Weidendorf ein Hügel. Bei Michelfeld im Walde Bannrain und auf der Erzgrube je eine Hügel-Gruppe; einer der letzteren geöffnet: Leichenbrand, viele Gefässe, wie bei Meisterstall, zum Theil 3 in einander.

Waldhausen. Südlich vom Ort 15 Hügel, einer geöffnet, Leichenbrand, viele Gefässe. In einem nahen Wäldchen 16 weitere Hügel. Bei Beuren im Walde „Heuweg" Grabhügel.

A. F.

Neresheim. Auf der Flur „auf den Gräbern", eine halbe Stunde südwestlich der Stadt, Reihengräber. Ebenso auf der Markung Stetten auf den „Todtenäckern".

Auernheim. In der Nähe des Ortes, unfern der Burg, fand man ein Reihengrab, mit einem Skelet und einem Sax.

Bopfingen. Am Fusse des Sandbergs Reihengräber mit Eisenwaffen und schönen Schmuckgegenständen, darunter eine Broche aus Goldfiligran.

Kösingen. Im Ort fand man ein Reihengrab mit Skelet und einem Schildbuckel.

Ohmenheim. Auf dem „Reustenbühl" Reihengräber, mit Skeletten, Eisenwaffen, Gefässen, Glas- und Bernsteinperlen.

Röttingen. Auf der Markung fand man ein Reihengrab mit Eisenwaffen.

OA. Oehringen.

B.

Der röm. Grenzwall (limes transrhenanus) zieht in schnurgerader Linie als „Pfahl" oder „Schweingraben" von Südost nach Nordwest durch den Bezirk, tritt eine Viertelstunde westlich Geisellhardt in denselben, bildet, ziemlich gut erhalten, die Markungsgrenze zwischen Steinbrück und Streithag, läuft durch den Wald

„Bukel", wo ein Wachhaus stand, weiterhin auf der Markungsgrenze zwischen Schönhardt und Kappenhof. Beim Neuwirthshaus ist er abgegangen, erscheint aber wieder im Walde „Bübl", wo ein Wachhaus stand, zieht weiter durch den Wald „Greut" (Wachhaus), durch den Gleichener See, den Wald „Steinbacher Ebene", verschwindet am steilen Abhang und erreicht die Böckinger Ebene, auf der drei Wachhäuser standen, zieht durch den Wald „Heerbug" auf die Flur „Maurer" (Wachhaus), dann über die Fluren „Steinäcker" (Wachhaus), „Grundäcker", „Steinäcker" (Wachhaus), inneres „Hochfeld" (Wachhaus), der Länge nach durch den Ort Bayerbach und bildet bald eine Strecke weit die Markungsgrenze zwischen Bayerbach und Oberohrn. Weiter läuft der Wall über die Flur „Hofäcker" auf die Flur Wachhabler (Wachhaus), an dem Meisenhälder Weinberge, den sog. wüsten Rain hinunter an den Kapellenrain (Wachhaus), über die östlich von Oehringen gelegenen Herrenwiesen, über die Fluren „lange Gwand" und „Waldreffen", welch letztere an die „obere Bürg" bei Oehringen grenzt. Der Wall ist von der Böckinger Ebene bis zur Flur Waldreffen nur noch stellenweise erkennbar, indessen lässt sich nach seinen übrig gebliebenen Resten und besonders nach den Spuren der Wachhäuser sein ursprünglicher Zug noch genau verfolgen.

Von der Flur „Waldreffen" zieht der Limes, zum Theil noch erkennbar, über das Massholderbachthal, an der Westseite von Untermassholderbach vorüber auf die „Pfahläcker", wo am „Kreuzstein" ein Wachhaus stand, zu der sog. „Schildwache" (Wachhaus), über die Flur „Jonasfeld" (Wachhaus) in den Wald „Ossig", wo der Wall unter dem Namen „Pfahldöbele" eine lange Strecke noch wohlerhalten ist (hoch 13', an der Grundfläche breit 40', auf dem Wallrücken 4', der Graben 4—5' tief und an der Sohle 5' breit). Auf dem höchsten Punkt des Waldes Ossig stand ein Wachhaus. Weiter zieht der Grenzwall über die Flur „Betzenfeld" (Wachhaus) zum östlichen Ende des Dorfes Pfahlbach, dann durch den Wald „Seefeld" (auf seinem höchsten Punkt ein Wachhaus) und von hier in das Kocherthal, das er bei der Ziegelhütte überschreitet. Auf dem Grunde des Kochers lassen sich, genau in der Verlängerung des Limes, bei niedrigem Wasserstand Reste ehemaliger Brückenpfeiler, die unzweifelhaft röm. Ursprungs sind, erkennen. Weiter geht der Zug des Limes über den Berg „Eisenhut" (Wachhaus) auf die „Pfahläcker" und auf die „Häuserbergäcker" (Wachhaus), wo er den Bezirk verlässt, um im OA. Neckarsulm fortzusetzen.

Bei Hornberg, ¼ Stunde ausserhalb (östlich) des Grenzwalls (Markung Cappel), liegen die Reste einer rechteckigen Schanze, der „Burgstall" genannt, wahrscheinlich eine röm. Vorschanze.

Strassen. 1) Die röm. Heerstrasse, die von der Römerstadt bei Böckingen, OA. Heilbronn, nach Oehringen führte; sie folgt mit wenig Ausnahmen der jetzigen Landstrasse. (s. OA.-Beschr. von Weinsberg.)

2) Von der „oberen Bürg" bei Oehringen geht eine vermuthliche römische Strasse, „alte Strasse", den Grenzwall überschreitend nach Weinsberg, nördlich am Klumpenhof vorüber nach Grünbühl und weiter gegen Döttingen.

3) Von der Strasse ad 1) ging eine Viertelstunde westlich von Oehringen eine röm. Strasse ab, führt über das „Galgenfeld", westlich an der Flur „Wacht" vorüber, nördlich an Schwöllbronn vorbei und weiter gegen die röm. Niederlassung bei Neuenstadt.

4) Die röm. Strasse, die den Grenzwall entlang, theils inner- theils ausserhalb desselben, führte, erreicht als „alter Kutschenweg" bei Geiselhardt den Bezirk, läuft westlich an Streithag vorüber gegen das Neuwirthshaus, kreuzte da den

Grenzwall, und zog weiter über Gleichen, die „Schauzwiesen" nach Heuberg, Pfedelbach und Öhringen. Von da als „alter Weg" zwischen der oberen und unteren „Bürg" durch ins Massholderbachthal, überschreitet dieses, zieht auf die „Pfahläcker", wo sie eine grössere Strecke ganz in der Nähe des Grenzwalles fortläuft; bei der sog. „Schildwache" tritt sie wieder ausserhalb desselben, geht indess wieder bald innerhalb bis Sindringen und weiter nach Jagsthausen.

5) Von dieser Strasse lenkt ein alter Weg, vielleicht auch römisch, auf der Höhe nördlich von Unter-Gleichen ab, zieht auf den Höhen fort gegen den Hof Stöckig und weiterhin nach Bretzfeld (OA. Weinsberg) und hier in die dortige Römerstrasse.

Niederlassungen.

Oehringen. Eine der bedeutendsten röm. Grenzniederlassungen lag nördl. von der Stadt auf der „oberen und unteren Bürg", über die südlich und südöstlich der Stadt gelegenen Fluren „oberer und unterer Orendelstein" und wohl auch über einen Theil der jetzigen Stadt. Die obere und die untere Bürg bildeten zwei aneinanderstossende Castra, die nur durch die zwischen ihnen laufende Römerstrasse getrennt werden, diese bildet einen breiten, zu beiden Seiten mit hohen Terrassen versehenen Hohlweg; östlich an der jetzigen Stadt läuft die „Heunengasse", wo man das alte Pflaster noch aufdeckte. Man fand schon viele Denksteine mit Inschriften und Bildwerken, unter denen zwei mit dem Namen der ehemaligen Römerstadt, Vicus Aurelii. Siehe auch Haug, „die röm. Inschriften in Württemb. Franken" in Zeitschr. d. Fränk. Ver. 1869, 1870.

Sehr schöne Bildwerke von Stein und Erz, Münzen, grossartige Gebäudesubstruktionen, Grabstätten, eine entdeckt 1861 zwischen der oberen Bürg und dem Grenzwall, die andere schon von Hanselmann aufgedeckt auf der unteren Bürg. (Hanselmann, Beweiss wie weit der Römer Macht etc. I und II. Hall 1768 und 1773, mit vielen Abbildungen; OA.-Beschr. von Oehringen; O. Keller, Vicus Aurelii. Bonn 1871. mit Abb.).

Müglingen. Im Walde „Kreuzholz" röm. Niederlassung, mit Hypocaustum, Siegelerdegefässen etc. Auch auf der eine Viertelstunde unterhalb Müglingen gelegenen Flur „Burgau" Verschanzungen und Mauerreste (vielleicht römisch).

Sindringen. Bei Anlage der Strasse von hier nach Ohrnberg fand man i. J. 1846 Grundmauern röm. Gebäude, Hypocausten etc. Ohne Zweifel stammt die Stadt selbst ursprünglich von einer röm. Niederlassung oder Verschanzung: hiefür spricht die quadratische Anlage der jetzigen Stadt, und ihre Lage unweit der Stelle, wo der Limes das Kocherthal überschreiten musste.

Bei Pfedelbach und Unter-Gleichen Reste von Schanzen, wahrscheinlich römisch. Bei Gleichen fand man nach Hanselmann röm. Verschanzungen mit zahlreichen Gefässen.

G. K.

Eichach. Im Walde „Gerberholz", ½ Stunde südöstlich vom Ort. 3 Grabhügel, mit Leichenbrand.

Forchtenberg. Im fürstlichen Walde „Bouholz" 3 Hügel.

Ober-Steinbach. Beim abgegangenen Ort „Lupfersberg" fand sich ein Steinmeisel von Diorit.

Pfahlbach. Im fürstlichen Walde „krumme Heimat", südlich vom Ort, ein Grabhügel, geöffnet: Gefässfragmente, Kohlen, schöne Fibula von Bronce.

Ohrnberg. Auf dem Bergrücken zwischen Kocher und Pfahlbach ein künstlich aufgeworfener Hügel, der „Buckelsberg"; von Schatzgräbern angegraben; vermuthlich ein Grabhügel. (OA.-Beschr. von Oehringen S. 307 f.)

OA. Schorndorf.

R.

Strassen: 1) Die röm. Consularstrasse tritt als „hohe Strasse" östlich von Buoch in den Bezirk, läuft auf dem Gebirgsrücken fort gegen den sog. „rothen Stich", am „hohen Rain" vorüber gegen Birken-Weissbuch, Asperglen, Michelau und Steinenberg. Oestlich von diesem Ort zieht sie als eine gepflasterte Strasse den Berg hinauf und unfern Steinbrück in die von Schorndorf nach Welzheim führende Landstrasse und bald darauf ins OA. Welzheim.

2) Aus dem OA. Esslingen kommt eine röm. Strasse, eine halbe Stunde westlich von Baltmannsweiler in den Bezirk, läuft, immer die Wasserscheide einhaltend, über Hohengehren und Schlichten nach Oberberken und weiter gegen den Hohenstaufen; sie wird noch jetzt benützt und heisst theilweise die „Kaiserstrasse".

3) Von Marbach her kommt eine röm. Strasse, als „Pfahlstrasse", „hohe Strasse", bei Beutelsbach in den Bezirk, geht den „Kappelsberg" hinauf nach Manolzweiler, läuft sodann eine Strecke weit auf der obengenannten Kaiserstrasse, und die südöstliche Richtung fortsetzend, gegen Krapfenreut (OA. Göppingen).

4) Ein an mehreren Stellen noch erkennbarer Römerweg, der „Heerweg", geht bei Steinbrück von der Consularstrasse ab, zieht am Wellingshof und östlich an Haubersbronn vorüber nach Schorndorf und von da über Oberberken, wo sie die Kaiserstrasse kreuzt, und über den „Römerwasen" bei Unterberken gegen Uhingen (OA. Göppingen.)

Niederlassungen.

Schorndorf. In der „Grafenhalde" und im „Ramsbach" fand man im J. 1770 u. folg. je ein röm. Steinbild; jetzt im K. Lapidarium. Auch wurden schon öfter in der Nähe der Stadt röm. Münzen gefunden. Ohne allen Zweifel war bei der Stadt am Fuss der Grafenhalde eine Niederlassung der Römer; wofür ausser den Funden auch die verschiedenen römischen Strassen, die hier zusammenlaufen, sprechen.

Beutelsbach. Im Jahr 1859 fand man beim Brückenrost an der Beutel einen kleinen Altar mit Weihinschrift, jetzt im Lapidarium. (Württemb. Jahrb. Jahrg. 1858. S. 219.)

A. F.

Beutelsbach. Reihengräber mit schönen Inlagen, Bronce-, Eisen- und Silbergegenständen, Thon- und Glasperlen.

OA. Welzheim.

R.

Der Limes transrhenanus beginnt auf dem schmalen, westlich vom Hohenstaufen auslaufenden Bergrücken, auf dem sog. „Heidenfeld", zieht kaum mehr sichtbar durch den „Heidenwald", der schon in unserem Bezirk liegt, läuft, etwas deutlicher sichtbar, am Haberhölzle hin, dann die gerade Linie verlängernd über den „Altenberg", und die Flur „Hag" und weiter zum sog. „Burglauch", ein ehemals römisches Kastell, worin man schon röm. Münzen fand, östlich an der Ziegelhütte vorbei, über die „Grabenäcker" am Saume des Waldes „Hummel" (hier noch sichtbar). Nördlich von Ober-Kirneck kommt er auf dem „Trudelfeld" als ziemlich tiefer Graben wieder zum Vorschein. Ehe der Wall den Abhang des Remsthals erreicht, fand man auf der Höhe Reste eines Wachhauses, eines zweiten bei der Markungsgrenze von Ober-Kirneck und Lorch. In Lorch läuft der Limes an einem uralten Hause vorbei, an dem ein röm. Denkstein aufgefunden wurde. Von hier zieht derselbe unter dem Namen „Pfahl" auf dem Bergrücken zwischen dem Götzenbach- und Aimersbach-Thälchen über den „Heldenberg" nach dem Bühl (Wachhaus), durch den Pfahlbronner Wald (hier noch deutlich sichtbar) über den „rothen Bühl" (Wachhaus) zum Bemberlesstein (Wachhaus). Von hier bis an den Nordsaum des Pfahlbronner-Waldes auf die „Birkhalde", wo ohne Zweifel eine Befestigung stand.

Bis hieher ging der Wall in schnurgerader nordnordwestlicher Richtung, hier bricht er sich, zieht westlich an der Brecher Markungsgrenze hin bis auf die Flur „Bohnen", wo bei der sog. „Kapelle" ein Wachhaus stand, weiter über die Flur „Pfahl" nach Pfahlbronn. Vom westlichen Ende des Dorfes an zieht der Wall neben der Landstrasse nach Welzheim im Ackerfeld hin, verschwindet aber von Jahr zu Jahr mehr, über die Flur „Tempelfirst" (s. u.), über die Flur „kurzen Pfahl" (Wachhaus), Pfahlwasen oder „lange Pfahl" (Wachhaus) in die Nähe des „Haghofes"; von hier an nimmt er wieder die nordnordwestliche Richtung an, die er bis an den Main beibehält. Am Wendepunkt fand man die Reste eines Thurmes. Weiter zieht der Wall als „Schweingraben" oder „Pfahlgraben" gegen den Wald „Bürgig" (hier gut erhalten und ein Wachhaus), durch das Rogbachthälchen in den Staatswald Tann (Wachhaus), auf die Flur „Mühläcker" (Wachhaus). Von da lief der Limes auf die „Bürg", wo die römische Grenzgarnisonsstadt (s. u.) stand; zieht weiter über die Flur „Steinbös" (Wachhaus) auf die „Kapellentheile" (Reste eines Wachhauses); hier zeigen sich wieder deutlichere Wallreste, während sie von den Mühläckern an beinahe ganz verschwunden sind. Dann zog der Wall über die Flur „Rübäcker" auf die „Blumenau", wo ein Wachhaus, vom Volke „Kapelle" oder „Schilderhäuschen" genannt, stand; — durchschneidet das lange Wiesenthälchen, kommt zu der Flur „Döllen" (deutlich sichtbar), zieht östlich an Seiboltsweiler vorbei auf die Flur „Baumgärtle" (Wachhaus); an der östlichen Seite von Eckartsweiler vorüber auf die Flur „Elsen" (Wachhaus). Am Waldsaum wohlerhalten fortziehend führt der Wall über die „Bürg" (bei Gausmannsweiler), und, noch immer deutlich sichtbar, über die „Hofwiesen" (Wachhaus), Flur „Stöck" und den Wald „Gläserwand" (Wachhaus); dann über zwei Waldschluchten auf die Hochebene „junger Forst", hier noch 10 Fuss hoch. An einer sehr dominirenden Stelle, 300 Schritte östlich vom Spatzenhof, Trümmer eines grossen röm. Gebäudes. Von hier geht der Wall über einige Schluchten und das Weidenbachthal, westlich am Weidenhof vorbei, wo am Saum des an die „Traubenäcker" grenzenden Waldes ein Wachhaus stand, weiter über den Ottersbach in den „oberen Wald", wo er noch gut erhalten ist. (s. OA. Backnang).

Der Limes transdanubianus ging von Pfahlbronn aus in östlicher Richtung auf der dominirenden Wasserscheide zwischen Rems und Lein als „Hochstrasse" an Alfdorf und Adelstetten (hier eine Schanze, „Landgraben") vorüber und bei Pfersbach ins Oberamt Gmünd (s. d.)

Strassen. Die röm. Consularstrasse, „hohe Strasse", kommt aus dem OA. Schorndorf nördlich vom Krähenhof in den Bezirk und zieht immer auf der Wasserscheide meist auf der jetzigen Strasse an Breitenfirst vorbei nach Pfahlbronn, wo sie sich an den Limes transdanubianus, die röm. Grenzstrasse, anschliesst.

Vom Hohenstaufen läuft eine röm. Strasse („Steinweg") theils ausser- theils innerhalb des Limes transrhenanus am röm. Kastell beim Wäscherhof „Burglauch" vorbei nach Lorch, als „Heerweg" über den Klotzenhof, am „Hennenbühl" vorbei nach Pfahlbronn, hier eine Zeitlang auf der Consularstrasse weiter bis Breitenfirst. Von da als „alte Strasse", „Heerweg", die sich durch grosse uralte Linden, die ihr entlang stehen, kennzeichnet, auf den höchsten Punkten zwischen der Wieslauf und der Lein, westlich an Welzheim vorüber, innerhalb des Limes bis Gausmannsweiler, von da, des dominirenden Terrains wegen, ausserhalb des Grenzwalls an Kaisersbach und der röm. Schanze, wo schon röm. Münzen gefunden wurden, bei Mönchhof vorbei gegen den Göckelhof, von dem östlich sich eine 500 Fuss lange Schanze hinzieht.

Die von Ober-Berken (OA. Schorndorf) herkommende röm. Strasse, „Kaiserweg", geht über Rattenharz und bei Kirneck in die oben beschriebene.

Von Gmünd (siehe OA. Gmünd) her kommt eine röm. Strasse, tritt bei Klein-Deinbach in den Bezirk und zieht als „Heersteige" theilweise wohl erhalten auf das Kloster Lorch.

Eine röm. Strasse, von Winnenden herkommend, „Heuweg", zieht bei Ebni in den Bezirk und läuft gegen Kaisersbach (s. auch OA. Backnang).

Niederlassungen.

Welzheim. Auf der „Bürg", zwischen der jetzigen Stadt und dem Limes, lag eine röm. Grenzniederlassung, von der schon viele röm. Alterthümer, darunter zwei Denksteine, aufgefunden wurden; einer der legio XII primigenia pia fidelis angehörig.

Gross-Deinbach. Bei Pfersbach nächst dem limes transdanubianus ein runder mit einem Graben umgebener Hügel, in dessen Mitte die Grundreste eines sehr starken viereckigen Thurmes ausgegraben wurden, „Heidenschloss" genannt.

Lorch. Römische Niederlassung, auf der Stelle des jetzigen Orts, mit Siegelerdegefässen, dem Grabstein eines röm. Händlers mit feinen Töpfergeschirren (s. Württemb. Jahrb. 1843. S. 63). Ueber dem Westeingang der Klosterkirche ist ein grosser röm. Architrav eingemauert.

Pfahlbronn. Hier an der Vereinigung der beiden Limes röm. Niederlassung, Grundmauern röm. Gebäude, röm. Münzen; eine Flur in der Nähe heisst schon nach dem Lagerbuch von 1558 „uff dem Tempelfirst", es ist ein Bergvorsprung westlich vom „Heerweg", wo vielleicht ein röm. Tempel stand.

G. K.

Gross-Deinbach. Bei Pfersbach ein Grabhügel.

Lorch. Beim Graben eines Kellers im Ort fand man im Jahr 1834 ein Grab, das mit eichenen Brettern eingefasst war, darin eine grobgearbeitete Urne.

IV. Donaukreis.

OA. Biberach.

B.

Strassen. 1) Eine römische Strasse kommt von der römischen Donaustrasse her, bei Ahlen, wo sie im Ried ausgegraben wurde, in den Bezirk und läuft als „Hochsträssle" an Schammach und Burren vorbei nach Biberach.
2) Eine römische Strasse kommt aus dem OA. Waldsee und der Gegend des Schussenursprungs, heisst „alte Heerstrasse", weiterhin „Heerweg", läuft im Walde Krieger an einer viereckigen Schanze (von 100 Schritten Seitenlänge) vorbei nach Mittelbiberach und Biberach (in den Waldungen noch Spuren) und von da an Birkendorf, Oberhöfen und Oepfingen vorbei nach Baltringen (OA. Laupheim).
3) Eine römische Strasse kommt aus dem OA. Laupheim, zieht als „hohe Strasse", „Hochgesträss", z. Th. noch erhalten, von Hürbel gegen Süden auf der Wasserscheide zwischen Roth und Rottum an Erlenmoos und Eichbühl vorbei und bei Löhlis aus dem Bezirk.
4) Eine römische Strasse, „alte Strasse", geht eine kurze Strecke durch den Bezirk, nämlich, aus dem Süden herkommend, über Unter-Dettingen zur römischen Niederlassung bei Kellmünz an der Iller (schon in Bayern).
5) Die römische Donaustrasse berührt den Bezirk auf der Markung Volkersheim.

Niederlassungen.
Biberach. Beim Birkstock auf dem Hauderbusch, in der Nähe der gegen Westen ziehenden röm. Strasse, Spuren röm. Gebäude; ebenso beim Weiler Burren, wo das „Heidenhäusle" stand, im Stadtwalddistrikt „Beckengebau" Grundmauern röm. Gebäude, mit röm. Ziegeln und Heizröhren.
Attenweiler. Beim Weiler Schammach, an der eben genannten Römerstrasse, Grundreste röm. Gebäude.
Oberndorf. Südwestlich vom Ort Spuren eines röm. Wohnplatzes.

G. K.

Biberach. Beim Weiler Burren ein grosser Grabhügel.
Reute. Westlich vom Ort, im Wald „Geigelhau", zwei Grabhügel.
Stafflangen. Beim Hof Streitberg ein Grabhügel.

Endlich wären noch zu erwähnen die 14—16 Fuss breiten, in Waldungen und auf Heiden vorkommenden alten Ackerbeete zwischen Schammach, Ahlen und Vogelhaus, und zwischen Attenweiler, Burren und Assmannshardt, woselbst auf der Anhöhe auch eine alte viereckige, von Wall und Graben umgebene Schanze sich befindet; in der Nähe die Flur Maueräcker (vielleicht römisch).

OA. Blaubeuren.

B.

Strassen. 1) Eine römische Strasse, „Hochsträss", kommt, an vielen Stellen noch gut erkennbar, von Ulm her über den unteren und oberen Kuhberg, und

Allewind, weiter an Pappelau und Sotzenhausen vorbei nach Schelklingen; von da als „Höhweg" und „Franzosenstrasse" über Hausen gegen Ingstetten (OA. Münsingen). Dieses „Hochgesträss" erscheint schon in einer Urkunde vom Jahre 1299 (s. OA.-Beschr. von Blaubeuren S. 152).

2) Von ihr zweigt bei Sotzenhausen eine röm. Strasse ab, geht durch das Schmiechthal als „Heerstrasse" nach Ennabofen und Bremelau.

3) Von Pappelau zweigt eine andere röm. Strasse „Hochsträss" ab und geht über Altheim nach Ehingen.

4) Von Drackenstein (OA. Geislingen) her kommt, z. Th. noch wohl erkennbar, die „Hohe Strasse", „Heerstrasse", „Höhweg" an Machtolsheim und Berghülen vorbei nach Blaubeuren und von da als „Hörsteig", weiterhin als „Heerstrasse" über Pappelau und Ringingen nach Ober-Dischingen.

5) Von Amstetten (OA. Geislingen) kommt die z. Th. wohlerkennbare Römerstrasse „Heerstrasse" über Nellingen an Widderstall vorbei nach Zainingen (OA. Urach).

6) Von Ulm das Blauthal hinauf bis Herrlingen läuft die „Heerstrasse", eine röm. Strasse, und von da über Wippingen an Winnenden und Sontheim (OA. Münsingen) vorüber; sie ist an manchen Stellen noch erkennbar.

Niederlassungen.

Ringingen. Auf den „Hafenäckern" fand man röm. Gefässe.

G. K.

Blaubeuren und Asch. Im „Bürgle" 5 Grabhügel. Im Staatswald „Attilan" gegen 50 Hügel, „Heidenbühle" genannt, von denen verschiedene geöffnet wurden. In den von Erde aufgeführten Hügeln zeigten sich Urnen, Schalen und Teller von Thon, z. Th. verziert, Kohlen und verbrannte Leichen und in einem auch eine eiserne Speerspitze. Ferner fanden sich längliche Hügel vor, 60—70 Fuss lang, 30—36 Fuss breit bei 5 Fuss Höhe, zur Hälfte von Erde, zur Hälfte von Stein gebaut. In der Erdhälfte fand man auf der Sohle des Hügels eine Brandplatte und Gefässfragmente; in der Steinhälfte, durch einen grossen Stein bedeckt und in den gewachsenen Boden eingesetzt, eine starkgebrauchte thönerne Urne, 3 Fuss hoch, 3½ Fuss im Durchmesser, und mit einem Deckel versehen. In der Urne lagen verbrannte Knochen, und auf ihnen ein Messer mit Zieraten von Bronce, sowie 8 kleine schwarzgebrannte, sehr zierliche Gefässe.

In weiteren 5 Hügeln dieser Art fand man Aehnliches, die Urnen von der Grösse 2—2½ Fuss hoch und 2,5 Fuss Durchmesser.

In einem vollständigen Steinhügel fand man ferner ein Bronceschwert, 30 Broncepfeile und viele andere Gegenstände von Bronce, sowie ein Gerippe und zwei rohe Gefässe. Die Funde befinden sich auf Schloss Lichtenstein.

Egginge n. Im Walde mehrere Grabhügel.

Ermingen. In dem Ulmer Hospitalwald Grabhügel; zwei geöffnet: Leichenbestattung mit zahlreichen schön gearbeiteten Broncegegenständen, darunter ein Dolch von Bronce, braune Schmelzperlen, wenige Gefässe.

Erstetten. Südlich vom Ort Grabhügel.

Markbronn. Auf dem Heidenösch bei Dietingen 9 Hügel, 4 von Stein, 5 von Erde aufgebaut. In einem Steingrab 2 Gerippe mit Eisenwaffen, vielen Broncegegenständen mit Bernsteinperlen, Feuersteinen, Gefässfragmenten und Kohlen. In den Erdhügeln (2), in einem Leichenbrand mit Waffen (Dolch) und Zieraten von Bronce und Gefässen; im andern Gefässe u. Bernsteinperlen, Leichenbrand.

Pappelau. Zwischen Steinenfeld und Sotzenhausen im Staatswald „Frauenhau" 21 Grabhügel; es sind meist Erdhügel, einige auch Steinhügel, mehrere geöffnet; in den Erdhügeln Leichenbrand, viele z. Th. verzierte Gefässe. In den Steinhügeln mehrere Skelette mit schönen Bronzegegenständen und wenig Gefässen.

Ringingen. Auf dem „Hünerberg", nordwestlich vom Ort, an der Vicinalstrasse nach Schelklingen, ziemlich viele Hügel; in zwei derselben fand man je einige Gerippe mit Schmuck und Waffen aus Bronce, Bernsteinperlen und Gefässe. Ferner im Staatswald „Greuthau" 14 Grabhügel; mehrere geöffnet: Leichenbestattung, Waffen und Schmucksachen von Bronce, wenig Gefässe.

Schelklingen. Im Wald gegen Ringingen Grabhügel mit Broncefibeln, sehr schönen und grossartigen Bronceringen.

Seissen. Nordwestlich vom Ort im Walde zahlreiche Grabhügel.

A. F.

Arnegg. Reihengräber, beim Eisenbahnbau gefunden, mit sehr schönen Beigaben, Bronceschmuck, sehr vielen Thonperlen, Eisenwaffen, Pferdetrense, Thongefässen, einem kleinen aufgezäumten Pferdekopf (1 Zoll lang) aus Stein.

Gerhausen. Am südöstlichen Abhang von Hohgerhausen gegen die Blau Reihengräber mit schönen Inlagen, alterthümlichen Bronceringen.

OA. Ehingen.

R.

Strassen. 1) Die römische Donaustrasse, „Heerstrasse", in alten Lagerbüchern auch „Heidenweg" genannt, tritt bei Ober-Wachingen vom OA. Riedlingen her in den Bezirk und zieht, z. Th. noch wohlerhalten und aus grossen Steinen aufgeführt, in beinahe schnurgerader Linie und in nordöstlicher Richtung über Risstissen und bald in's OA. Laupheim.

Von Ehingen gehen verschiedene Strassen aus:

2) In nordöstlicher Richtung: über Altheim das an Pappelau und „Allewind" vorbeigehende „Hochsträss" (s. OA. Ulm). Auf den Markungen von Schwörzkirch und Blienshofen noch Reste des Pflasters.

3) Von Ehingen geht ferner eine römische Strasse, der „grasige" oder „grüne" Weg, an Ober-Dischingen vorbei nach Erbach und weiterhin nach Ulm: im Walde südlich von Niederhofen noch gut sichtbar.

4) In nordwestlicher Richtung geht von Ehingen aus eine noch ziemlich erhaltene Römerstrasse, die „Heerstrasse", an Alt-Steusslingen und Frankenhofen vorbei nach Bremelau (s. OA. Münsingen).

5) In westlicher Richtung läuft von Ehingen der „Rennweg", auch „Strüssle" und „Heuweg" genannt, an Lauterach und Reichenstein vorbei gegen Zwiefalten oder auch Hayingen.

6) In südwestlicher Richtung geht eine römische Strasse über die Hohwart als „Heerstrasse" an Deppenhofen und der Kapelle bei Munderkingen vorbei in den Wald bei Luppenhofen, wo sie noch sichtbar ist und den Namen „Aufwart" führt (s. OA.-Beschr. von Riedlingen).

7) Die von Bremelau herkommende, gegen Osten ziehende Römerstrasse zieht als „Ennweg", „Heidenstrasse" an Grözingen und Ennahofen vorüber und weiter ins OA. Blaubeuren.

8) Ferner läuft eine alte Strasse von Grözingen aus an Frankenhofen und Granheim vorbei und weiterhin als „Hudelweg" nach Alt-Hayingen (vielleicht vorrömisch).

9) Das Schmichenthal führte ohne Zweifel eine röm. Strasse hinauf.

10) Von Blaubeuren kommt eine röm. Strasse „Heerstrass" in südlicher Richtung nach Ober-Dischingen, Ersingen und weiterhin ins O.A. Laupheim (s. d.).

Niederlassungen.

Ehingen. Da hier des günstigen Terrains wegen verschiedene Römerstrassen zusammenlaufen, so hatten sich wohl die Römer hier angesiedelt.

Altbierlingen. An verschiedenen Stellen in der Nähe des Orts Grundreste röm. Gebäude.

Altheim. Beim Ort Spuren der Römer.

Emerkingen. Nordwestlich vom Ort, auf der „Schindergrube", ansehnliche röm. Niederlassung mit zahlreichen Ueberbleibseln, südlich vom Ort, „auf den Maueräckern", eine kleinere. Zu der grössern Niederlassung führt von der Luppenhofer Römerstrasse eine Seitenstrasse, „Strässle", „Judengässle" genannt.

Erbach. Nördlich vom Ort, auf der Anhöhe, fand man im J. 1821 Grundreste eines röm. Gebäudes mit Hypocaustum.

Grözingen. Südlich vom Ort, auf den „Burgäckern", Spuren römischer Gebäude.

Herbertshofen. Auf dem obern und untern Maueracker Reste röm. Gebäude. In der Nähe „Thollagasse" und „Götzenbaum".

Lauterach. Beim Ort beträchtliche Grundreste röm. Gebäude; bei Reichenstein „der Götzenstein", wahrscheinlich ein verstümmeltes röm. Bildwerk.

Munderkingen. Nördlich der Stadt, auf dem „Steinmäuerle", röm. Wohnplatz; in der Nähe auch eine röm. Säule an einem Bildstock.

Niederhofen. Südlich vom Ort, im Walde, an der noch auf eine gute Strecke erhaltenen Römerstrasse „grüner Weg", röm. Wohnplatz mit Mauerresten.

Risstissen. Auf der Anhöhe, zunächst am Ort, bedeutende röm. Niederlassung, wo schon viele Alterthümer, Münzen, Grundreste von Gebäuden, röm. Gräber, Wasserleitung etc. gefunden wurde; im Sockel der Kirche sind 7, z. Th. sehr zerstörte röm. Denksteine mit Inschriften und Bildwerken, darunter einige von wirklichem Kunstwerth, eingemauert (s. auch Württ. Jahrb. 1824 H. I).

Die „Altenburg" bei Ober-Marchthal ist wahrscheinlich auch auf die Römer zurückzuführen; man fand hier schon röm. Münzen.

G. K.

Ehingen. Auf dem „Stoffelsberg" im Stadtwald Beckenhau, an der neuen Strasse nach Altsteusslingen, ziemlich viele Grabhügel; einer geöffnet; unter einer Steinlage Leichenbestattung, Broncegegenstände und zahlreiche Gefässe; in dem gegen Allmendingen gelegenen Stadtwald weitere Grabhügel.

Altheim. In dem nun ausgestockten Wald „Fischerhöhe" lagen sechs Grabhügel.

Bergach. Grabhügelfund mit Erzringen.

Ersingen. Oestlich vom Ort, im sog. „Burren", gegen 20 Grabhügel. Einige geöffnet; man fand Fragmente von Gefässen mit eingedrückten Ornamenten.

Grözingen. In der Richtung gegen Frankenhofen, im Wald „Gaisbühl", sehr viele Grabhügel; einer geöffnet; Leichenbrand, Gefässfragmente und unkenntlich gewordene Reste von Bronce.

Grunzheim. Auf dem Felde 7 Grabhügel, im Walde noch weitere 37.
Kirchbierlingen. In der Thalebene bestanden 3 Grabhügel.
Kirchen. Im Revier Mochenthal Grabhügel mit Bronceringen und Bronceblechen.
Munderkingen. Im Ried, südöstlich der Stadt, 2 Grabhügel.
Ober-Marchthal. Bei Luppenhofen; im Walde Griesgarten, 2 Grabhügel.
Schaiblishausen. Im Ort 1 Grabhügel.

A. F.

Bergach. Bei der Kapelle fand man Reihengräber mit Skeletten und schönen Glasperlen.
Niederhofen. Nördlich vom Ort Reihengräber.
Ober-Marchthal. Bei Datthausen Reihengräber.
Risstissen. Oestlich vom Ort, auf der „Höhe", neben den röm. Gräbern reiche Reihengräber mit schönen Gefässen, Eisenwaffen, Pferdsgeschirren, Thonperlen, Zieraten aus Bronce, einem gläsernen Gefäss und einer röm. Münze mit Oehr.

OA. Geislingen.

R.

Strassen. 1) Eine römische Strasse, „Heerstrasse", zieht, häufig noch gut sichtbar, aus dem OA. Heidenheim bei Waldhausen in den Bezirk, läuft westlich an Schalkstetten und am Steighof vorbei nach Amstetten und Nellingen (OA. Blaubeuren).

2) Von ihr wird beim Steighof gekreuzt die meist der Landstrasse folgende röm. Strasse, die als „Heerstrasse" von Süssen über Altenstadt und Geislingen kommt, vom Steighof an Neuhaus und Ettlenschiess vorbei nach Niederstotzingen und weiter nach Faimingen zieht.

3) Ferner geht vom Steighof eine z. Th. noch erkennbare röm. Verbindungsstrasse an Türkheim und Aufhausen vorbei gegen Drackenstein.

4) Von Gruibingen (OA. Göppingen) zog eine röm. Strasse, „Heerstrasse", über Gosbach nach Ober-Drackenstein und weiter z. Th. wohl erkennbar als „Zigeuner Hochstrüss" und „Hochstrüss" nach Nellingen (s. OA. Blaubeuren), südlich an Oppingen vorbei und weiter ostwärts gegen Urspring u. s. w.

5) Durch die Markung von Westerheim läuft eine röm. Strasse, das „Hochgeströss", von Nellingen herkommend, ins Lenninger Thal.

6) Von Heidenheim her kommt eine röm. Strasse, „Heerstrasse", an Söhnstetten und Böhmenkirch vorbei und zieht gegen Degenfeld (OA. Gmünd).

Spuren röm. Niederlassungen wurden bis jetzt keine im Bezirk entdeckt; dagegen ist beinahe ausser Zweifel, dass sich die Römer in der überaus günstigen Lage bei Altenstadt, wohin auch der Name und die reichen Reihengräber (s. u.) weisen, angesiedelt hatten.

G. K.

Amstetten. Im „Ziegelwald" 5 Grabhügel; man fand schon darin Urnen, Spangen und Ringe von Bronce und ein Goldplättchen.

Kuchen. Bei der „Hunnenburg" Grabhügel, sowie auch Verschanzungen.

A. F.

Geislingen. Bei der Stadt in einem Tuffsteinbruch ein Reihengrab mit Eisenwaffen.

Altenstadt. Reihengräber mit sehr reichen Inlagen, Eisenwaffen, Gefässen, prächtigen silbernen Schmuckgegenständen (Pferdgeschirr).

Aufhausen. Im Gewand ob dem „Gjaucht" beim Bildstöckle Reihengräber mit Eisenwaffen, Glas- und Thonperlen, Erzfibeln und schön tauschirten Eisengegenständen, Pferdsgeschirr etc. Die Skelette lagen auf einem vermoderten Holzbrett, über ihnen Feldsteine mit zahlreichen Kohlen und Urnenscherben.

Noch wäre zu erwähnen die sog. „alte Strasse"; sie geht hinter Westernheim zwischen Donnstetten und dem Schertelshöhle-Thal durch die Wiesensteiger Waldungen am grauen Stein vorüber durch das Druthathälchen (lagerbüchlich) auf die grosse „Weite", an ´"der Mal-" oder „Ziel-Eiche" vorüber und die Neidlinger Steige hinunter (s. auch OA.-Beschr. von Geislingen).

Hohenstadt. Reihengräber mit sehr reichen Inlagen, grossen silbernen und vergoldeten Fibeln etc.

OA. Göppingen.

R.

Der Anfang des Limes transrhenanus fällt noch in den Bezirk und zwar begann derselbe, beinahe genau nördlich ziehend, beim „Heidenfeld" auf einem schmalen, westlich vom Hohenstaufen auslaufenden Bergrücken, läuft dann in dem „Heidenwald" weiter (s. OA. Welzheim.)

Strassen. 1) Die sog. „Kaiserstrasse" tritt östlich von Oberberken (O.A. Schorndorf) bei Brech in den Bezirk und läuft über Börtlingen an den eben beschriebenen Anfang des Limes, weiterhin am Hohenstaufen vorbei und als „Hochstrasse" über den „Goldbühl" gegen den Rechberg (s. OA. Gmünd). Sie ist zum Theil noch gut erkennbar.

2) Von ihr trennt sich bei Brech eine röm. Strasse „Kaiserweg" und geht beim Pöppeleshof aus dem Bezirk und östlich an den Limes.

3) Von der Kaiserstrasse trennt sich bei Thomashardt eine röm. Strasse, „Heerstrasse" genannt, mit zum Theil noch sichtbarem Pflaster, geht an Krapfenreut vorbei und bei Uhingen über das Filsthal, westlich an Betzenried und Boll vorbei nach Gruibingen. Vor diesem Ort zieht sich eine Schanze quer übers Thal, zur Vertheidigung desselben.

4) Eine röm. Strasse geht von Schorndorf her über Ober-Berken gerade südlich nach Uhingen; sie heisst bei Unterwälden „Heerweg". (s. auch OA. Schorndorf.)

5) Die „Hochstrasse", die von Kirchheim über Schlierbach nach Uhingen führt, scheint auch eine röm. Strasse zu sein.

Niederlassungen.

Ebersbach. Beim Weiler Buchenbronn auf den „Maueräckern" Spuren röm. Gebäude.

Hattenhofen. In den „Maurachäckern" röm. Wohnplatz.

Uhingen. Im Ort röm. Ansiedlung, man fand Reste einer röm. Wasserleitung.

G. K.

Bartenbach. Nördlich vom Ort, und südlich vom Ort im Walde „Oberholz" Grabhügelgruppen.

Hohenstaufen. Ohne Zweifel bestand ursprünglich auf dem Berg ein Ringwall; oben an der nördlichen Seite des Berges befinden sich die „Heidenlöcher". — Die Römer hatten den Berg jedenfalls auch besetzt, man fand auf demselben schon Bruchstücke von Siegelerdegefässen. Auch konnten vom Hohenstaufen aus die Linien beider Limes am besten überblickt werden.

A. F.

Göppingen. Nordöstlich von der Stadt, in der Nähe des jetzigen Friedhofs, ausgedehntes Reihengräberfeld mit zum Theil sehr reichen Beigaben, Schmucksachen, Waffen, Gefässfragmenten, Gold, Silber, Elfenbein etc.

OA. Kirchheim.

Eine röm. Strasse zieht als „Heerweg", „alte Strass", und an manchen Stellen noch erkennbar, von Köngen über Kirchheim, an Holzmaden und dem Boller Bad vorbei nach Gruibingen. (s. OA. Göppingen und Geislingen.)

2) Eine weitere röm. Strasse, ebenfalls „Heerweg" genannt, zieht von Kirchheim über Dettingen, Owen und das Lenninger Thal hinauf zur Höhe der Alb. (s. OA. Urach).

3) Eine röm. Strasse ging ferner über Reudern nach Nürtingen (s. OA. Nürtingen).

Niederlassungen.

Bis jetzt wurden keine untrüglichen Spuren röm. Niederlassungen im Bezirk aufgefunden; dagegen sprechen sowohl die Lage und Fruchtbarkeit des Oberamts und auch manche Flurnamen für den Aufenthalt der Römer, wie bei Kirchheim „in Mauren", Neidlingen im „Maurach". Bei Owen soll eine röm. Wasserleitung am Fusse der Teck aufgefunden worden sein. Namentlich scheint bei Kirchheim, wo mehrere Römerstrassen zusammenlaufen, ursprünglich eine röm. Niederlassung gewesen zu sein; ein Theil der Stadt heisst bis heute die „Heidenschaft".

G. K.

Grabhügel wurden bis jetzt im Bezirk nicht aufgefunden.

A. F.

Kirchheim. Auf der Flur „Paradies" zahlreiche Reihengräber mit sehr prächtigen Beigaben aus Gold, Silber, Bronce. Eisenwaffen, tauschirten Sachen, Elfenbeinkämme, Ohrringe, ein grosser Elfenbeinring, geschliffener Edelstein (Beryll), zahlreiche Glas- und Thonperlen, in allen Gräbern (20—30 geöffnet) Kohlen.

Dettingen. Reihengräber mit den gewöhnlichen Inlagen, ebenso bei Nabern.

Rosswälden. Zwischen hier und Wellingen ein Reihengrab mit vollständiger Grabkammer, 8 Fuss lang, mit Eisenwaffen.

Unterlenningen. In dem Tuffstein Reihengräber mit Eisenwaffen.

OA. Laupheim.

R.

Strassen. 1) Die röm. Donaustrasse, "Heerstrasse", "alter Postweg", "Heidenweg" genannt, erreicht den Bezirk eine halbe Stunde westlich von Stetten, durchzieht ihn zuerst in schnurgerader nordöstlicher Richtung, die bei Altheim in eine mehr nördliche übergeht, und setzt bei Unterkirchberg über die Iller, um im Bayrischen über Finningen und Strass nach Günzburg fortzusetzen; sie ist meist noch wohl erhalten.

2) Von Ersingen her kommt eine röm. Strasse, die Donaustrasse kreuzend, als "langer Weg", "grasiger Weg" eine halbe Stunde westlich von Achstetten vorüber auf den Felddistrikt "Mäuer" bei Laupheim (vermuthlich röm. Niederlassung). weiter ging ein Arm südlich an Baltringen vorbei nach Biberach, als "Hochgesträss" an den Hardthöfen, Walpertshofen und Schönebürg vorüber nach Hürbel (OA. Biberach).

3) Von dem oben beschriebenen Theilungspunkt läuft eine dritte römische Strasse, auch "langer Weg" und "grasiger Weg" genannt, über Achstetten und Hüttisheim zu den röm. Niederlassungen bei Altheim und Steinberg.

4) Von Dellmensingen führt eine röm. Strasse, zum Theil noch erkennbar. in südlicher Richtung nach Stetten, in der Nähe des "warmen Stalls" die Donaustrasse kreuzend, und zieht als "grasiger Weg", "Herdweg", "Herdgasse", "Heuweg" an Ober-Holzheim, eine Viertelstunde östlich an Burgrieden vorüber und in den Wald "Burschlatt", wo sich ihre Spuren verlieren; ihre Verlängerung zielt auf Kellmünz.

5) Von Dellmensingen führt eine röm. Strasse "Dietweg" schnurgerade bis an den Seebach, kreuzt hier die Donaustrasse und geht weiter als "langer Weg" nach Altheim und als "Hochsträss" nach der "Weinhalde" bei Steinberg (s. u.)

6) Von Unter-Kirchberg aus läuft eine an mancher Stelle, namentlich in den Waldungen, noch erkennbare röm. Strasse die "Waldstrasse" gerade südwärts auf der Wasserscheide zwischen Iller und Weihung, weiterhin zwischen Iller und Roth. In den Jahren 1807 und 1808 wurde sie bei Ausstockung des Waldes "Galtzach" deutlich aufgefunden.

Niederlassungen.

Achstetten. Etwa eine halbe Stunde westlich vom Ort, oben an der "Sommerhalde", Grundreste eines röm. Wohnplatzes mit Hypocausten.

Altheim. Im Ort stösst man auf röm. Gebäudesubstruktionen; (s. auch beim nahen Steinberg.)

Bihlafingen. Eine Viertelstunde östlich vom Ort, unfern des Rommelsbergs, soll eine Stadt gestanden sein, man findet hier noch röm. Ziegel etc.

Dellmensingen. Auf den "Siechenäckern", bei einer immerfliessenden Quelle, Grundreste röm. Gebäude.

Dorndorf. Unter der Schenne des Schultheissen Hegele fand man namhafte Grundreste eines röm. Gebäudes mit Heizröhren; auch findet man zuweilen in der Nähe des Orts, der eine Stadt gewesen sein soll, röm. Münzen.

Steinberg. Auf der über der "Weinhalde" gelegenen Flur "Maueräcker" lag eine bedeutende röm. Niederlassung. von der man noch allenthalben Reste findet. Hier lag wahrscheinlich die Stadt Vianna das Ptolemäus (s. OA.-Beschreibung von Laupheim.)

Stetten. Auf der Anhöhe südlich vom Ort, an der nach Oberholzheim führenden Römerstrasse, Spuren röm. Gebäude.

Unter-Balzheim. Etwa eine Viertelstunde nordwestlich vom Ort, im sog. Ried, Grundreste röm. Gebäude mit vielen röm. Ziegeln und Heizröhren.

Unter-Kirchberg. Auf der Bleiche, ½ Stunde nördlich vom Ort, beim Uebergang der röm. Donaustrasse über die Iller lag eine namhafte röm. Niederlassung, mit zahlreichen Resten, Hypocausten, Gefässen, Münzen und lang hinziehenden Mauerlinien. Römische Münzfunde machte man ferner bei **Schwendi** und **Wain**.

Im Iller- und Roththal Reste von zahlreichen Verschanzungen.

G. K.

Achstetten. Eine halbe Stunde westlich vom Ort, „in den oberen und unteren Schelmen", befanden sich 3 Grabhügel, die beim Eisenbahnbau abgetragen wurden; man fand Kohlen, Asche und Bruchstücke von Gefässen.

Burgrieden. Im Weiler „Bürg" steht ein sehr grosser künstlich aufgeworfener Hügel, worin häufig schon Kohlen und Gefässfragmente gefunden wurden; ohne Zweifel ein grossartiger Grabhügel.

Dellmensingen. Eine Viertelstunde westlich vom Ort, an der Ersinger Strasse, ein Grabhügel.

Dietenheim. In den „Schelmen", eine Viertelstunde nordwestlich vom Ort, 13 Grabhügel.

Unterweiler. Südlich vom Ort im Staatswald „Hiemern" 18 Grabhügel, der grösste davon mit 60 Fuss Durchmesser und 8 Fuss Höhe, heisst der „Burren"; zwei geöffnet, in einem ein Skelet und ein Eisenlager, in dem andern 5 Gefässe, darunter 2 verzierte und verbrannte Knochen.

A. F.

Laupheim. Am nördlichen Ende der Stadt entdeckte man in den Jahren 1840 bis 42 in der „Schachengrube" eine grosse Anzahl von Reihengräbern, mit Eisenwaffen und Glasperlen.

Dellmensingen. Zunächst am Ort in der Kiesgrube Reihengräber.

Unter-Kirchberg. Zunächst am gegenwärtigen Begräbnisplatz entdeckte man im J. 1839 viele Reihengräber mit Eisenwaffen.

Weinstetten. Bei der Mühle von Staig fand man ein Reihengrab, mit einem Skelet und einem Schwert.

OA. Leutkirch.

R.

Strassen. 1) Die von Wangen herkommende röm. Consularstrasse tritt der jetzigen Landstrasse folgend bei Dürren in den Bezirk, läuft über Waltershofen und Gebrazhofen nach Leutkirch und von da als „Hochsträss" nach Ottmannshofen und weiterhin über das Koppenmoos westlich an Lautrach vorbei nach Ferthofen an der Iller, die sie daselbst überschreitet; sie ist an manchen Stellen noch erkennbar, läuft durch den Leutkircher Wald, wo der Strassenwall noch sichtbar, als Fussweg.

2) Von ihr geht bei Ottmannshofen eine röm. Strasse ab, „alter Postweg", und in nördlicher Richtung über Aichstetten, Aitrach, Opfingen nach Kellmünz an der Iller.

3) Eine röm. Strasse ging ferner im Thal von Leutkirch nach Isny, auf sie ist ohne Zweifel die jetzige Landstrasse gegründet.

4) Endlich zog wahrscheinlich eine röm. Strasse von Vogelherd bei Aitrach über Threerz und Baierz nach Wurzach und von da weiter durch das Ried, wo das Pflaster aufgefunden wurde.

Niederlassungen.

Leutkirch. Auf der Wilhelmshöhe röm. Niederlassung, wo schon verschiedene Baureste und röm. Münzen gefunden wurden.

Aitrach. Beim Illerübergang Spuren römischer Gebäude; ebenso bei Vogelherd.

Auf dem „Buchkopf", westlich von Aichstetten, bedeutende Verschanzungen (wohl römisch).

Weitere Verschanzungen finden sich bei Mooshausen und besonders nördlich von Thannheim.

G. K.

Aichstetten. Nördlich vom Ort im „Hardt" 5 Grabhügel, der grösste theilweise geöffnet: Eisen und Bronce, darunter eine Fibel. In der Nähe Verschanzungen. (s. W. Jahrb. 1835 S. 403 ff.)

Berkheim. Beim „Heidenbühl" fand man ungefähr vor 50 Jahren Spuren von Befestigungen, Waffenstücke und Goldmünzen (s. OA.-Beschreibung von Leutkirch. S. 144).

Thannheim. Beim Sophien- (Oy-) hof im „Härdtle" 14 Grabhügel.

A. F.

Aichstetten. Im Ort an der nach Memmingen führenden Hauptstrasse entdeckte man in den 1790er Jahren Reihengräber mit Eisenwaffen und Glasperlen. (W. Jahrb. a. a. O.)

Aitrach. Südlich vom Ort Reihengräber.

OA. Münsingen.

B.

1) Eine röm. Strasse kommt von Gross-Engstingen (OA. Reutlingen) her südlich an Kohlstetten vorbei (als „Heerstrasse"), weiter an Gomaringen und Steingebronn (hier „Hochsträss", gemauerter Weg") vorüber nach Münsingen und von da als „Heerstrass" „Höhweg" „Franzosenstrasse", nördlich an Aningen, Böttingen und Magolsheim vorbei und weiter nach Schelklingen (OA. Blaubeuren); das Pflaster ist an manchen Stellen noch sichtbar.

2) Eine röm. Strasse kommt als „Heerweg" von Würtingen (OA. Urach) her und läuft an Gächingen und Dottingen (hier an der „Hochsträss", im „Heergarten", „gemauerte Strasse") vorbei nach Münsingen.

3) Die Strasse, ein Haupthandelsweg, „Heerstrasse" genannt, von Urach über Seeburg nach Münsingen, von da nach Bremelau und weiter an Alt-Steusslingen vorbei nach Ebingen a. d. D. Die jetzige Landstrasse von Urach nach Ehingen ist grösstentheils darauf gegründet.

4) Eine röm. Strasse lief von Münsingen aus durch die Hardt als „Höhweg" nach Ennabeuren. Sontheim und vermuthlich weiter nach Machtolsheim (OA. Blaubeuren).

4) Eine röm. Strasse zieht westlich an Feldstetten vorbei, als „Heerstrass", „Höhweg" an Sontheim vorüber und gegen Herrlingen im Blauthal.

5) Eine röm. Strasse kommt von der Heidkapelle bei Gross-Engstingen (OA. Reutlingen) her, zieht in östlicher Richtung an Meidelstetten, Oedenwaldstetten und Eglingen vorüber, als „Heerweg" nach Hundersingen, dort an der „Hochburg" vorbei nach Bremelau und setzt als „Heerstrasse" im Oberamt Ehingen fort.

6) Von Gross-Engstingen herkommend läuft eine röm. Strasse, der sog. Gangstätter Weg, in südöstlicher Richtung an Bernloch vorbei, dort über die „Strassäcker" und weiter nach Hayingen, Zwiefalten etc.

Niederlassungen.

Münsingen. Hier laufen verschiedene röm. Strassen zusammen, auch ist der Ort, was auf der Alb selten, reichlich mit Quellwasser versehen, daher eine röm. Niederlassung wahrscheinlich.

Zwiefalten. In der alten Klosterkirche stand früher Jahrhunderte lang ein vierseitiger römischer Altar, neben der K. Kameralverwaltung, der auf einen röm. (Mithras) Tempel hinweist; jetzt im bischöf. Garten in Rottenburg. (s. Württemb. Jahrb. 1835. I. S. 70).

G. K.

Apfelstetten. Beim Graben eines Kellers fand man ein kleines, sehr schön gearbeitetes Broncesehwert.

Böttingen. Auf den Mähdern bei der sog. „Franzosenstrasse" (Römerstrasse, s. o.) Grabhügel (siehe auch bei Magolsheim). Auf derselben Markung auf dem Acker des Rössleswirths ein künstlich aufgeworfener mit einem 5 Fuss hohen Steinwall umgebener Hügel.

Bremelau. Am Fahrweg von hier nach Bichishausen, auf den Langenbeckäckern", ein Steinhügel mit einem Skelet und schönen broncenen Ringen und grossen Haarnadeln.

Buttenhausen. Auf hiesiger Markung wurden schon ähnliche Funde gemacht.

Dapfen. Bei Wasserstetten Grabhügelfund auf einem Acker, in einem Bronceschmuck bestehend.

Dürrenwaldstetten. Bei Ohnhülben zahlreiche Grabhügel.

Emeringen. Im Ort ein grosser Grabhügel.

Feldstetten. Westlich vom Ort an der Oberamtsgrenze eine Grabhügelgruppe.

Magolsheim. Nördlich vom Ort in der Hardt zahlreiche Grabhügel, einige geöffnet, in einem Leichenbrand, Eisenschwert (s. o. in der Einleitung), in einem andern viele Gefässe, Leichenbrand. In einem dritten Gefässe und Broncegegenstände.

Hayingen. Südlich an der Stadt in den „Bühlwiesen" 10–12 Grabhügel, nordöstlich auf einem Vorsprung des Lauterthals die „Burghalde", oder „Alt-Hayingen", wo früher Hayingen gestanden sei, mit langhinziehendem Ringwall und sehr bedeutenden Vorschanzen (Alles gut erhalten).

Steingebronn. Im Staatswald „Bannholz" Grabhügel, einer geöffnet: Skelet mit einer Eisenwaffe, sodann auf den Aeckern Grabhügelfunde, bestehend in prächtigen Broncenadeln und Lanzen von Bronce.

Zwiefalten. Im Walde „Todtenbuch" Grabhügel mit höchst eleganten Broncefibeln.

G. K.

Dottingen. Reihengräber mit Eisenwaffen.

OA. Ravensburg.

R.

Strassen. 1) Eine röm. Strasse, von Mengen OA. Saulgau herkommend, tritt als „Hochsträss" nördlich von Esenhausen in den Bezirk, geht über die „Pflastergrube" und die „Gassenäcker" westlich von Danketsweiler, weiter westlich an Horgenzell vorbei und setzt südlich im OA. Tettnang fort.

2) Ebenfalls von Mengen her kommt eine zum Theil noch erkennbare röm. Strasse, läuft über Schreckensee, Blitzenreute, und als „Russenstrasse" über Staig, hier auch „alte Staige" genannt, nach Niederbiegen, Altdorf, weiter über Fenken und westlich an Liebenhofen vorbei als „Hochgestrüss" gegen Tettnang.

3) Von ihr zweigt bei Blitzenreute eine röm. Strasse ab, läuft an der „Weihburg" vorüber, über Wolpertschwende und Hatzenthurm (hier uralter Thurm) nach Anlendorf.

4) Von Altdorf ging eine röm. Strasse über Baienfurth und Baindt, Mursweiler etc. durch den Altdorfer Wald nach Waldsee.

Niederlassungen.

Ravensburg. Am Fusse der „Römerhalde", eine schwache halbe Stunde nördlich der Stadt, stand das Heidenhäusle (leider abgebrochen im Jahre 1831), ein kleines röm. Gebäude, dabei entdeckte man Reste einer röm. Wasserleitung. Beim Hof Burach, ½ Stunde nordwestlich der Stadt, stand ein röm. Wohnplatz, wovon man schon Grundreste auffand, desgleichen röm. Münzen.

Blitzenreute. In der Nähe von Mochenwangen fand man ein römisches Bildwerk. (?)

G. K.

Berg. Südwestlich vom Ort, beim Hof Horrach im Walde 20 Grabhügel; in der Mitte derselben ein aufgesetztes Steinlager.

Schlier. Bei Fenken, im Wald „Haslach" zahlreiche Grabhügel: Bronceringe, Gefässfragmente und ein sehr reicher Schmuck aus Bernsteinkorallen.

Weingarten. Bei Nessenreben im Walde „Bockstall" ein mit Graben umgebener Hügel (vielleicht Grabhügel).

G. K.

Schlier. Bei Fenken Reihengräber mit den gewöhnlichen Inlagen.

OA. Riedlingen.

R.

Strassen. Die röm. Donaustrasse tritt aus dem Oberamt Ehingen bei Oberwachingen in den Bezirk, läuft auf weite Strecken noch mit ihrer soliden Pflasterung leicht erkennbar als „Heerstrasse" östlich am Bussen vorbei, zwischen

Hendorf und Burgau, Erisdorf und Ertingen hindurch und weiter durch die Donauthalebene an der ehmaligen Riedkapelle bei Hundersingen vorbei gegen Mengen.

2) Eine röm. Strasse, „Hochsträssle", zweigte von obengenannter in der Nähe vom Bussen ab und läuft, zum Theil noch leicht erkennbar, über Uttenweiler ins Oberamt Biberach.

3) Eine röm. Strasse kommt aus der Nähe von Munderkingen (s. O.A. Ehingen) zwischen Reutlingen-Dorf und Dietelhofen durch, als alte „Landstrasse" an Möhringen und Uulingen vorbei nach Altheim.

4) Eine röm. Strasse zieht von Riedlingen her über Neufra und östlich an Ertingen vorbei, als „Holzstetterweg", „Diebsteigweg" südlich gegen Moosheim.

5) Eine röm. Nebenstrasse, „Heerweg", „Heidenweg" „Strässle" genannt, führt von Zell aus gegen Pflummern an mehreren röm. Niederlassungen vorbei (s. u).

Niederlassungen.

Altheim. Beim Ort Spuren einer röm. Niederlassung.

Bechingen. Auf der Flur Hinterhausen und Mauerösch, ¹/₄ Stunde südlich vom Ort, und auf der Flur „auf Weiler", ¹/₂ Stunde westlich vom Ort, röm. Wohnplätze, mit Grundmauern und vielen Fragmenten.

Buchau. Südöstlich vom Ort fand man röm. Gefässe.

Daugendorf. Oestlich am Ort Spuren röm. Gebäude etc., häufige röm. Münzfunde.

Ertingen. Eine halbe Stunde südwestlich vom Ort, auf der Flur „Nebenried", wo ein röm. Schloss gestanden sein soll, eine nicht unbeträchtliche röm. Niederlassung mit zahlreichen Ueberresten, und eine halbe Stunde südöstlich vom Ort, auf der Flur „zu Hagen", wo auch ein Schloss gestanden sei, ebenfalls ein röm. Wohnplatz.

Friedingen. In der Nähe des Orts Spuren röm. Gebäude; röm. Münzen ziemlich häufig.

Grüningen. Im Mauerösch röm. Niederlassung, mit zahlreichen Mauerresten.

Möhringen. Südlich vom Ort, auf der Flur „in Wangen", römischer Wohnplatz.

Wilflingen. Beim Ort Spuren eines röm. Wohnplatzes.

Offingen. Der Bussen war zweifellos von den Römern besetzt.

Zell. In der Nähe des Orts soll ein römischer Sonnentempel gestanden sein.

G. E.

Binswangen. Bei der Burg Landau zwei Grabhügel.

Daugendorf. Im Walde „Deutschbuch" Grabhügel, ebenso am Ort ein Hügelgrab.

Dietelhofen. Nördlich vom Ort ein grosser Grabhügel („Hünerbühl").

Ertingen. Nordwestlich vom Ort, im freien Feld, ein sehr grosser Grabhügel, „Rauber Leen."

Grüningen. Beim Ort ein Grabhügel („Hünerbühl").

Hailtingen. In der Nähe des Orts zahlreiche Grabhügel. Im grössten derselben, zunächst beim Dorf, der 400 Fuss im Umkreis hatte, fand man von Zeit zu Zeit Gebeine, Waffen, Gefässe mit Kohlen. (siehe O.A.-Beschreibung von Riedlingen S. 24 f.)

Heiligkreuzthal. In den Waldungen, südöstl. vom Ort, zahlreiche und z. Th. ansehnliche Grabhügel, aus denen man beim Dachsgraben schöne Broncegegenstände bekam. Im Wald „Buchenholz" eine gut erhaltene quadratische Schanze, „Schwedenschanze" genannt, von 130 Schritten Seitenlänge. Beim Dollhof der „Hohmichele", ein auffallend grosser Grabhügel, über 300 Fuss im Durchmesser bei jetzt noch 45 Fuss Höhe; in der Nähe Reste von Verschanzungen und 3 kleinere Hügel, darunter der immer noch sehr beträchtliche, gegen 200 Fuss im Durchmesser haltende „kleine Hohmichele".

Hundersingen. Auf dem „Giesshübel" und im „Thalhau", der Anhöhe nordwestlich vom Thalhof, 4 sehr grosse Grabhügel. Die zwei auf dem Giesshübel geöffnet: in dem grösseren mit 220 Fuss Durchmesser bei 24 Fuss Höhe fand man grosse Broncekessel und broncene Teller, Thierknochen und Gefässfragmente, und in der Mitte, auf der Sohle des Hügels, eine grosse Brandplatte und daneben in einer rechteckigen, in den gewachsenen Boden eingetieften, mit Holzbrettern ausgeschlagenen Grabkammer, 7 Fuss breit, 11 Fuss lang, 3 Fuss tief, 2 Gerippe mit Eisenwaffen und Resten von Broncesachen.

Im kleineren Hügel, der bei 175 Fuss im Durchmesser 14 Fuss Höhe hielt, fand man 1876 im Hügel selbst, 6 F. über der Sohle, 5 Gerippe, z. Th. mit grossen Steinen geschützt, mit 4 goldenen Stirnbändern und 2 goldenen Armbändern, prächtigen Waffen, Eisenklingen in Broncescheiden, Theilen eines Wagens, sehr schönem broncenem Pferdeschmuck, broncenen Ringen und Fibeln etc., ehernen Kesseln, weiter fand man von sehr feinen Schmelzperlen besetzte Bernsteinkugeln und Fragmente von rauhen und feinen Thongefässen. Auf der Sohle des Hügels zeigte sich eine grosse Brandplatte und auf dieser lagen gegen hundert thönere Webergewichte; unter der Sohle des Hügels, in einer mit Brettern ausgeschlagenen rechteckigen Vertiefung, ganz ähnlich der eben beschriebenen, lagen 3 Gerippe, mit Eisen- und Broncewaffen, kostbarem Bernsteinschmuck und Resten eines mit Goldzängchen durchwirkten Gewandes. Ferner eine dickwandige Urne und ein Pferdeschädel zu Füssen der Leichen. Abseits der Brandplatte stand auf der Sohle des Hügels eine sehr elegant geformte Urne aus rothem Thon (s. auch im Nachtrag den Grabhügelfund bei Pflugfelden, OA. Ludwigsburg).

Im Sommer 1877 wurde sodann einer der beiden grossen Grabhügel, die gegenüber der genannten, rechts der Strasse im „Thalhau" liegen, geöffnet; er hielt 210 Fuss (60 Meter) unteren Durchmesser bei 3,60 Meter Höhe; er hatte denselben Bau, man fand in seiner Mitte, neben der Brandplatte, in dem natürlichen Boden, 40 Centimeter tief eingesenkt und auf allen Seiten durch Holzbretter geschützt, ein Grab mit einem Skelet mit Bronceschmuck und Eisenwaffen, über dem Grab lag ein zweites Skelet ohne Beigaben. Im Hügel, gegen die Oberfläche, im Kreis umher Bronceringe, zwei grosse Broncegefässe, darunter ein sehr schöner geriefter Eimer, Thongefässe und Eisenwaffen; im ganzen Hügel waren Thierknochen, Kohlen, Gefässscherben und kleine Broncegegenstände verstreut.

Endlich bei Beuren am Ort ein Grabhügel; hier scheint auch das am Rande des Donauthals sich erhebende „Bürgle" ein kolossaler Grabhügel zu sein. Merkwürdige Volkssagen gehen um über die Grabhügel dieser Gegend (s. Birlinger, Volksthümliches aus Schwaben B. I).

Südlich vom Thalhof erhebt sich sodann oben am Rande des Donauthals ein kolossaler Grabhügel, die „Baumburg", worauf im Mittelalter die Baumburg (Buwenburg) erbaut wurde; es wurde an ihm schon ein Erzring ausgeackert. Neben der Baumburg liegt wieder ein grosses, doch viel flacheres Hügelgrab, der „Leenbühl". Im Donauthal bei der früheren Riedkapelle liegt ein weiterer, ursprünglich 25 Fuss hoher Grabhügel, der „Bettelbühl"; man fand in ihm schon Gegenstände von Bronce.

Zunächst beim Thalhof liegt die „Heuneburg", eine sehr ausgedehnte, mit sehr starken Erdwällen und Gräben umgebene Befestigung aus der Zeit der oben beschriebenen Grabhügel; man findet daselbst noch Bruchstücke von Gefässen aus genannter Periode.

Kanzach. Im Ort ein grosser Grabhügel.
Mörsingen. Südwestlich im Wald „Birken" Grabhügel.
Neufra. Nordöstlich vom Ort ein Grabhügel.
Pflummern. Im Walde, nordwestlich vom Ort, Grabhügel; man fand in einem, unter grossen Steinen, mehrere Gerippe und Gegenstände von Bronce.
Uttenweiler. Südlich vom Ort ein Grabhügel.

Schliesslich erwähnen wir noch die eine halbe Stunde nordöstlich von Friedingen gelegene „Heuneburg", eine höchst grossartige, mit gewaltigen Steinwällen geschützte Befestigung, deren Anlegung ebenfalls in die Grabhügelzeit zurückreicht: Ferner östlich von Emerfeld, an der preussischen Grenze, die „alte Burg", ebenfalls eine grossartige uralte Verschanzung, mit einem grossen Grabhügel in der Mitte. Auch war jedenfalls der Bussen schon vor den Römern befestigt.

A. F.

Altheim. Westlich vom Ort Reihengräber.
Binswangen. Beim Landauhof ein Reihengrab mit schönen Glasperlen.
Neufra. Beim Ort Reihengräber mit reichen Inlagen.
Wilflingen. Oestlich vom Ort Reihengräber.

OA. Saulgau.

B.

Strassen. 1) Die Donaustrasse. „Heerstrasse", kommt westlich von Herbertingen (OA. Riedlingen) her in den Bezirk, läuft nach Mengen und weiter gegen Krauchenwies und nach Messkirch, sie bricht sich zweimal in der Donauebene in stumpfen Winkeln, ist an manchen Stellen noch wohl erkennbar und wurde im Jahr 1777 bei Anlage des Riedhofes in einer Länge von 60 Fussen aufgedeckt.

2) Von ihr zweigt eine römische Strasse, das „Hochgesträss", von Mengen nach Scheer ab und zieht weiter nach Hitzkofen in Preussischen. Im Frühjahr 1877 fand man an der Nordostseite der Stadt Mengen das Pflaster derselben.

3) Eine weitere römische Strasse geht von Mengen nach Hohentengen (hier „Hochgesträss"), von da am Spatzenwald vorbei als „Heerweg" nach Tafertsweiler und weiter gegen Süden.

4) Von ihr zweigt westlich von Eschendorf eine (vermuthlich) röm. Strasse ab als „Heergässle" und zieht über Wiernsweiler, zwischen Kreenried und Litzelbach durch über Mauren gegen Ebenweiler u. s. w.; hier das „alte Poststrässle" genannt.

5) Von Osterach geht eine röm. Strasse über Hosskirch, Altshausen, Ebersbach und weiter im OA. Biberach über Eichbühl nach Biberach.

6) Eine wahrscheinlich römische Strasse, von Marbach, O.A. Riedlingen, herkommend, läuft als „Heerstrasse" an der Kreuzkapelle von Saulgau vorüber (in der Nähe noch das Pflaster erhalten) und weiter über Boos nach Anlendorf, O.A. Waldsee.

Niederlassungen.

Ebenweiler. Beim Weiler „Mauren" römischer Wohnplatz.

Ennetach. Auf dem Ennetacher Berg und an seinem Fusse bedeutende röm. Niederlassung, wo schon viele Grundreste röm. Gebäude mit Hypocausten, viele Münzen, ein Broncebild, wahrscheinlich Merkur, ein Altar, dem Apollo Grannus (jetzt in der Sammlung des Ulmer Alterthumsvereins) geweiht, und in neuester Zeit das Steinbild eines Merkur (jetzt im Lap.) gefunden wurden.

Mengen. Oestlich der Stadt, im „oberen Heimgarten", Substruktionen römischer Gebäude, Hypocausten und Reste eines kunstvollen, mit Medaillons belebten Mosaikbodens (s. die Abbildung eines schönen, in demselben eingelassenen Medusenhauptes auf dem Titelbild).

G. K.

Ennetach. Westlich im Walde Grabhügel.

Herbertingen. Im Donauried mehrere Grabhügel, einige angeschnitten, zahlreiche Fragmente von Gefässen. Zunächst am Ort ein weiterer Hügel.

Heudorf. Das „Bürgle", ein grossartiger Grabhügel; im Mittelalter zu einer kleinen Burg benützt.

Hüttenreute. Bei Wolfartsreute Grabhügel.

Königseggwald. Bei Stephansreute Grabhügel.

Mendelbeuren. Im Wald, nördlich vom Ort, Grabhügel.

Mengen. Im „innern Weithau" 7 Grabhügel, einer geöffnet: Leichenbestattung, Broncegegenstände und Eisenreste; im „äussern Weithau" 3 weitere, ebenso (3) im Ried, östlich der Stadt.

Schindelbach. Bei Steegen Grabhügel; der grösste davon der mit einem Graben umgebene „Heidenbühl" genannt, derselbe hat 160 Schritte im Umfang und 30 Fuss Höhe; bei seiner Durchgrabung fand man Kohlen, Bruchstücke eines rohen Geschirres und in einer Tiefe von 14 Fuss eine Eisenwaffe.

Täfertsweiler. Südlich im Walde Grabhügel.

Ursendorf. Bei Altensweiler, im Walde „Burren", bedeutende Verschanzung (wahrscheinlich römisch) und ein grosser Grabhügel; ferner im „Schlosslöchel" und im „Fuchsbühl" drei, darunter einer von 180 Fuss Durchmesser.

A. F.

Ennetach. Beim Ort Reihengräber mit Eisenwaffen und Bronceknöpfen.

Enzkofen. Beim Ort Reihengräber.

Grosstissen. Reihengräber mit schönen Inlagen aus Bronce und Eisen.

Herbertingen. Reihengräber, 8 aufgedeckt bei der Hammerschmiedmühle am Mühlbach, in jedem mehrere Skelette, in einem auch Pferdsknochen. — Eisenwaffen, ein silberner Ring.

Mengen. Am Missionsberg Reihengräber mit Skeletten.

Scheer. Reihengräber (beim Eisenbahnbau gefunden) an der Donau, mit Eisenwaffen und Bronceschmuck.

OA. Tettnang.

R.

Strassen. 1) Eine römische Strasse, das „Hochsträss", kommt von Altdorf (Weingarten) her und bei Tennenmoos in den Bezirk, läuft nach Tettnang und von da schnurgerade nach Langenargen; die jetzige Landstrasse ist zum grössten Theil darauf gegründet.

2) Von Tettnang ging ohne Zweifel, ebenfalls der Landstrasse folgend, eine röm. Strasse über die Giessenbrücke und Kressbronn nach Lindau.

3) Eine röm. Strasse, das „Hochgesträss", geht, von Mengen und Esenhausen herkommend, in südlicher Richtung durch den Bezirk nach Friedrichshafen.

4) Ein anderes „Hochsträss", auch römisch, führt vom Schloss Friedrichshafen nach Markdorf im Badischen.

5) Endlich läuft eine (wahrscheinlich) römische Strasse, bei Meckenbeuren, „Hochsträss" geheissen, in westöstlicher Richtung von Theuringen über Meckenbeuren, Brochenzell und immer als „Hochsträss" gegen Geiselharz, Pfärrich, Herfatz nach Wangen.

Niederlassungen.

Tettnang. Zwischen der Stadt und Skt. Johann fand man die Grundreste eines röm. Gebäudes mit Hypocausten. Tettnang soll eine grosse Stadt gewesen sein, man stösst ausserhalb der Stadt allenthalben auf Grundmauern.

Ailingen. Bei Unterlottenweiler heisst eine Flur „am Hochsträss", „Steinmauern", wahrscheinlich römisch.

Berg. Ein Theil des Orts heisst „Kestenbach" und hat noch Reste alter Befestigungen, ursprünglich wohl ein röm. Kastell.

Eriskirch. Auf der Flur „Weiler" stösst man auf Grundmauern römischer Gebäude.

Friedrichshafen. Beim Schloss und in der Nähe der alten Stadt (Buchhorn) Spuren röm. Ansiedlung.

Jettenhausen. Westlich vom Ort, auf der Flur „Mauren", ausgedehnte Niederlassung mit vielen Ueberbleibseln.

Langenargen. Man fand hier unverkennbare Spuren von röm. Bauwerk; auch sollen hier zwei röm. Wachthürme gestanden sein.

Oberndorf. Bei der Giessenbrücke, wo der beste Uebergang über die Argen ist, Grundmauern von vermuthlich röm. Gebäuden (s. OA.-Beschr. von Tettnang). In der Nähe „Hochwacht".

Römische Münzen fand man schon in Menge im Bezirk. Graf Ulrich von Tettnang-Montfort hinterliess im Jahr 1574 nicht weniger als 6716 Römermünzen von Gold, Silber und Erz, die grossentheils aus der Gegend gesammelt worden sein sollen.

G. K.

Tettnang. Südlich von der Stadt, im Walde „Vogelherd", Grabhügel; einige geöffnet: Skelette, Eisengegenstände, schöne Broncefibeln, zierliche Thongefässe.

Fischbach. Am Bodenseeufer fand man Spuren eines Pfahlbaus.

A. F.

Fischbach. Beim Ort Reihengräber mit Eisenwaffen.

Friedrichshafen. In der Nähe der oberen Stadt, an der Strasse nach Schnetzenhausen, fand man im Sommer 1877 Reihengräber mit vielen Skeletten und sehr wenigen Beigaben (Eisenwaffen).

OA. Ulm.

R.

Strassen. 1) Eine römische Strasse, „Heerstrasse", läuft, an vielen Stellen noch wohl erkennbar, von Faimingen her, an Niederstotzingen, Holzkirch, Lonsee vorbei nach Nellingen und weiter gegen Drackenstein; sie heisst auch „Hochsträss", „Zigeuner-Hochsträss" und ist im sog. „Zigeunerstöckle" bei Nellingen (OA. Blaubeuren) in einer geraden Linie von mehr als 6000 Fuss noch erkennbar.

2) Von ihr geht eine röm. Strasse bei Börslingen ab über Weidenstetten, Ettlenschiess gegen Geislingen.

3) Von Pappelau her kommt das guterkennbare „Hochgesträss" über Allewind nach Ulm und ebenso kommt

4) von Wippingen (OA. Blaubeuren) her eine röm. Strasse, „Heerstrasse", über Herrlingen, das Blauthal hinab nach Ulm.

5) Vermuthlich zog auch von Hausen ob L. her eine römische Strasse über Alpeck nach Ulm. Bei Ulm war ohne Zweifel ein Donauübergang der Römer und zwar an der leichtesten Stelle über die Donauinsel bei der „Herdbrnck" am „Herdbruckthor".

6) Von Heidenheim her kommt eine röm. Strasse an Lonthal und weiter an Niederstotzingen und Riedhausen vorbei schnurgerade nach Günzburg; sie heisst „Langweid", „steinerne Furche", „Stein-" oder „steinerne Strasse".

7) Ebenfalls von Heidenheim her kommt eine röm. Strasse, „Heerstrasse", an Hausen ob L., Setzingen und Langenau vorbei gegen die Donau und geht in der Nähe von „Strass" im Bayrischen auf die Hauptdonaustrasse.

Niederlassungen.

Ehrenstein. In der Mitte des vorigen Jahrhunderts fand man hier eine Broncestatuette des Jupiter.

Niederstotzingen. Zwischen hier und Oberstotzingen namhafte röm. Niederlassung mit Hypocausten etc.

Urspring. Beim Ort Spuren der Römer; hier eine röm. Station, wohl wegen des auf der rauhen Alb sonst sehr seltenen Quellwassers.

Römische Münzen fand man hauptsächlich bei Alpeck, Oberstotzingen, Urspring und Ulm.

G. K.

Ulm. Auf dem Michelsberg (Wilhelmsburg) befanden sich Grabhügel.

Langenau. Im „Englen-Gehäu", westlich vom Ort, Grabhügel.

Nerenstetten. In demselben Wald, auch westlich vom Ort, ebenfalls Grabhügel.

Söflingen. Auf dem „Eselsberg" Grabhügel; einer davon (ein Steinhügel) geöffnet, mit einem Gerippe und einer Lanzenspitze von Eisen.

A. F.

Ulm. Am Kühlesberg grossartiges Leichenfeld (Reihengräber) mit ausserordentlich reichen und sehr schönen Beigaben: Eisenwaffen, darunter auch Schildnabel, Bronce-, Gold- und Silberschmuck, Perlen von Glas, Bernstein, Thon, Agat etc., Elfenbeinkämme und trefflich tanschirte Gegenstände, verzierte Urnen und grüne Glasgefässe, Messer, Wirtel, Nähnadeln, Kinderspielsachen u. s. w. (s. Hassler, das allemannische Todtenfeld bei Ulm).

Oberstotzingen. Im Ort fand man Reihengräber mit Eisenwaffen, Perlen aus Glas und Amethyst und eine Münze des Kaisers Justinian (521—565).

OA. Waldsee.

B.

Strassen. 1) Von Blitzenreute her kommt eine römische Strasse (s. OA. Ravensburg) über Aulendorf, Otterswang, Eichbühl, als „alte Strasse" durch das Ried am Schienenhof vorüber durch den Schienenwald, hier z. Th. noch sichtbar, und zieht gegen Biberach.

2) Ein Arm derselben geht in der Nähe der Schussenquelle ab über Hopfenbach als „Heerstrasse" nach Altshausen. Ueber die Schussenquelle zieht das Mnotesheer.

3) Von Altdorf (Weingarten) geht eine römische Strasse, „alte Strasse", östlich von der gegenwärtigen über Baienfurth und Baindt nach Waldsee und weiter über Eggmannsried in die nach Hürbel und Risstissen führende Römerstrasse, „Hochgesträss".

4) Eine vermuthliche Römerstrasse zog von Wurzach her in südwestlicher Richtung über Zwings, Furt und Bergatreute gegen Altdorf (Weingarten).

Niederlassungen.

Waldsee. Nordöstlich der Stadt, die schon im Jahr 330 gegründet sein soll, auf der „Altstadt" ohne Zweifel eine röm. Niederlassung; häufige Fundorte röm. Münzen.

Aulendorf. Zunächst nördlich am Ort, am „langen Hag", röm. Wohnplatz, wo bedeutende röm. Gebäude mit Hypocausten, bemalten Wandresten und sehr schönen Sigelerdegefässen ausgegraben wurden (s. auch Württ. Jahrb. 1826 S. 17 und Schriften d. Württ. Alt.-Ver. Bd. I, H. 7).

Otterswang. Beim Ort fand man einen Junokopf aus karrischem Marmor, jetzt im k. Lap. in Stuttgart. Auf der Flur „Alt-Otterswang" stand ohne Zweifel ein röm. Wohnplatz.

Ausserdem könnten noch verschiedene Flurbenennungen, wie bei Hagenfurth „Steinmauern", bei Dinnenried „Maueräcker" und „Hänslesäcker", auf röm. Ansiedlungen hinweisen.

G. K.

Schussenried. Im Staatswald „Tannen" 12 Grabhügel, 2 geöffnet: reichverzierte Gefäss-Fragmente, eiserne Speerspitze. Im Schienenwald ebenfalls Grabhügel. Ausserdem entdeckte Revierförster Frank im Mai des Jahres 1875 beim Schienenhof im Ried Pfahlbauten (s. auch oben in der Einleitung S. 19, Jb. 1875 II, 165). Es sind eigentlich Packwerksbauten, ähnlich denen in der Schweiz bei Niederwyl und Wauwyl, die Fussböden sind sehr dick und, wie es scheint, zum öfteren überhöht worden; sie ruhen auf dem moorigen Grund einer Insel; gegen den tieferen See hin (am Nordrand der Ansiedlung) fanden sich namhafte, zur Abwehr der Wellen errichtete, Schutzbauten. Die Fussböden bestehen aus 1—6

Lagen von Hölzern übereinander, die meist kreuzweise gelegt und immer durch Lettenschichten von einander getrennt sind, auch wird stets die oberste Holzlage von einer starken Lettenschichte bedeckt; wir geben hier den Durchschnitt eines Bodens von unten nach oben:

Flechtboden aus Haselnusszweigen, auf dem Torfboden ruhend,	4 Cm.
Kieslage	2 „
Dielen	8 „
Lettenschichte	8 „
Prügel mit Letten	6 „
Lettenschichte	7 „
Dielen	5 „
Feingeschlämmte Lettenschichte	9 „
Dielen	4 „
Lettenschichte	10 „
Birkenrinde mit Letten	4 „
Oberster Lettenboden	20 „
zusammen . .	82 Cm.

Man fand viele schön gearbeitete Waffen und Geräthschaften aus Stein, Bein, Horn, Holz; ferner eine grosse Anzahl oft reichverzierter und gefällig geformter Gefässe; kein Metall, dagegen eine rothe Thonperle; grosse Menge von Weizen; ausserdem Menschenknochen, die Knochen von Edelhirsch, Reh, Wildschwein, Bär, Wolf, Fuchs, Luchs, Wisent, Hund, Rind, Torfschwein, Schaf, Feldhase, Wildente, Reiher, Wels und Hecht (s. auch Schriften des Württ. Alt.-Vereins Band II, Heft 2 und Württ. naturwissenschaftl. Jahreshefte, 32. Jahrgang, ferner Zeitschr. des Bodenseevereins H. VII, 1876; vgl. endlich in Birlinger, Volksthümliches aus Schwaben I. 1861, S. 231, die Sage von der versunkenen Stadt im Federsee.)

Im Torfmoor bei Kleinwinneden fand man sehr schöne Schmucksachen von Bronce.

A. F.

Aulendorf. Zunächst am Ort in der „Sommergasse" ein Reihengrab mit Eisenwaffen, einem bronceuen Kessel, Pferdsgebiss, goldenem Kreuz, Schildbuckel etc.

OA. Wangen.

R.

Strassen. 1) Eine römische Strasse, „Hochstrasse", führt von Lindau her und tritt südlich von Neu-Ravensburg in den Bezirk, läuft über diesen Ort nach Wangen und von da über Dürren nach Leutkirch. Die jetzige Landstrasse ist grösstentheils darauf gebaut.

2) Die römische Consularstrasse scheint direkt von Wangen nach Bregenz gezogen zu sein.

3) Von Neu-Ravensburg geht eine römische Strasse in nördlicher Richtung als „Hochgesträss" über Geiselharz, westlich an Karsee vorbei ins OA. Waldsee.

4) Von Kempten zog eine römische Heerstrasse über Isny und weiter über die Weiler „Stall" und „Strass" nach Wangen und bei Herfatz über die Argen und weiter gegen Westen (s. auch unten Isny, röm. Denkstein).

5) Von Leutkirch zog eine römische Strasse nach Isny und von ihr zweigte eine röm. Nebenstrasse bei Rohrdorf ab und lief gegen Gross-Holzleute und in die Strasse von Isny nach Kempten.

Niederlassungen.

Wangen. Auf dem Buch römisches Kastell, woselbst schon röm. Münzen gefunden wurden.

Beuren. Bei Winnis wurden schon öfter röm. Münzen gefunden.

Gross-Holzleute. Bei Bolsternang, südlich vom Ort, auf der Flur „Faustrecht", Spuren eines röm. Gebäudes; hier viele röm. Münzen gefunden.

Isny. Oestlich von der Stadt, zwischen den Weilern Burkwang und dem Hof Bettmauer, bedeutende röm. Niederlassung mit einem Castrum.

Im Kloster zu Isny waren früher zwei röm. Inschriftsteine eingemauert (s. OA.-Beschr. von Wangen S. 107 ff.); der eine davon eine röm. Wegsäule, worauf die Römerstrasse von Isny nach Kempten erwähnt ist (jetzt in Augsburg).

Neu-Ravensburg. Auf der Flur „Altstadt", wo eine Stadt gestanden sein soll, Spuren einer röm. Niederlassung.

Rohrdorf. Auf dem „Heidenkopf" soll ein heidnischer Tempel gestanden sein.

Sommersried. Bei Unterborgen fand man im Jahr 1836 in einem Topf über 600 röm. Silbermünzen (s. Württ. Jahrb. 1836 I, S. 200). Bei der Parzelle „Burg" eine bedeutende Verschanzung, worin auf einem Hügel die alte Burg der Kisslegge stand; vielleicht das alte Cassilineum (s. OA.-Beschr. v. Wangen S. 112).

G. K.

Wangen. In der Ebene, nördlich der Stadt, ein grosser Grabhügel.

Beuren. Im Heidemoos drei grosse Hügel (Grabhügel), der „Heiligen-" „Luxen-" und „Pfaffen-Schachen" genannt.

Emmelhofen. Im Röthseer Ried zwei künstlich aufgeworfene Hügel, „Burgstall" geheissen, vielleicht zwei Grabhügel.

Nachträge.

Neckarkreis.

OA. Böblingen.

Böblingen. In den „verbrennten Berglen" 6—8 Grabhügel.

OA. Cannstatt.

Untertürkheim. Unterhalb des Orts römisches Leichenfeld mit schönen Aschenurnen etc.

Wangen. Der grosse auf der Anhöhe westlich vom Ort gelegene Hügel, das sog. „Leheneichle", stellte sich als Grabhügel heraus (s. o. OA. Cannstatt); man fand darin schon Kohlen, Scherben und in einer Tiefe von etwa 10 Fuss Gegenstände von Bronce.

OA. Esslingen.

Pfauhausen. Beim Ort wurde schon im Jahre 1811 eine röm. Niederlassung entdeckt.

Beim Esslinger Jägerhaus eine viereckige Schanze, wahrscheinlich römisch.

OA. Leonberg.

Flacht. Am Ort Reihengräber mit Eisenwaffen.

OA. Ludwigsburg.

Pflugfelden. Die sog. Belle Remise, ein sehr schön geformter auf der Anhöhe zwischen Pflugfelden und Ludwigsburg gelegener Hügel, mit 50m unt. Durchmesser bei 5m Höhe, von dem aus man nach allen Seiten hin eine herrliche Fernsicht geniesst, enthüllte sich in letzter Zeit, durch die Einsetzung eines grossen Wasserreservoirs in denselben, als ein grossartiger Grabhügel und zwar als das Grab eines Fürsten. Man fand in seiner Mitte auf dem gewachsenen Boden, gewölbartig von mächtigen Findlingen bedeckt, und von Holzdielen umgeben, ein Skelet mit goldenem Stirn- und Armband, prachtvoll verziertem zweischneidigem Dolch (Eisenklinge in Broncescheide), einem farbigen Glasfläschchen, und noch viele ziemlich wohlerhaltene Theile eines mit Kupferblech überzogenen vierrädrigen reichverzierten Wagens sammt schönem Pferdsgeschirr, sowie Reste eines gerieften ehernen Eimers, etc. Daneben war 1,30m in den Boden 5,30m im Geviert eingetieft, ebenfalls von grossen Feldsteinen bedeckt, auf dem Boden mit Holzbrettern, ein zweites Grab mit sehr vergangenen Resten von Bronce und Eisen, zwei Bernsteinplättchen, einem Goldplättchen, Thierfigürchen, wahrscheinlich von Fibeln, etc. — Der Fund hat grosse Aehnlichkeit mit dem bei Hundersingen, OA. Riedlingen, gemachten.

Neben der Belle Remise ein zweiter sehr abgeflachter Grabhügel.

Thamm. Beim Ort Reihengräber.

OA. Marbach.

Klein-Asbach. Auf den „Franzosenäckern" Reihengräber.

OA. Maulbronn.

Gündelbach. Beim Ort noch ein zweiter Grabhügel.

OA. Neckarsulm.

Gundelsheim. In den „Sandäckern" in der Nähe des Kirchhofs, wo die St. Georgenkapelle steht, stiess man in einem Probeloch auf Thon-Gefässe und Schmucksachen von Bronce; der Fund stammt aus der Grabhügelzeit. (S. auch Zeitschrift des hist. Vereins für das württemb. Franken. Band X, Heft 2. S. 140 ff.)

Amts-OA. Stuttgart.

Echterdingen. Eine Viertelstunde nördlich vom Ort, oberhalb des Frauenbrunnens, Spuren röm. Gebäude.

Musberg. Zunächst beim Ort ein Ringwall, der „Kessel" genannt.

OA. Waiblingen.

Schnaitheim. Beim Ort ein grosser Grabhügel.

Berichtigungen.

Lies in der Einleitung S. 6 (Jahrb. 1875 II, S. 152) statt 600 röm. Wohnplätze 500. Ebenso sind die Angaben über Goldfunde in der Einleitung nach den indessen gemachten neuesten Entdeckungen (s. Oberamt Riedlingen und Oberamt Ludwigsburg, im Nachtrag) zu berichtigen.

Wir lassen nun eine tabellarische Zusammenstellung der schon im Einzelnen aufgeführten Alterthümer folgen:

Oberamt	Römische Niederlassungen	Grabhügel Fundstellen	Grabhügel Ungefähre Anzahl	Reihengräber- Fundstellen	Verschanzungen aus vorröm. Zeit
Stadtdirection Stuttgart	2	1	3	1	1
Backnang	5	0	0	2	0
Besigheim	17	3	12	8	0
Böblingen	17	31	70	7	2
Brackenheim	15	4	10	7	0
Cannstatt	13	4	10	7	0
Esslingen	7	0	0	1	0
Heilbronn	6	3	10	0	0
Leonberg	29	4	8	7	0
Ludwigsburg	24	3	8	14	0
Marbach	16	5	7	6	0
Maulbronn	10	8	18	2	0
Neckarsulm	25	7	27	5	0
Stuttgart, Amt	15	9	123	4	2
Vaihingen	19	3	15	5	0
Waiblingen	8	1	1	1	0
Weinsberg	4	0	0	1	0
Neckarkreis zusammen	232	86	322	76	5
Balingen	4	6	33	4	3
Calw	5	3	21	4	0
Freudenstadt	3	1	2	2	1
Herrenberg	18	4	28	5	0
Horb	15	6	9	8	0
Nagold	7	2	5	7	0
Neuenbürg	6	0	0	0	0
Nürtingen	11	2	20	2	1
Oberndorf	12	0	0	3	0
Reutlingen	2	3	36	3	2
Rottenburg	15	5	13	2	2
Rottweil	10	22	52	9	1
Spaichingen	2	6	13	11	0
Sulz	3	1	3	3	0
Tübingen	17	18	89	5	1
Tuttlingen	9	9	63	11	1
Urach	4	5	38	6	1
Schwarzwaldkreis zusam.	143	93	425	85	13
Aalen	5	8	80	1	3
Crailsheim	0	3	25	1	1
Ellwangen	7	13	136	1	0
Gaildorf	0	1	1	0	3
Gerabronn	0	21	226	0	2
Gmünd	3	3	22	2	4
Hall	0	3	25	1	1
Heidenheim	5	9	68	3	3
Künzelsau	0	9	83	0	0
Mergentheim	0	6	27	1	2
Neresheim	16	26	198	7	2
Oehringen	5	3	7	0	0
Schorndorf	2	0	0	1	0
Welzheim	4	1	1	1	0
Jagstkreis zusammen	47	106	369	19	21
Biberach	4	3	4	0	0
Blaubeuren	1	11	142	2	0
Ehingen	11	11	130	4	0
Geislingen	1	2	8	4	1
Göppingen	3	2	20	1	0
Kirchheim	0	0	0	4	0
Laupheim	9	5	36	4	0
Leutkirch	3	2	19	2	1
Münsingen	1	9	70	1	1
Ravensburg	2	3	40	1	0
Riedlingen	11	17	106	4	3
Saulgau	3	14	53	6	0
Tettnang	7	1	6	2	0
Ulm	2	4	30	2	0
Waldsee	3	2	15	1	0
Wangen	5	3	6	0	0
Donaukreis zusammen	66	89	585	38	6
Gesamtsumme im ganzen Land	488	374	2241	218	45

Ausser den in der Tabelle aufgeführten Alterthümern haben wir noch der Pfahlbauten und der Todtenbäume Erwähnung zu thun; von den ersteren können wir bis jetzt nur den Fund im Federsee-Ried bei Schussenried aufführen, dem sich wohl in kurzer Zeit noch weitere anreihen werden. Todtenbäume wurden bei Oberflacht, Walddorf, Stuttgart und Zöbingen entdeckt.

Aus dieser Zusammenstellung ersehen wir mit einem Blick den überaus grossen Reichthum, welchen Württemberg an Ueberresten aus der frühen Vorzeit besitzt, und zugleich liefert dieselbe den Nachweis, dass unser Vaterland in Beziehung auf dessen älteste Geschichte bereits gründlich erforscht wurde.

Trotz dieses grossen Reichthums an antiquarischen Fundstellen sind wir noch lange nicht in der Lage, annehmen zu dürfen, als seien wir mit der Erforschung unserer Alterthümer so ziemlich am Ende, im Gegentheile bleibt uns noch vieles zu thun übrig, wozu gerade unsere Zusammenstellung aufmuntern und Fingerzeige geben sollte, damit entschieden vorhandene Lücken in Zukunft noch ausgefüllt werden können.

Wir erlauben uns daher die dringende Bitte zu stellen, in Zukunft von allen weiteren antiquarischen Entdeckungen dem k. stat. top. Bureau oder dem k. Landesconservatorium gefälligst Kenntnis geben zu wollen, damit wir in den Stand gesetzt werden, nicht allein die Zusammenstellung der Alterthümer in Württemberg, sondern auch die archäologische Karte von Württemberg mehr und mehr zu ergänzen und zu vervollständigen.

Ferner können wir den Wunsch nicht unterdrücken, man möchte bei Nachgrabungen wo möglich einen Sachverständigen beiziehen, unter dessen Leitung die Untersuchungen systematisch auszuführen wären, dass nicht planlos die alten Reste und Zeugen der frühesten Vorzeit ausgewühlt und zerstört werden.

Endlich scheint es uns angemessen, hier noch über einen der wichtigsten alterthümlichen Ueberreste unseres Landes, über die durch Württemberg in grosser Ausdehnung ziehende röm. Grenzmarke (Limes romanus) das Wesentlichste im Zusammenhang möglichst kurz anzuführen.

Die römische Grenzlinie zerfällt bekanntlich in zwei durchaus verschiedene Theile, in den Limes transrhenanus und in den Limes transdanubianus; ersterer besteht aus einem an den erhaltensten Stellen noch 13' hohen Wall mit Vorgraben und trägt im Munde des Volks die Namen „Schweingraben, Pfahlgraben, Pfahl", seltener „Teufelsmauer", eine Benennung, die mehr dem Limes transdanubianus zukommt. Zunächst im Rücken des Walls standen in Entfernungen von 5—700 Schritten Wachhäuschen und von 3½—4½ Stunden Grenzgarnisonstädte. Die Führung des Grenzwalls ist, mit Ausnahme einer kleinen Abweichung bei Pfahlbronn, eine schnurgerade, nordnordwestliche, ohne Rücksicht auf die Terrainverhältnisse, und konnte ihrer grossen Ausdehnung wegen auch von dem namhaftesten Heere nur überwacht und nur streckenweise vertheidigt werden. Wir müssen sie daher als eine Allarmir- und Beobachtungslinie, und zugleich als Operationsbasis, betrachten. Die in den Wachhäuschen aufgestellten Wachen konnten durch Zurufen und Zeichen die Truppen zunächst in den Grenzgarnisonstädten von dem Anrücken des Feindes benachrichtigen. Von den Grenzstädten aus wurden sodann die Truppen im Innern des Zehntlandes allarmirt und nur auf diese Weise war man im Stande, in möglichster Eile dem Feinde an der bedrohten Stelle mit den nöthigen vereinten Kräften wirksam entgegen zu treten. Ausserhalb des Walls war jedenfalls der Wald und jeder zusammenhängende Baumwuchs auf grosse Strecken entfernt, damit sich der Feind nicht ungesehen und gedeckt dem Grenzwall nähern konnte. An steilen

Abhängen findet man keine Spuren des Walls; ohne Zweifel war derselbe an solchen Stellen nie vorhanden, und durch Pallisadenwerk ersetzt.

Der Zug des Limes transrhenanus war im allgemeinen kurz folgender: vom Heidenfeld am westlichen Fuss des Hohenstaufen nach Lorch, Pfahlbronn östl. an Welzheim, Murrhardt, Graab, Mainhardt, Oehringen, Sindringen, Jagsthausen vorüber und zwischen Ober- und Unter-Kessach in das Grossherzogthum Baden; hier an Osterburken und Walldürn vorüber und unterhalb Freudenberg über den Main. Auf diesem Weg legt er 10 geographische Meilen durch Württemberg zurück, während seine Strecke vom Hohenstaufen bis an den Main 15¹/₂ Meilen beträgt.

Einen ganz anderen Charakter hat der Limes transdanubianus, welcher, wie schon angedeutet wurde, eine Grenzstrasse bildet, und nicht in gerader Linie, ohne Rücksicht auf das Terrain zu nehmen, fortgeführt ist, sondern das Terrain, wie alle übrigen bedeutenderen römischen Heerstrassen, streng beachtet und wo möglich auf dominirenden Hochflächen hinzieht. Sie konnte daher nur so lange es die Terrainverhältnisse erlaubten, streckenweise gerade geführt werden und an Stellen, wo sie ihre gerade Führung verlassen musste, bricht sie meist unter stumpfen Winkeln ab, um alsdann wieder eine Zeit lang den geraden Zug anzunehmen. Aber nicht allein in der Führung unterscheidet sich die überdonauische Grenzlinie von der überrheinischen, sondern hauptsächlich auch in ihrer Struktur, indem sie eine 2—5′ hohe dammartig angelegte Strasse bildet, deren etwa 12′ breite Fahrbahn aus wohlgefügtem, mit Mörtel verbundenem Pflaster besteht. Die Mörtelverbindung des Pflasters mag zur Vermuthung, die röm. Grenzstrasse für eine Mauer zu halten, verleitet haben, obgleich dieselbe heute noch an manchen Stellen als Strasse benützt und an vielen noch die Benennungen „Hochstrasse, alte Heerstrasse" führt.

An dieser in militärischer Beziehung so zweckmässig angelegten Grenzstrasse standen nun in ungleichen Entfernungen unter sich, wie auch von der Grenzlinie selbst, Wachthürme, Wachhügel, sog. Burstel (Burgställe) und Castelle, von denen aus die Strasse überwacht und geschützt werden konnte. Diese Beobachtungs- und Befestigungsanlagen treffen wir hauptsächlich auf den Hochflächen und bei Thalübergängen, von dem Eintritt der Grenzstrasse in unser Vaterland in der Gegend von Eck bis an die Stelle, wo die Grenzstrasse die den ziemlich schmalen Rücken bildende Wasserscheide zwischen der Rems und der Lein erreicht.

Von hier ändert sich das Terrain, welches die Grenzstrasse zu überschreiten hat, und um dieselbe nicht über unwegsame Schluchten und Thäler führen zu müssen, war der Weg den ziemlich schmalen Bergrücken auf der Wasserscheide zwischen Rems und Lein entlang in jeder Beziehung unbedingt geboten.

In dieser Gegend wurde nun auch die Ueberwachung und Beschützung der Grenzstrasse eine andere, indem man die bis zu derselben angelegten Burgställe, Castelle etc. aufgab und dagegen das zu beiden Seiten der Grenzstrasse sich anlehnende stark getheilte Terrain durch Vor- und Rückschanzen schützte und zwar in der Weise, dass man die zwischen je 2 Schluchten und Thälern hinziehenden Rücken mittelst quer über dieselben hingeführter Gräben und Wälle befestigte. Dergleichen Schanzgräben finden sich im Rücken (südlich) der Grenzstrasse: bei Iggingen, Herlikofen, Muthlangen, Wetzgau, Haugen-Deinbach etc.; ausserhalb (nördlich) der Grenzstrasse: bei Ruppertshofen, Zimmerbach, Vorder-Linthal, Wahlenheim, Vorder- und Hinter-Steinenberg, Kapf etc. Vielleicht sind nicht alle diese Schanzen römischen Ursprungs, einige derselben könnten auch aus dem Mittelalter stammen.

Obgleich diese Verschanzungen nicht fortlaufend zu beiden Seiten der Grenzstrasse angelegt sind, haben dennoch die früheren Forscher sie zum Theil für den röm. Grenzwall gehalten und hiedurch grosse Verwirrungen über den Zug der röm. Grenzmarke hervorgerufen.

Der Zug der röm. Grenzstrasse (Limes transdanubianus), soweit sie Württemberg berührt, ist folgender: von Pflahlbronn an Alfdorf, Pfersbach, Iggingen, Hüttlingen, Schwabsberg, Dalkingen, Röhlingen, Pfahlheim und Dambach vorüber tritt sie unweit letzteren Orts in das Königreich Bayern; die Länge beträgt auf Württembergischem Gebiet $7^1/_2$ geogr. Meilen.

Die Ecke der römischen Grenzmarke, oder vielmehr der Punkt, an welchem die röm. Grenzstr. (Limes transdanubianus) den eigentlichen Grenzwall (L. transrh.) schneidet und weiter hin in das röm. Zehntland fortsezt, fällt demnach auf die Höhe bei Pfahlbronn, auf die Wasserscheide zwischen Rems und Lein und zugleich zwischen Lein und Wieslauf, auf eine Stelle von grosser militärischer Wichtigkeit.

Die Befestigungen (Vor- und Rückschanzen) gehen jedoch an der Stelle, wo die Grenzstrasse den Limes transrhenanus kreuzt, zu Ende und von da an führt dieselbe als Heerstrasse (Consularstrasse) in der Richtung gegen Cannstatt weiter.

Die Ansicht der früheren Forscher, dass die Ecke der röm. Grenze in das Remsthal bei Lorch falle, dürfen wir den kriegserfahrenen Römern nicht aufbürden, dagegen liegt ausser Zweifel und ist durch sichtliche Ueberreste nachgewiesen, dass bei Lorch, wo der Grenzwall das Remsthal, ein sehr bedeutendes Defilé, zu überschreiten hatte, eine röm. Grenzniederlassung stand, wie ähnliche an den Uebergängen über das Murrthal bei Murrhardt, über das Ornthal bei Oehringen, über das Jagstthal bei Jagsthausen, über das Kirnachthal bei Osterburken etc. bestanden.

Aus dem Ganzen geht unbedingt eine grosse Verschiedenheit der beiden römischen Grenzlinien hervor, die auch ausserdem noch in den sehr verschiedenen Terrainverhältnissen ihren Grund haben mag; beim Donaulimes war es möglich, eine lang hinziehende Wasserscheide zu benützen, während das Land zwischen Alb und Main von Thälern, Schluchten und Rinnen auf das Vielfältigste getheilt ist und die meisten der Höhenrücken nicht in der Richtung von Süden nach Norden, sondern von Ost nach West ziehen, so dass die Einhaltung von länger hinziehenden Wasserscheiden für den Rheinlimes unmöglich war und man mit einer geraden Linie, als dem kürzesten Weg, noch am zweckmässigsten durch dieses Wirrsal von Terrainschwierigkeiten hindurch kam. Dabei überschreitet, was bewunderungswürdig ist, der Zug des limes transrhenanus doch das Gebirge in einer Weise, welche einer Vertheidigung immer noch die verhältnismässig grössten Vortheile gewährte; eine Verrükung der Linie weiter gegen Westen oder auch weiter gegen Osten hätte in noch unwegsameres Terrain, namentlich in höchst unbequeme Längenthäler, geführt, während auf der eingehaltenen Richtung alle Hauptthäler auf dem kürzesten Weg, d. h. quer durchschnitten wurden. Endlich ist auch der Eckpunkt beider Limes bei Pfahlbronn der geeignetste, indem von hier aus gegen Osten wie gegen Nordwesten das Gebirg eine natürliche Ecke und Wasserscheide bildet, wie keine mehr weder östlich noch westlich zu finden war.

Zum Schlusse möchte ich bemerken, dass bei der Erforschung und Zusammenstellung der hier aufgezählten Alterthümer mein Sohn, Prof. Dr. Paulus, wesentlich mitwirkte.